LINGUAGEM E DIREITO

PERSPECTIVAS TEÓRICAS E PRÁTICAS

Rosalice Pinto
Ana Lúcia Tinoco Cabral
Maria das Graças Soares Rodrigues
(organizadoras)

LINGUAGEM E DIREITO

PERSPECTIVAS TEÓRICAS E PRÁTICAS

editoracontexto

Montagem de capa e diagramação
Gustavo S. Vilas Boas

Preparação de textos
Lilian Aquino

Revisão
Daniela Marini Iwamoto

Dados Internacionais de Catalogação na Publicação (CIP)
Andreia de Almeida CRB-8/7889

Linguagem e direito : perspectivas teóricas e práticas /
Rosalice Pinto, Ana Lúcia Tinoco Cabral, Maria das Braças
Soares Rodrigues (org.) ; Paulo de Barros Carvalho ... [et al.]. –
São Paulo : Contexto, 2023.
240 p.

Bibliografia
ISBN 978-85-7244-951-9

1. Direito - Linguagem 2. Argumentação jurídica
3. Linguística forense I. Pinto, Rosalice II. Cabral, Ana Lúcia
Tinoco III. Rodrigues, Maria das Graças Soares IV. Carvalho,
Paulo de Barros.

16-0768 CDD 340.14

Índices para catálogo sistemático:
1. Linguística forense

2023

EDITORA CONTEXTO
Diretor editorial: *Jaime Pinsky*

Rua Dr. José Elias, 520 – Alto da Lapa
05083-030 – São Paulo – SP
PABX: (11) 3832 5838
contato@editoracontexto.com.br
www.editoracontexto.com.br

Sumário

Apresentação

Considerando a importância da relação entre linguagem e a atividade do Direito, as pesquisadoras da área da Linguística Rosalice Pinto, Ana Lúcia Tinoco Cabral e Maria das Graças Soares Rodrigues organizaram a presente obra, de cunho interdisciplinar, com trabalhos de especialistas/pesquisadores das Ciências da Linguagem e do Direito que vêm procurando, ao longo dos últimos anos, estabelecer o diálogo entre essas duas áreas do conhecimento e contribuir para o seu desenvolvimento, firmando o diálogo entre elas.

A publicação é composta por quatro partes, a saber:

1. Na Parte I, intitulada "A linguagem no e para o Direito", encontram-se vozes de especialistas tanto do Direito quanto das Ciências da Linguagem, que apresentam seus pontos de vista acerca da importância do estudo da linguagem/sobre a linguagem nas Ciências Jurídicas. Dessa forma, a partir do depoimento de renomados teóricos ressalta-se a relevância da interdisciplinaridade nas escolas de Direito e da linguagem para a prática jurídica.

2. A Parte II, intitulada "A linguagem em interações no contexto jurídico", contempla trabalhos sobre a linguagem jurídica utilizada em contextos jurídicos (tribunais, delegacias, audiências de conciliação) em que predomina a interação face a face. Ressalta, com isso, o papel da linguagem, tanto enquanto "gestora" de conflitos, quanto como estratégia argumentativa.
3. A Parte III, intitulada "A linguagem em documentos jurídicos", agrupa trabalhos de pesquisadores brasileiros e portugueses que se dedicam à análise de textos jurídicos produzidos em Portugal e no Brasil (sentenças, petições iniciais e contestações) a partir de perspectivas textuais diversas. Com as análises efetuadas, espera-se contribuir para uma produção textual de textos jurídicos mais cuidada e efetiva.
4. A Parte IV, intitulada "A linguagem no ensino da prática jurídica", traz contribuições centradas em trabalhos realizados por docentes que trabalham com a linguagem jurídica em cursos de Português/ Redação com graduandos de escolas de Direito.

PARTE I

A LINGUAGEM NO E PARA O DIREITO

O legislador como poeta: alguns apontamentos sobre a teoria flusseriana aplicados ao Direito

Paulo Barros Carvalho

> O conhecimento, embora menos absoluto, continuará sendo conhecimento; a realidade, embora menos fundamental, continuará sendo realidade; e a verdade, embora menos imediata, continuará sendo verdade. Descobriremos mesmo que o conhecimento absoluto, a realidade fundamental e a verdade imediata não passam de conceitos não somente ocos, mas também desnecessários para a construção de um cosmos, e que, neste sentido, as objeções podem ser aceitas. Neste sentido um tanto restrito do cosmos, continuará válido o nosso esforço de compreendê-lo, governá-lo e modificá-lo; e a nossa vida dentro dele não terá sido fútil.
>
> Vilém Flusser

A PERSPECTIVA HERMENÊUTICA: A LINGUAGEM COMO CONSTITUTIVA DO SABER

A intensidade da comunicação jurídica, simples parcela do fenômeno maior da comunicação social, acelerou significativamente os aspectos positivos e negativos que envolvem a produção dos atos de fala nos domínios do Direito, de tal modo que suas virtudes e seus defeitos ficaram expostos à visitação pública, com a transparência e a nitidez das manifestações evidentes. Aquele *quantum* de mistério que envolvia a prescritividade própria do jurídico pode, agora, ser explorado por ciências como a Semiótica ou devassado pelas especializações cada vez mais numerosas das Ciências da

Linguagem, projetadas pela difusão do "giro linguístico". Penso que a Filosofia da Linguagem, tanto na versão do estruturalismo, mais conectado com a Linguística, quanto na proposta da filosofia analítica, em ligação mais estreita com a Lógica e com a Matemática, navega a velas pandas no que há de mais fino e elaborado do pensamento ocidental. As duas vertentes avançam, na forma da terminologia tradicional, aparecendo como pós-estruturalismo e pós-analítica, para convergir na perspectiva hermenêutica, interpretativa, deitando raízes na fenomenologia e no existencialismo. A noção de horizonte hermenêutico, concebida na amplitude de uma tradição, e, sobretudo, a de fusão de horizontes mediante o diálogo desembocam inapelavelmente no reconhecimento da linguagem, constitutiva do saber, do mundo em que vivemos e de nós mesmos, entes humanos jogados na existência como seres finitos, carentes, prisioneiros de nossas incontáveis limitações.

Sobre essas premissas, penso que nos dias atuais seja problemático tratar do jurídico sem atinar a seu meio exclusivo de aparição: a linguagem. Refiro-me à linguagem verbal-escrita, em que se estabilizam as condutas intersubjetivas, ganhando padrão de objetividade no universo do discurso. E o pressuposto do cerco inapelável da linguagem nos conduzirá, certamente, a uma concepção semiótica dos textos jurídicos, em que as dimensões sintáticas ou lógicas, semânticas e pragmáticas funcionam como instrumentos preciosos do aprofundamento cognoscitivo.

Há um fenômeno jurídico subjacente ou sobrejacente (como preferirmos) ao modo pelo qual o Direito escrito aparece à nossa intuição sensível. O jurista, atento à linguagem técnica empregada pelo legislador, seja ele o Parlamento, o Poder Judiciário, o Poder Executivo ou o próprio setor privado, constrói o sentido que outorga ao documento normativo. A compostura dos institutos, categorias e formas do Direito posto advêm dessa relação entre o sujeito do conhecimento e o objeto do qual se aproxima. É obra do espírito humano, premido pelas circunstâncias; é objeto cultural; é aquele espírito objetivo a que se referiu Hegel.

Convém observar que toda matéria eleita como objeto de especulação científica ou filosófico-científica encerra o objetivo de compor uma unidade estabelecida linguisticamente e idônea para transmitir uma mensagem determinada, que se apresenta, nos domínios do jurídico, como tese, assentada sobre pressupostos suficientemente esclarecidos e, portanto, aptos para sustentar o eixo das proposições finais, nas quais se demoram as conclusões. Este é o esquema noético por excelência, apto para presidir o fluxo da análise científica a respeito do Direito. Eis o itinerário de um verdadeiro exegeta do ordenamento prescritivo. Sua consistência repousa na boa articulação dos argumentos, na acuidade do raciocínio, na busca incessante da precisão semântica e, como corolário, no surgimento da estrutura que conduz o pensamento aos enunciados pretendidos.

A LINGUAGEM PRESCRITIVA EM FUNÇÃO FABULADORA: A POESIA NO DIREITO

Creio que nenhum tema poderia ser tão específico, tão fortemente ligado à direção axiológica própria do Direito como o das ficções jurídicas, a ponto de dizer-se até, numa daquelas afirmações contundentes, porém redutoras, que o Direito mesmo, em sua entidade constitutiva, seria uma ficção, tornando-se, portanto, tautológica essa forma de exprimir-se.

Entre as muitas peculiaridades do deôntico-jurídico, uma é a presença de expedientes inesperados e inexplicados por si mesmos, que receberam o nome de "ficções". No fundo, são cortes imprescindíveis à montagem e à própria configuração organizacional do sistema. Proposições que não se ajustam ao que chamamos de "realidade" e operam para que seja possível governá-la, encaminhando as condutas inter-humanas para a realização dos valores que a sociedade pretende implantar. Afinal de contas, o Direito existe para *incidir* na realidade e não para *coincidir* com ela, como anotou Lourival Vilanova (2001: 69). Assim não fora, caso estivesse contido nas dimensões da conduta, por ela envolvido e atrelado dentro de suas fronteiras, o sistema do Direito não poderia jamais atuar para discipliná-la. Ora, é justamente naquele espaço que excede a coincidência, quando o Direito ultrapassa os limites do previsível e mesmo do possível no quadro do real-social, que aparecem e comparecem as ficções. Sem tais recursos de caráter extralógico o legislador seria prisioneiro da causalidade físico-social, impotente, por isso mesmo, de prosseguir em direção às suas finalidades.

Enfim, o Direito cria seus próprios elementos a tal ponto que, muitas vezes, o "bom senso" não pode compreendê-lo, cedendo lugar ao "senso jurídico". Eis a razão pela qual parece-me inadequado mencionar o Direito como algo que se inscreva no quadro geral do "bom senso". Não. Prefiro tomá-lo por "senso jurídico". Note-se: aquilo que separa esses dois "sensos" é, justamente, a presença das ficções. Onde houver Direito haverá, certamente, esse tipo de linguagem, que, longe de destoar da realidade social em que vivemos, discrepa, isto sim, das demais construções do jurídico-positivo. O produto legislado passa a ser não apenas uma construção racional do legislador (tomado, aqui, em sentido amplo), mas algo que *surpreende* essa própria racionalidade. O legislador torna-se o poeta do Direito, aquele que "tem (e transmite para dentro da conversação) pensamentos novos" (Flusser, 2004: 148). A poesia, produtora da língua, assume aqui a condição de produtora do Direito. Trata-se, em verdade, de subdomínio que não se submete à força inexorável da prova, instrumental poderoso que acompanha o fenômeno jurídico em quase toda sua extensão. Para quem observa o Direito em face do objeto de outras ciências, há a inevitável *surpresa* das ficções. Não se confunda, porém, ficção com axiomas. A ficção não é apenas ponto de partida: é, ela mesma, regulação de conduta, quer diretamente, ao modalizar com termos deônticos comportamentos em dissonância com preceitos de idêntico teor prescritivo, quer ao qualificar pessoas, situações e coisas, o que também implica disciplina, mas indireta, de condutas inter-humanas. Lembremo-nos de que a norma só adquire sentido pleno quando se refira à ação entre sujeitos.

Cravada a premissa de que a ficção nada mais é que uma realidade abstratamente produzida pelo legislador mediante um corte, vale a proposição segundo a qual esse *descontinuum* instaurado pelas articulações fictícias é constitutivo do mundo interior e exterior, assim como os seres humanos o veem. Disse-o Pontes de Miranda de forma lapidar: *o cindir é desde o início*. Não só a intuição sensível, mas a intelectual e a emocional movimentam-se mediante cortes implacáveis e incisivos. Realmente, se pensarmos bem, tudo é cortado e recortado. A circunstância, em si mesma, já se oferece num talho que nosso espírito promove, sem muitas vezes o percebermos, e de maneira fulminante. A realidade do Direito só é apreensível mediante sucessivos cortes produzidos pela linguagem jurídica. Na mesma ordem, cada incisão é constitutiva de nova realidade, elemento que nos conduz a uma *apologia do corte*.

A realidade jurídica, ou a verdade do Direito (instituída no Direito, melhor dizendo), está circunscrita aos atos ilocucionários em que, na modalidade fictícia, a linguagem prescritiva é producente de atos ficcionais, cuja função é fabuladora. Desse modo, as ficções não se enquadram mais nas fórmulas tradicionais de defini-las, como "verdades falsas" ou "falsidades legítimas", desconstruindo seu sentido ultrapassado na premissa de que o predicado do verdadeiro só pode ser conferido aos atos ilocucionários assertivos, cuja direção de ajuste é a palavra-mundo. As asserções, para serem bem-sucedidas, deveriam corresponder, com precisão, ao mundo a que se referem.

Quero retornar, porém, à tese de Flusser para insistir nesse ponto: se a poesia cria a língua, o legislador (em sentido amplo) é o poeta da linguagem do Direito, é o autor daquela palavra ou expressão que *surpreende*. Discursa em modo essencialmente metafórico, negando a própria literalidade do enunciado, para, a partir dessa atitude, reorganizar os horizontes exegéticos da norma. Vale dizer que as metáforas efundem sua influência por todas as províncias dos sistemas linguísticos, o Direito positivo inclusive, abrindo espaço para outros caminhos hermenêuticos que não os convencionais. Sublinhando o papel desse processo poético gerativo de sentido novo no universo jurídico, tal é o pensamento de Torquato Castro sobre metáfora:

> Por implicatura conversacional, por outro lado, compreende-se um conjunto de máximas relacionadas não ao conteúdo convencional das palavras, mas ao princípio pragmático maior da cooperação. Situam-se fora do enunciado. Grice reconhece quatro grupos de máximas: de quantidade, de qualidade, de relação e de maneira. Metáforas podem considerar-se violação da máxima da qualidade. Sua interpretação exige a consideração da falsidade literal do enunciado e a busca de um significado alternativo. (Castro, 2009: 75)

E a palavra inusitada, inesperada, é a coisa do poeta. O esperado não traz novidades, é repetitivo, já conhecido de antemão. A criação está no novo e é o poeta que, ofendendo a ordem estabelecida, a harmonia consagrada, instaura a palavra, inaugurando, seja para criar, seja para modificar ou extinguir, no caso do Direito, a ordenação jurídica das condutas.

A CONVERSAÇÃO COMO AXIOMA DA ATIVIDADE EXEGÉTICA

Tenho como certo que interpretar o Direito é conhecê-lo, atribuindo valores aos símbolos, isto é, adjudicando-lhes significações e, por meio destas, fazendo referências aos objetos do mundo, como nos ensinou Lourival Vilanova. A interpretação pressupõe a atividade que consiste em enfrentar o percurso gerador de sentido, abrindo espaço para que o texto possa dialogar com outros textos, no caminho da intertextualidade, em que se instala a conversação das mensagens com outras mensagens, numa trajetória sem fim, expressão eloquente da inesgotabilidade das significações. Antes, porém, de tocar nesses dois pontos, axiomas que são de toda e qualquer preocupação de ordem interpretativa, creio que se ajeita aqui uma advertência muito para ser considerada, utilizando-me de meneio bem ao gosto de Rui Barbosa: o vocábulo "interpretação" padece, como tantos outros, da ambiguidade *processo/produto*, uma vez que alude à *atividade de construção de sentido*, por um lado, e da própria *compreensão*, por outro. Mencionado de maneira diversa, percorrer as dificuldades do trajeto formador do sentido realiza o processo, enquanto a conquista das significações da mensagem textual consubstancia o produto. A distinção, quero crer, é de superior importância como dado semântico inerente a estudo sobre o assunto.

Retorno, porém, aos dois pontos que suportam o trabalho interpretativo, recuperando-os na condição de axiomas da interpretação: *intertextualidade* e *inesgotabilidade*. Como disse, a intertextualidade é tecida pelo incessante diálogo que os textos mantêm entre si, independentemente das proximidades de matéria e das relações de hierarquia que os escritos apresentem. Na verdade, assim que inseridos no sistema, passam a conversar com outras substâncias legisladas, intrassistêmicas e extrassistêmicas, num intenso intercâmbio de comunicações. Normas de lei ordinária dialogando com dispositivos constitucionais, com outras regras já revogadas, com preceitos emanados de atos normativos infralegais, além das conversações que se estabelecem com mensagens advindas dos mais diferentes setores do direito posto. Com o advento da lei nova, instaura-se complexa e extensa rede de comunicações jurídicas e extrajurídicas, perfazendo o universo do conteúdo, delimitado, unicamente, pelos horizontes de nossa cultura.

Inesgotabilidade é outra coluna que sustenta o processo interpretativo. O programa de pesquisa para acesso à compreensão é, efetivamente, interminável. Conhecer e operar os textos, aprofundando o saber, é obra de uma vida inteira, mesmo que se trate de algo simples, aparentemente accessível ao exame do primeiro instante. A instável relação entre os homens, no turbulento convívio social, gera inevitáveis mutações semânticas, numa sucessão crescente de alterações que se processam no interior do espírito humano. Aquilo que supúnhamos ser objeto de inabalável convicção, em específico momento de nossa existência, fica desde logo sujeito a novas conformações que os fatos e as pessoas vão suscitando, no intrincado entrelaçamento da convivência entre os sujeitos de Direito. O mundo experimenta mudanças estruturais de configuração sob todos os ângulos de análise que possamos imaginar. E essa congênita instabilidade, que atinge as quatro regiões ônticas, está particularmente presente no reino dos objetos culturais, território no qual se demoram as prescrições jurídico-normativas. Os signos do Direito surgem e vão-se transformando ao sabor das circunstâncias. Os fatores pragmáticos, que intervêm na trajetória dos atos comunicativos, provocam inevitáveis modificações na amplitude de irradiação dos valores significados, motivo pelo qual a historicidade é aspecto indissociável do estudo das mensagens comunicacionais.

Considerações desse tipo já nos permitem ver a flagrante instabilidade que acompanha a vida das palavras e das expressões de uma língua, tomada aqui como instituição e sistema. E o Direito pode ser visto como tal. Essas lembranças reafirmam, com força incisiva, a relatividade do conhecimento, proposição tão bem desenvolvida na importante obra de Vilém Flusser – *Língua e realidade* (2004).

Os predicados da inesgotabilidade e da intertextualidade não significam ausência de limites para a tarefa interpretativa. A interpretação toma por base o texto: nele tem início, por ele se conduz e é a partir dele que se propõe ao intercâmbio com outros discursos. Ora, o texto de que falamos é o jurídico-positivo, e o ingresso no plano de seu conteúdo tem de levar em conta as diretrizes do sistema. Em princípio, como salientou Kelsen, teríamos molduras dentro das quais múltiplas significações podem ser inseridas. Mas esse é apenas um ponto de vista sobre a linguagem das normas, mais precisamente aquele que privilegia o ângulo sintático ou lógico. Claro está que no processo de produção normativa os aplicadores lidam com os materiais semânticos ocorrentes na cadeia de positivação, pois não teria cabimento prescindir dos conteúdos concretos, justamente aqueles que se aproximam das condutas interpessoais, predicando implementar os valores e as estimativas que a sociedade elegeu.

INTERPRETAÇÃO DOS FATOS: DELIMITAÇÃO DO CONTEÚDO DE "FATO PURO" E "FATO JURÍDICO"

No degrau da hermenêutica jurídica, o grande desafio de quem pretende formar o conteúdo, sentido e alcance das regras de Direito radica na inafastável dicotomia entre a letra da lei e a natureza do fenômeno jurídico subjacente ou sobrejacente, dependendo do ângulo considerado.

O desprestígio da chamada interpretação literal é algo que dispensa meditações mais profundas, bastando recordar que, prevalecendo como método de interpretação do Direito, seríamos forçados a admitir que os meramente alfabetizados, quem sabe com o auxílio de um dicionário de tecnologia jurídica, estariam credenciados a identificar a substância das mensagens legisladas, explicitando as proporções de significado da lei. O reconhecimento de tal possibilidade roubaria à Hermenêutica Jurídica e à Ciência do Direito todo o teor de suas conquistas, relegando o ensino universitário a um esforço sem expressão e sentido prático de existência. Talvez por isso, e sem perceber, Carlos Maximiliano haja sufragado, com suficiente ênfase, que todos os métodos interpretativos são válidos, desde que seus resultados coincidam com aqueles colhidos na interpretação sistemática.

Para nós, as normas jurídicas são as significações que a leitura do texto desperta em nosso espírito e, nem sempre, coincidem com os artigos em que o legislador distribui a matéria no campo escrito da lei. E é Tercio Sampaio Ferraz Jr. (2001: 270-71) quem assevera: "A participação do arbítrio humano é, pois, o que torna difícil a tradução e a interpretação. A realidade, o mundo real, não é um dado, mas uma articulação linguística mais ou menos uniforme num contexto existencial".

Dito de outro modo, na realidade social em que vivemos, experimentamos sensações, entre outras, visuais, auditivas, tácteis, que suscitam noções.

Estas, agrupadas em nosso intelecto, fazem surgir os juízos ou pensamentos que, por sua vez, exprimem-se verbalmente como proposições. A proposição aparece como o enunciado de um juízo, da mesma maneira que o termo expressa uma ideia ou noção. E a norma jurídica é, exatamente, o juízo hipotético que a percepção do texto provoca no plano de nosso consciente, da mesma forma em que tantas outras noções não jurídicas poderiam ter sido originadas daquele mesmo conjunto de percepções físicas. Diz-se, portanto, que a noção é jurídica pois se enquadrou em determinada hipótese jurídica.

Por analogia aos símbolos linguísticos quaisquer, é válida a construção segundo a qual o texto escrito está para a norma jurídica tal qual o vocábulo está para sua significação. E adotando-se a estrutura trilateral, de inspiração husserliana, falaremos em suporte físico, significado e significação. Transportadas as ideias para o domínio do jurídico: o suporte físico é o conjunto dos textos do Direito posto; o significado, a conduta humana compartida na vida social; e a significação, o vasto repertório que o jurista extrai, compondo juízos lógicos, a partir do contato sensorial com o suporte físico e com referência ao quadro dos fatos e das condutas juridicamente relevantes. É exatamente na significação e no significado que se dá a construção hermenêutica do fato jurídico e onde centralizaremos todas as nossas atenções a fim de compor estudo semântico sobre a expressão "fato jurídico".

Quer isso exprimir, por outros torneios, que a única forma de se entender o fenômeno jurídico, conclusivamente, é analisando-o como um sistema, visualizado no entrelaçamento vertical e horizontal dos inumeráveis preceitos que se congregam e se aglutinam para disciplinar o comportamento do ser humano, no convívio com seus semelhantes. O texto escrito, na singela expressão de seus símbolos, não pode ser mais do que a porta de entrada para o processo de edificação do sentido que iremos atribuir ao documento legislado (lei, acórdão, contrato...). Sem darmos conta, adentramos na análise do sistema normativo sob o enfoque semioticista, recortando a realidade jurídica em seus diferentes campos cognoscitivos: sintático, semântico e pragmático.

Bem sabido que não se pode priorizar qualquer das dimensões semióticas em detrimento das demais. Todavia, o momento semântico chama a atenção pela maneira intensa como qualifica e determina as questões submetidas ao processo dialógico que prepara a decisão ou conclusão. Daí exclamar Alfredo Augusto Becker, cheio de força retórica, que o jurista *nada mais seria que o semântico da linguagem do Direito*. A ele cabe a árdua tarefa de examinar os textos, quantas vezes obscuros, contraditórios, penetrados de erros e imperfeições terminológicas, para captar a essência dos institutos, surpreendendo, com nitidez, a função da regra, no implexo quadro normativo.

No processo de cognição da linguagem prescritiva de condutas, o hermeneuta esbarra em numerosos entraves que a realidade jurídica mesma lhe impõe. O primeiro obstáculo está fincado na própria matriz do Direito. A produção das normas de mais elevada hierarquia no sistema, que são gerais e abstratas, está confiada aos parlamentos, casas legislativas de natural heterogeneidade, na medida em que se pretendam democráticas e representativas. Com isso, a despeito dos esforços na elaboração de uma linguagem técnica, dotada da racionalidade suficiente para atingir padrões satisfatórios de eficácia social, a verdade é que a mensagem legislada quase sempre é portadora de imperfeições, com problemas de ordem sintática e semântica, tornando muitas vezes difícil sua compreensão pelos sujeitos destinatários. É nesse ponto que a dogmática (Ciência do Direito em sentido estrito) cumpre papel de extrema relevância, compondo os enunciados frequentemente dispersos em vários corpos legislativos, ajeitando-os na estrutura lógica compatível e apontando as correções semânticas que a leitura contextual venha a sugerir. Com tais ponderações, a comunicação normativa flui mais facilmente do emissor ao receptor, realizando os propósitos da regulação jurídica com mais clareza e determinação.

Num segundo momento, depara-se o estudioso com realidade juridicamente complexa, passando a analisá-la no contexto de uma visão sistemática, onde as unidades normativas se interligam para formar uma estrutura sintática; onde há, inequivocamente, um referente semântico consubstanciado pela região material das condutas, ponto de confluência das iniciativas reguladoras do comportamento intersubjetivo; e onde se verificam as inesgotáveis manifestações dos fatores pragmáticos. Tudo isso traz ao estudo do fenômeno jurídico complexidades imensas. Na qualidade de exegeta, deve partir da literalidade do texto e buscar as significações sistêmicas, aquelas que retratam os específicos parâmetros instituídos pelo sistema. Do mesmo modo, a consistência material das regras há de encontrar fundamento no sistema, sob pena de não prevalecerem, vindo a ser desconstituídas. Daí a tendência para cortar cerce o problema, ofertando soluções simplistas e descomprometidas, como ocorre, por exemplo, com a canhestra "interpretação literal" das formulações normativas, que leva consigo a doce ilusão de que as regras do direito podem ser isoladas do sistema e, estudadas na sua compostura frásica, desde logo "compreendidas".

Adotando tal postura, parece-nos perfeitamente justificada e coerente a adoção da afirmativa suso adotada de que as regras jurídicas são as significações que a leitura do texto desperta em nosso espírito e nem sempre coincidem com os dispositivos mediante os quais o legislador distribui a matéria no corpo escrito do diploma. Advém daí que, muitas vezes, um único artigo não seja bastante para a compreensão da norma, em sua integridade existencial. Vê-se o leitor, então, na contingência de consultar outros preceitos do mesmo diploma e até de sair dele, fazendo incursões pelo sistema.

Por fim, não nos esqueçamos de que a camada linguística do Direito está imersa na complexidade do tecido social, cortada apenas para efeito de aproximação cognoscitiva. Aliás, vimos anteriormente que o real, com a multiplicidade de suas determinações, só é suscetível de uma representação intuitiva, porém aberta para receber inúmeros recortes cognoscitivos. Com tais ponderações, torna-se hialina a afirmativa de que de um mesmo evento poderá o jurista construir o fato jurídico, como também o contabilista, o fato contábil, e o economista, o fato econômico. Tudo, portanto, sob a dependência da configuração que se quer promover na amplitude daquele evento.

E quanto ao âmbito de compreensão desse fenômeno, retornando à linha de raciocínio inicial, vale acentuar que todos os fatos são construções de linguagem, e, como tanto, são representações metafóricas do próprio evento. Seguem a gramaticalidade própria do universo linguístico a que pertencem: o jurídico, quando constituinte do fato jurídico, ou o contábil, por exemplo, quando construtor do fato contábil. As regras da gramática cumprem função linguística reguladora de um idioma historicamente dado. Prescrevem a forma de combinação dos vocábulos e das expressões para produzirmos oração, isto é, construção com sentido daquele universo linguisticamente dado. O Direito, portanto, é linguagem própria compositiva de uma realidade jurídica. Provém daí o nominar-se gramática jurídica ao subconjunto das regras que estabelecem como outras regras devem ser postas, modificadas ou extintas, dentro de certo sistema.

Posto isso, perceberemos que a construção do fato jurídico nada mais é que a constituição de um fraseado normativo capaz de justapor-se como antecedente normativo de uma norma individual e concreta, dentro das regras sintáticas ditadas pela gramática do Direito, assim como de acordo com os limites semânticos arquitetados pela hipótese da norma geral e abstrata.

Há que ter em mente, nesse caminho, uma importante informação: as palavras componentes dessa frase constitutiva de realidade jurídica têm uma denotação, que é o conjunto dos significados que, posteriormente, representam o signo. Ao mesmo tempo, as mesmas palavras classificam-se dicotomicamente, na medida em que estabelecem duas categorias: a dos objetos que representam e a dos objetos que não representam.

Tal ocorre com a expressão "fato jurídico". Tem-se como certo, nos dias de hoje, que o conhecimento científico do fenômeno social, seja ele qual for, advém da experiência, aparecendo sempre como uma síntese necessariamente *a posteriori*. Na constituição do fato jurídico, a análise relacional entre a linguagem social e a linguagem jurídica, redutora da primeira, sobrepõe-se a esse conhecimento sinzetético, obtendo como resultado um novo signo, individualizado no tempo e no espaço do Direito e recebendo qualificação jurídica: eis o fato jurídico. É, portanto, uma construção de sobrelinguagem. Há duas sínteses: (i) do fenômeno social ao fenômeno abstrato jurídico e (ii) do fenômeno abstrato jurídico ao fenômeno concreto jurídico.

Adotados esses pressupostos, verificaremos que o termo ou a expressão que adquirir o qualificativo "jurídico" não somente serão representativos de uma unidade do universo do Direito como também denotarão seu contraponto, que são todos os outros fatos linguisticamente possíveis de serem formados a partir daquele mesmo evento, mas que não se enquadram às regras sintáticas e semanticamente dadas pelo sistema de linguagem do Direito. A demarcação do objeto implica a delimitação do corte de sua classe e, ao traçar esses limites, o exegeta obtém como resultado indireto a formação do conjunto dos fatos que não se qualificam como tal. No âmbito daquilo que chamamos de apologia do corte, cabe relembrar que todo conhecimento do objeto requer incisões e mais incisões científicas, que cumprem a função de simplificar a complexa realidade existencial, delimitando o campo da análise. Não nos esqueçamos de que a camada linguística do Direito está imersa na complexidade do tecido social, cortada apenas para efeito de aproximação cognoscitiva. O Direito posto é objeto do mundo da cultura e, como tal, torna árdua a tarefa do exegeta em construir a plenitude de seus conteúdos de significação, obrigando-o a reduzir as complicações do empírico, ora isolando ora selecionando caracteres do dinâmico mundo do existencial. Ele, o fato social, na sua congênita e inesgotável plurilateralidade de aspectos, reivindica, como objeto, uma sequência de incisões que lhe modelem o formato para a adequada apreensão pelo espírito humano. Está presente nessa atividade tanto a objetivação do sujeito como a subjetivação do objeto, em pleno relacionamento dialético. O objeto passa a ser uma construção em linguagem do intérprete que reduz as características próprias e imanentes ao segmento tomado do universo físico-social.

Eis uma barreira intransponível à concepção do "fato puro", seja ele econômico, histórico, político, jurídico ou de qualquer outra qualidade que se lhe pretenda atribuir. Tais fatos, como acrescenta Lourival Vilanova, são elaborações conceituais, subprodutos de técnicas de depuração de ideias seletivamente ordenadas.[1] Estabelece-se a premissa segundo a qual não é possível, por isso mesmo, isolar, dentro do social, o fato jurídico sem uma série de cortes que representem, numa ascese temporária, o despojamento daquele fato cultural maior de suas colorações políticas, econômicas, éticas, históricas etc., bem como dos resquícios de envolvimento do observador, no incessante fluxo de sua estrutura emocional.

Pelo exposto, fica a ressalva de que não há fatos jurídicos puros ou fatos econômicos puros. Aquilo que existe são cortes de linguagem. Nós, juristas, montamos a realidade que representa o corte. Dessa maneira, construímos a interpretação jurídica. Nada disso impede que economistas tomem a mesma base objetiva e gerem enunciados econômicos sobre ela. Produzem-se, por sua vez, outros cortes sobre o mesmo acontecimento, compondo novo signo. E a mesma coisa ocorre para o historiador, que constitui o fato histórico; para o sociólogo, que constrói o fato sociológico, entre tantos outros recortes que se possam compor naquela realidade. À confusão metodológica que se estabelece no instante do corte Becker chamou de "mancebia irregular" do Direito Tributário com outras ciências. Aliás, foi precisamente pela pretensão de fixar como objeto a atividade financeira do Estado, passando a examiná-la sob todos os ângulos possíveis e imaginários, sem qualquer prioridade metodológica, que a Ciência das Finanças rotundamente faliu, não mais existindo como disciplina nas grades curriculares das faculdades de Direito do Brasil.

O "FATO PURO" E O ABISMO ENTRE AS LÍNGUAS, NO PENSAMENTO DE VILÉM FLUSSER

Entre as línguas há o abismo a que se referiu Flusser, de modo que transitando por um idioma e ao chegarmos às suas fronteiras faz-se necessário um salto a fim de ultrapassarmos aquele vazio. Nesse espaço entre duas línguas não ocorrem possibilidades de construção factual, simplesmente porque inexistem elementos idiomáticos. Como montar o acontecimento sem categorias linguísticas? A impossibilidade é radical, o que implica reconhecer que o chamado "fato puro", que não é econômico, jurídico, sociológico, histórico, político ou outro qualquer, torna-se uma *impropriedade ontológica*. A língua que teria o condão de organizá-lo como fato não existe por estar naquele *descontinuum* que separa os idiomas.

Flusser equipara as ciências às línguas, de sorte que tudo aquilo que se aplica aos idiomas há de ser aproveitado para as ciências.

Também importa acrescentar que a ocorrência desses espaços vazios entre os idiomas não impede as traduções e, de idêntica maneira, as amplas conversações que se estabelecem entre eles. Aliás, estas últimas, as conversações, tornam-se possíveis exatamente porque as traduções, não sendo perfeitas, proporcionam assunto para o amplo diálogo que se instala entre os falantes. Os inevitáveis desencontros entre as línguas e, por via de consequência, entre as ciências são o grande motivo das conversações. Se houvesse traduções perfeitas, se os tradutores reproduzissem com fidelidade absoluta o idioma traduzido, os diálogos tornar-se-iam tautológicos, meras repetições que nada acrescentariam. E sem conversações úteis e profícuas inexistiriam as formações de cultura.

Se transpusermos esse raciocínio para o campo das ciências, explica-se o interesse do diálogo entre o jurista e o economista a propósito do mesmo evento. Cada qual o recortaria, com os recursos de sua linguagem, e os desvios, as não coincidências; as dissonâncias entre os relatos formariam a fonte de interesse e a matéria-prima fundamental da conversação entre eles.

O ponto de vista do grande pensador reforça aquele grito de advertência de Alfredo Augusto Becker, protestando, veementemente, contra o tratamento equivocado do fato jurídico tributário (fato gerador, fato imponível...) por doutrinas estranhas como a Economia, a Ciência das Finanças e outras mais.

Conclusões

- O jurídico aparece sempre na forma de linguagem textual, mais precisamente, na maneira verbal escrita, o que outorga maior estabilidade às relações deônticas entre os sujeitos das relações. Como tal, as Ciências da Linguagem, particularmente a Semiótica, desempenham papel decisivo para a investigação do objeto Direito. E, se pensarmos também na afirmação de Flusser, segundo a qual a língua é constitutiva da realidade, ficaremos autorizados a dizer que a linguagem (língua) do Direito cria, forma e propaga a realidade jurídica.
- Nessa linha de pensamento, se é o poeta aquele que cria a língua, para a linguagem do Direito o poeta é o legislador, de quem promana a prescritividade de seu discurso. É ele que introduz a palavra inesperada, que surpreende e inaugura.
- No âmbito dessa prescritividade, a função fabuladora está presente, onde aparecem as ficções cumprindo missão importantíssima. Nas ficções, torna-se evidente que o Direito não existe para coincidir com a realidade, mas para nela incidir, governando e dando orientação axiológica ao fluxo das interações entre sujeitos.
- O subdomínio do jurídico é configurado mediante cortes e recortes no domínio do social, alguns deles produzidos pelos mecanismos da ficção. Tais incisões inexoravelmente repetidas por imperiosa necessidade de nosso espírito conduz-nos a uma *apologia do corte* – *O cindir é desde o início* – Pontes de Miranda (1937).
- A *intertextualidade* e a *inesgotabilidade* são axiomas da interpretação. Esta parte do texto em sentido estrito, mas a ele retorna, em movimento dialético que não cessa. Trata-se de um trajeto, de uma atividade, de um processo que dá, como produto, a compreensão da mensagem. Advirta-se que a intertextualidade e a inesgotabilidade distam de significar ausência de limites à tarefa interpretativa.
- As alterações interpretativas, que provocam compreensões diversas, ao longo do tempo, são perfeitamente admissíveis. No plano das decisões jurídicas, porém, reclamam que o órgão ou a autoridade que as emite respeitem os conteúdos das decisões anteriores, até o momento em que pretendem fixar o início da validade das novas opiniões emitidas. É o que se chama de modular efeitos ou imprimir caráter prospectivo à eficácia da decisão.

- A construção do fato jurídico nada mais é que a constituição de um fraseado normativo capaz de justapor-se como antecedente de norma individual e concreta, dentro das regras sintáticas ditadas pela gramática do Direito, assim como de acordo com os limites semânticos firmados pela hipótese da norma geral e abstrata.
- Os fatos econômicos, históricos, políticos, psicológicos, antropológicos, como o jurídico, são construções de fraseados que as respectivas gramáticas autorizam. Cada qual, porém, se encontra no âmbito da linguagem que lhe corresponda e guarda a autonomia própria daquele conjunto expressional.
- O "fato puro" é uma impossibilidade ontológica. Simplesmente, não há linguagem que lhe dê abrigo. Não cabendo na amplitude de uma camada linguística qualquer, é impropriedade de expressão.
- O "fato puro" perde-se nas profundezas daquele abismo a que Flusser alude. Não tem forma, não tem consistência e o chamamos de "fato" simplesmente para poder adjetivá-lo no plano da comunicação, a despeito de sua carência de força existencial. Às vezes é preciso qualificar o nada para negar sua possibilidade de existir. Eis o *fato puro*.
- Note-se que a incomunicabilidade substancial entre os fatos não compromete a possibilidade de traduções. Impede, isto sim, a expressão perfeita de seus conteúdos. Em contrapartida, são a matéria-prima das intensas conversações que entre eles se estabelece.
- Se, porventura, houvesse espaço para traduções exatas, precisas, perfeitas, cairiam elas fatalmente no território das construções tautológicas, irreparáveis quanto à correção, porém nada dizendo de novo sobre o conteúdo. Seriam repetições vazias que absolutamente não trariam qualquer acréscimo à mensagem originária.
- À maneira da conversação entre os idiomas, dá-se interessante intercâmbio entre os relatórios fáticos elaborados por ciências diferentes, o que proporciona visão ampla e fecunda a propósito de acontecimentos do mundo.

Nota

1 Confira: "O fato puro não leva, com ele, a suficiente relevância significativa para ser incluído dentro do tipo. Para ingressar, sofre uma valoração comandada por um dever-ser" (Vilanova, 2013: 104).

Bibliografia

BECKER, Alfredo Augusto. *Teoria geral do direito tributário*. São Paulo: Noeses, 2010.

BRITTO, Lucas Galvão de. *O lugar e o tributo*. São Paulo: Noeses, 2014.

CARVALHO, Paulo de Barros. *Direito tributário*: linguagem e método. 5. ed. São Paulo: Noeses, 2015.

_______. *Direito tributário*: fundamentos jurídicos da incidência. 10. ed. São Paulo: Saraiva, 2014.

CASTRO, Torquato. *A pragmática das nulidades e a teoria do ato jurídico inexistente*. São Paulo: Noeses, 2009.

FERRAZ JR., Tércio Sampaio. *Introdução ao estudo de direito*: técnica, decisão, dominação. 3. ed. São Paulo: Atlas, 2001.

FLUSSER, Vilém. *Língua e realidade*. 2. ed. São Paulo: Annablume, 2004.

LINS, Robson Maia. *Controle de constitucionalidade das normas tributárias*: decadência e prescrição. São Paulo: Quartier Latin, 2005.

PONTES DE MIRANDA, Francisco Cavalcanti. *O problema fundamental do conhecimento*. Porto Alegre: Globo, 1937.

TOMÉ, Fabiana Del Padre. *A prova no direito tributário*. São Paulo: Noeses, 2012.

VILANOVA, Lourival. Analítica do dever-ser. *Escritos jurídicos e filosóficos*. São Paulo: IBET/Axis Mundi, 2001, v. 2.

_______. *Estruturas lógicas e o sistema de direito positivo*. São Paulo: Noeses, 2013.

Direito como sistema de normas e Direito como sistema de práticas: aportes teóricos e empíricos para a refundação da "ciência" do Direito (em diálogo com a Linguística Aplicada)

João Pedro Pádua

Em 1929, um coletivo de então jovens pesquisadores austríacos se reuniu em um grupo de estudos e discussões sobre filosofia.[1] Esse Círculo de Viena nutria-se da mútua admiração e influência que seus membros professavam por filósofos e cientistas específicos. Esses filósofos e cientistas eram, segundo membros do Círculo, precursores do que eles proporiam como o ideal da ciência e chamariam de "positivismo lógico". Seus postulados básicos eram a exigência da lógica e da empiria como parâmetros para o rigorismo do pensamento analítico – filosófico ou científico – e a tese da Unidade da Ciência, isto é, a ideia de que a diferença entre as ciências sociais e naturais é uma diferença de objeto e de prática, não de princípio. Filósofos da ciência mais contemporâneos como Bohman (1993: 16-7) apresentam os postulados do Círculo de Viena como tentativas normativas de impor certos parâmetros à inquirição filosófica e à pesquisa científica – portanto, não como tentativas de descrever a ciência tal como era feita.

O Direito, mais ou menos na mesma época, também começava a ser estudado com uma pretensão de rigor. Conforme recenseamento de obras feito por Dimoulis (2006: 18-22), principalmente no século XIX estudiosos do Direito procuravam trabalhar em alguma forma de teoria geral do

Direito. Essa busca era uma afirmação do espírito de rigor que viria a ser sistematizado pelo Círculo de Viena. É também uma tentativa inicial de fundar uma "ciência do Direito", segundo a lógica positivista de buscar derivar proposições significativas ou da observação empírica ou da validade lógica de suas premissas e conclusões.

Ao mesmo tempo, a afirmação de proposições basilares de uma "ciência do Direito" não buscava descrever como o Direito ocorria na prática. Tais proposições serviriam de parâmetros de uma correta e válida "ciência do Direito". O problema é que, ao contrário do que ocorria com outras ciências que o positivismo lógico buscava validar, o Direito não tinha uma prática "científica" ou trabalhos "científicos" aos quais aplicar essa renovada lógica – embora, sem dúvida, o Direito tivesse já uma prática. O positivismo jurídico seria, ao mesmo tempo, uma fundação e uma refundação da "ciência" do Direito.

Neste, procuraremos problematizar o caráter "científico" do que hoje se vem chamando de "ciência" do Direito. O objetivo geral deste capítulo é demonstrar que o Direito vem sendo erradamente construído como objeto de uma prática "científica", a partir de uma concepção igualmente errada: a de que o Direito é um sistema de normas abstratamente relacionadas entre si.

Para atingir esse objetivo, em primeiro lugar, procuraremos reconstruir o caminho para a visão do Direito como um sistema de normas. Para isso, revisaremos brevemente o trabalho de um dos principais fundadores da moderna teoria do Direito, Hans Kelsen, e alguns dos seus precursores. Também compararemos essa construção acadêmica do Direito com a sua construção prática, que o aproxima mais de uma teologia do que de uma ciência. Em segundo lugar, argumentaremos como a visão do Direto como um sistema de normas conflita com os dados que já existem sobre o funcionamento prático do Direito como um fenômeno social – isto é: como um sistema de práticas. Para isso, introduziremos as noções linguísticas de recontextualização e coconstrução de sentidos e daremos exemplos sobre como a visão do Direito como um sistema de normas é inservível para analisar situações concretas de uso do Direito. Por fim, concluiremos este estudo propondo prospectivamente como o Direito possa ser estudado como sistema de práticas.

A CONSTRUÇÃO DO DIREITO COMO UM SISTEMA DE NORMAS – CIÊNCIA E "DOUTRINA" DO DIREITO

Atribui-se a John Austin ([1832] 2000)[2] o papel de pioneiro na busca rigorosa por uma ciência do Direito (Dimoulis, 2006; Sgarbi, 2006). Austin foi discípulo de Bentham, filósofo também inglês e também utilitarista que, no século XVIII, contra a tendência contemporânea de estudos de leis naturais, propôs que o Direito deveria se ocupar das normas que estavam postas pelo governo (Bentham [1776] 2003; [1780] 2005).

Por caminhos que não precisamos recriar aqui, das primeiras tentativas inglesas de constituição dessa "ciência" (chamada, às vezes, de tradição da jurisprudência analítica (p. ex. Dimoulis, 2006)) surgiu um amplo movimento, primeiro na Europa e depois no resto do mundo, que viria a ser coletivamente chamado de "positivismo jurídico". Embora haja hoje muitas discussões e dúvidas sobre o que realmente quer dizer e que tipo de postulados o conceito de positivismo jurídico implica,[3] esse conceito e os autores associados a ele são normalmente relacionados a esforços epistemológicos e ontológicos de constituição do Direito como ciência.

Hans Kelsen é, provavelmente, o autor mais ativo e mais discutido, no âmbito do positivismo jurídico, com foco na constituição de uma "ciência" do Direito. Kelsen ([1960] 2003: 1) anunciou a sua empreitada analítica como uma busca por uma "teoria pura do Direito":

> A Teoria Pura do Direito é uma teoria do Direito positivo – do Direito positivo em geral, não de uma ordem jurídica especial. É teoria geral do Direito, não intepretação de particulares normas jurídicas, nacionais ou internacionais. [...].
> Como teoria, quer única e exclusivamente conhecer seu próprio objeto. Procura responder a esta questão: o que é e como é o Direito? Mas já não lhe importa a questão de saber como deve ser o Direito, ou como deve ele ser feito. É ciência jurídica e não política do Direito.

Embora não fosse parte formal do Círculo de Viena, Kelsen era vienense e mais ou menos contemporâneo da sua criação. Na citação acima estão claros três princípios básicos do positivismo lógico, transplantados para o fenômeno jurídico: i) a pretensão de generalização das proposições sobre um objeto; ii) a definição de um objeto ou lógico ou empírico – nesse caso, lógico; e iii) a adaptação do método para a validação de proposições significativas sobre o objeto.

Kelsen ([1960] 2003: 84) conceberia o Direito como ciência a partir da definição do objeto do Direito como um conjunto específico de normas ("nomoestática") e suas relações entre si ("nomodinâmica"), assim como a ciência do Direito como um método adequado para descrever esse objeto.

Estava, então, completo o caminho "científico" do Direito: a ciência do Direito descreve, através de um método de análise normativa (que, em outro lugar, Kelsen chama de "princípio da imputação" (Kelsen, [1950] 2001)), um objeto específico: um sistema de normas jurídicas (que Kelsen, ([1960] 2003: cap. IV) define como normas dotadas de sanção coercitiva).

Embora o principal alvo de Kelsen, como o de Bentham e de Austin, fosse a chamada escola "jusnaturalista", que condicionava a validade das normas jurídicas a critérios morais "naturais" (Sgarbi, 2006; Struchiner, 2005), Kelsen também contrariava a maneira tradicional de fazer análises jurídicas. Desde o Direito da antiguidade, nas várias famílias jurídicas (David, [1986] 1998), a academia do Direito analisava normas jurídicas específicas e fazia interpretações autorizadas sobre tais normas, a partir de categorias filosóficas e conceitos criados para tal fim.

A maneira como essa empreitada acadêmica é até hoje chamada – "doutrina" ou "dogmática" – indica as semelhanças metódicas e conceituais com a análise de outro tipo de texto normativo: a teologia. Analisando historicamente a constituição dos princípios de formação da "doutrina" no Direito ocidental da família Romano-Germânica,[4] Alejandro Madrazo (2008: 34) propõe dois movimentos complementares para essa constituição:

> Explorar o estudo do Direito [*jurisprudence*] na Idade Média pode nos ajudar a entender as origens dos papéis de texto e doutrina na tradição da *civil law*. Também pode nos ajudar a entender a relação entre eles. Eu proponho que as diferenças entre essas duas escolas [a dos Glosadores e da Teoria Moral Escolástica do séc. XVI] pode ser entendida como

> uma transformação profunda na maneira como a fonte da autoridade legal era entendida. Subjacente a essas mudanças na compreensão do Direito estava uma transformação das assunções metafísicas levantadas pelos desenvolvimentos na teologia. A mudança vai de um modelo no qual a autoridade divina é revelada em um texto fixo, para um em que a autoridade é descoberta na criação, isto é, natureza. Mudanças no Direito espelharam uma mudança na preeminência da noção de revelação (paradigmaticamente presente na Bíblia como lei divina) para a preeminência da ideia de criação (isto é, natureza).

Inspirada na teologia, a "doutrina" jurídica assumia pressupostos e conceitos filosóficos jusnaturalistas e assumia para si a tarefa de dar as "melhores" - isto é, mais justas, mais corretas - interpretações de normas jurídicas. Essa tarefa, presente até hoje em livros de "doutrina", normalmente divididos por áreas ou "ramos" do Direito, conflita logicamente com o ideal kelseniano de uma teoria "pura", puramente descritiva, geral e universal e, por isso mesmo, científica de Direito.[5]

Temos, portanto, ainda no nível teórico, uma cisão conceitual na maneira como o Direito é concebido academicamente. Daí a conclusão de Madrazo (2008: 66):

> [...] Essas raízes históricas também ajudam a entender a dupla personalidade [*split personality*] da ciência jurídica, a qual de um lado se imagina como um empreendimento descritivo e científico ocupado em encontrar o que o Direito é, mas de outro lado se engaja em pretensões normativas vigorosas de como erros legislativos devem ser ignorados em favor da natureza verdadeira dessa ou daquela instituição jurídica.

Essa aporia da autodefinição acadêmica da disciplina do Direito, que se apresenta como distinção radical entre teoria e prática - ou entre duas teorias: uma pura e outra doutrinária - deriva, segundo propomos, de uma concepção equivocada de como o Direito funciona, ou seja, da sua própria definição como objeto de conhecimento. Tanto a visão kelseniana quanto a visão doutrinária ou dogmática supõem que o Direito é um sistema de normas, um conjunto abstrato de significados que pode ser apreendido por algum método de desvelamento hermenêutico mais ou menos adequado.

DO SISTEMA DE NORMAS AO SISTEMA DE PRÁTICAS: O DIREITO COMO UM CONJUNTO DE JOGOS DE LINGUAGEM E (RE)CONTEXTUALIZAÇÕES

O problema do Direito como disciplina acadêmica parte da sua própria concepção como sistema de normas. Essa concepção encobre a maneira como o(s) fenômeno(s) jurídico(s) aparece(m) na realidade social, nas situações nas quais o Direito é chamado a jogar algum papel relevante. Quando aparece para seus usuários, para seus destinatários e para seus atores, o Direito não se concebe como um conjunto de normas abstratas e/ou hipotéticas, mas como parte de uma complexa textura de recursos sociais para a produção de sentido em situações específicas.

Postulando uma "concepção praxiológica do Direito [*praxiological approach to law*]", em um sentido semelhante ao que é proposto neste trabalho, Dupret (2003:17) argumenta que "os atores sociais são criaturas usuárias de regras [*rule using*], não determinadas [*rule-determined*] por regras". Essa concepção deriva em grande parte da visão etnometodológica, criada por Garfinkel (1967a), e que demonstra que os atores sociais são ao mesmo tempo autores/criadores e destinatários/criaturas das regras, mas também das estruturas e conhecimentos de fundo que constituem o contexto das suas atividades.[6] Ou seja, os atores sociais dinamicamente utilizam os recursos sociais à sua disposição, recriam e atualizam esses mesmos recursos, para fazer sentido das suas ações e interações e para resolver tarefas práticas em que estejam envolvidos – por exemplo: tomar uma decisão judicial, negociar um contrato ou inquirir uma testemunha. Garfinkel (1967b) cunhou o termo "incapazes decisórios [*judgmental dopes*]" para nomear o tipo de pessoa pressuposta em concepções sociológicas e psicológicas – e jurídicas, adicionamos – como determinada por regras prévias e independentes da sua conduta.

Assim como regras culturais ou psicológicas não são determinantes *per se* de ações e resultados de ações sociais, também a regras jurídicas não são. Isso quer dizer que o estudo do Direito calcado em interpretações e criações de expectativas de regramento jurídico com base nessas interpretações está fadado a produzir resultados inúteis ou incorretos sobre como as situações sociais reguladas pelo Direito de fato se dão.

Não foi somente a etnometodologia que demonstrou essa inadequação conceitual - e, logo, empírica - da visão do Direito como um sistema de normas. Referindo-se à sua pesquisa antropológica centrada em práticas policiais, p. ex., Kant de Lima (2013) esclarece essa cisão entre o Direito "científico" ou "doutrinário" e as práticas sociais relevantes para o Direito:

> Nosso Direito, inclusive, favorece esse tipo de convivência entre representações explícitas apresentadas geralmente sob a forma de textos legais e doutrinários, mas não guardam consistência com as práticas desses mesmos operadores, que os conhecem e citam, para, entretanto, terem sua prática orientada por outros princípios implícitos, tradicionais. [...]. Uma característica de nosso Direito é sua abstração, sua existência propositalmente autônoma e atemporal frente aos fenômenos sociais, que ele pretende corrigir ou punir, pouquíssimas vezes regular. Essa característica em muito dificulta sua alteração, muito mais ligada a correntes filosóficas ocidentais, muito gerais e abstratas, do que à realidade empírica e à compreensão sociológica. (Kant de Lima, 2013: 552)

No que segue, vamos nos focar, a título de exemplo empírico das inadequações descritivas e normativas da visão do Direito como um sistema de normas, em exemplos de pesquisas extraídos do campo da Linguística aplicada ao Direito,[7] ou Linguística Forense,[8] como vem sendo chama internacionalmente. Os estudos apresentados a seguir foram selecionados como meros exemplos, sem a pretensão de serem exaustivos.

COCONSTRUÇÃO E (RE)CONTEXTUALIZAÇÃO

Todos os estudos citados a seguir utilizam, como conceitos analíticos-chave, os conceitos linguísticos de *coconstrução de sentidos* e *(re)contextualização*. O conceito de coconstrução de sentidos é uma das bases conceituais analíticas dos estudos de Linguística Aplicada que se dedicam à interação social - uma escola que costuma ser chamada de Sociolinguística Interacional, a partir dos estudos de John Gumperz.[9] Os estudos interacionais da linguagem ressaltam, segundo Ribeiro e Garcez (2002: 8), "a natureza dialógica da comunicação humana e o intenso trabalho social e linguístico implícito na coconstrução do significado e da ação".

A ideia de coconstrução do sentido aponta para o fato de que o sentido que se atribui a um discurso qualquer – seja uma carta, uma conversa de bar ou uma petição – deriva de uma negociação de sentido entre falante e ouvinte (ou entre escritor e leitor), que pode ser imediata ou se desenrolar ao longo do tempo e do espaço. O importante é notar que o significado de um discurso não está "no texto", ou "na intenção do falante", ou em qualquer lugar estático e unilateral. Como apontam Ribeiro e Garcez (2002: 8), tanto o falante como o ouvinte têm papéis ativos na elaboração da mensagem e na definição de "o que é que está se passando aqui e agora".

Essa última observação dos autores indica a importância do segundo conceito analítico que será chave nos estudos descritos a seguir: o conceito de (re)contextualização. Um primeiro significado contido nesse conceito é o de que não existe discurso em abstrato. Todos os discursos fazem parte de um contexto, mas, ao mesmo tempo, ajudam a criar o seu próprio contexto:

> Os estudos sociointeracionais buscam exatamente investigar a forma como os participantes focalizam, constroem e manipulam aspectos do contexto, sendo tais ações constitutivas das atividades nas quais estes participantes estão engajados. Na tradição dos estudos interacionais, o contexto é uma forma de práxis internacionalmente constituída. (Martins, 2002: 94)

A noção de recontextualização, portanto, pressupõe a contínua contextualização das ações e discursos sociais. Linell (1998: 144) consolida a questão:

> Qualquer discurso ou texto está inserido em uma *matriz de contextos* feita de um conjunto [*an array*] de diferentes recursos contextuais: discursos anteriores, ambientes físicos, pessoas (e assunções sobre pessoas) com suas relações interpessoais, vários tipos de conhecimentos de fundo, definições de situação (enquadramentos), modelos de tópicos abordados, etc. (grifo no original)

A passagem de uma para outra dessas matrizes contextuais faz com que os mesmos discursos – ou melhor, discursos formalmente idênticos – tenham significados coconstruídos de modo completamente diferente e em diferentes aspectos – semânticos, pragmáticos, funcionais etc. Um texto normativo, por exemplo, terá o seu significado imediato discutido pelos parlamentares responsáveis pela sua criação. Mas, quando for utilizada em uma decisão judicial, o mesmo texto é recontextualizado e ganha novo significado que vai ser coconstruído, no contexto da decisão, a partir de variados (e imprevisíveis) aspectos que se tornem contingentemente relevantes (Dupret e Ferrié, 2008; Pádua, 2013).

Essa natureza coconstruída e (re)contextualizada dos discursos jurídicos é de conhecimento comum no âmbito da Linguística Forense. Um livro-texto da disciplina, por exemplo, diz:

> Textos como leis [*statutes*] e falas em situações legais são o que são porque eles estão situados em um contexto real [*real-world*] e multidimensional que produz forças textuais e intertextuais dinâmicas e complexas. Essas forças restringem e determinam a natureza, o sentido e os efeitos daqueles textos nos indivíduos. Não podemos simplesmente interpretar leis e normas como textos, mas temos de considerar o seu uso em contexto. (Coulthard e Johnson, 2007: 48)

É exatamente essa característica coconstruída e (re)contextualizada que os estudos de "ciência" e "doutrina" do Direito perdem ao buscar teorias cada vez mais gerais ou conceitos cada vez mais "logicamente coerentes" para explicar o Direito, por oposição a estudar como as práticas de uso de discursos jurídicos (especialmente normas) concretizam esses discursos.

PRÁTICAS E NORMAS 1: FAZENDO FAVORES E DANDO JEITINHOS AOS CONSUMIDORES

O Código de Defesa do Consumidor – Lei 8.078/1990 – é uma lei que explicitamente visa proteger o consumidor contra o poder econômico de fornecedores e fabricantes de bens e serviços. Já no artigo 4º, ao estabelecer os princípios da Política Nacional das Relações de Consumo, o Código coloca como primeiro princípio o "reconhecimento da vulnerabilidade do consumidor no mercado de consumo".

O Código foi saudado pelos vários direitos que dava ao consumidor, a fim de compensar essa sua situação de vulnerabilidade ou "hipossuficiência". Entre esses direitos, consta o de ter o ônus da prova invertido em seu favor (artigo 6º, inciso VII); o direito de modificação forçada de cláusulas contratuais excessivamente onerosas "cláusulas leoninas" – (art. 6º, inciso V); e o direito de demandar contra fabricante, fornecedor e vendedor quando o produto ou o serviço apresentarem defeito, independentemente de quem tenha sido o real causador do defeito, conforme artigos 12º e 18º.

Lida em abstrato, trata-se de uma lei muito protetiva ao consumidor e assim ela foi tratada pela "doutrina" do Direito Civil brasileiro (Calixto, 2006). No entanto, pesquisas no âmbito da Linguística Forense, feitas por Abritta e outros pesquisadores,[10] têm indicado que a satisfação de pretensão dos consumidores passa por várias estratégias interacionais de coconstrução do sentido das leis consumeristas, a começar pelo sentido de violação a estas leis.

Em Abritta (2008), são analisados dados de uma audiência de conciliação no âmbito de um Juizado Especial Cível. Uma pessoa tentava reaver o dinheiro pago por um celular que apresentou defeitos logo depois da aquisição ou a troca por um aparelho novo. A própria existência de uma audiência de conciliação, marcada depois de uma demanda judicial do consumidor, como primeira etapa do processo judicial, já demonstra uma passagem de tempo na qual o consumidor fica com o produto quebrado, desmentindo, na prática, a impressão de que um produto defeituoso será logo resolvido por qualquer um na cadeia produtiva. Além disso, a audiência não é um mero arranjo sobre a maneira de efetivar o direito do consumidor violado, mas uma negociação de sentido em que está em questão, inclusive, se há essa violação:

Maria:	A questão é a seguinte. Eu consigo o oitenta e um setenta e esse modelo dois, esse modelinho aqui.
Cristina:	que é o melhor?
Maria:	É.
Flávio:	Esse modelo aqui já saiu de linha, então não fabrica mais, que é o melhor?
Maria:	É... é... Seria esse modelo... é... um ano de garantia.
Cristina:	Ótimo!

Maria: *Eu consigo pra você, viu?* Vai sair com a nota fiscal, a gente entregaria para você, *agora ã... O problema que a gente vai ter é o seguinte.* [Destaques adicionados]. A Blóquia agora nesse período tá até em balanço fiscal. Então geralmente a gente pede assim, estipula um prazo rápido para repor o aparelho. Mas nesse caso eu queria, se você não se importasse, seria entregue o aparelho para você em vinte dias, só por garantia. Eu acredito que a gente consiga chegar bem antes com esse aparelho para você. É só para não dar problema, porque como tá em balanço fiscal não está podendo emitir notas fiscais. [...] (Abritta, 2008: 96)[11]

Embora já esteja com um aparelho defeituoso há algum tempo e já o tenha levado "sucessivas vezes" à "loja da assistência técnica" (Abritta, 2008: 95), antes de ser obrigado a demandar judicialmente (a ponto de o modelo não ser mais sequer fabricado), a posição da representante da empresa na interação é a de que está fazendo um favor para o consumidor. Ela não se desculpa ou se mostra ansiosa em reparar a situação, mas marca, através do uso da primeira pessoa ("eu consigo para você") e de um pedido de contrafavor ("o problema que a gente vai ter é o seguinte") uma proximidade interpessoal que apaga a relação institucional empresa-consumidor, em prol de uma relação pessoa-pessoa. Segundo a análise de Abritta (2008: 96):

> No excerto acima pode-se observar que a reclamada procura impor o enquadre do favor aos direitos que o consumidor busca ver garantidos. [...] Veja-se que a obtenção do modelo almejado pelo consumidor é apresentada como um ato personalíssimo [...], o qual ratifica o enquadre da ação em andamento como um favor que é feito ao reclamante pela empresa, através do *jeitinho* que a reclamada utilizou na ligação [que Maria fez para a empresa pouco antes do momento retratado no excerto]. (grifo no original)

Enquadrar o atendimento dos direitos do consumidor como jeitinho é uma maneira de coconstruir, junto com o consumidor, a solução para o problema. A ilegalidade é, através dessa estratégia de coconstrução, recontextualizada como mal-entendido ou até mesmo como uma falha do próprio consumidor, que, no entanto, vai ser relevada por uma posição moralmente elevada do fornecedor do bem (um favor).

Nesse exemplo,[12] o direito do consumidor é reconhecido, na esfera judicial, sem que a violação às normas (do consumidor) seja expressamente reconhecida pelo demandados. Nesse sentido, o Código de Defesa do Consumidor pode ser visto como um conjunto de mecanismos possibilitadores de acesso a espaços de diálogo – que pode ser o Juizado ou um órgão como o Procon –, não como um mecanismo cogente de imposição de soluções juridicamente predeterminadas.

PRÁTICAS E NORMAS 2: COCONSTRUINDO A NORMATIVIDADE DO REGIMENTO INTERNO PARA DETERMINAR COMO CRIAR NORMAS

Uma das áreas do Direito menos estudadas, seja pela "ciência" do Direito, seja pela "doutrina" do Direito, é o Poder Legislativo (Pádua, 2012). Os poucos livros jurídicos que abordam essa área estão dentro do campo chamado "processo legislativo" (p. ex., Silva, [1964] 2006) e tratam de temas como o estatuto teórico do Poder Legislativo e comentários abstratos a normas sobre criação de leis, seja na Constituição, seja nos Regimentos Internos dos órgãos do Congresso Nacional.

Também no campo legislativo a "doutrina" faz interpretações, glosas e se esforça por construir bases lógicas a partir de conceitos gerais para encadeá-los em raciocínios internamente coerentes. A maneira pela qual os órgãos do Poder Legislativo recontextualizam as normas da sua atuação para fins específicos, negociados por essas mesmas práticas, escapam do escopo da doutrina jurídica.

Todavia são justamente essas práticas que explicam como as leis são feitas. Dupret e Ferrié (2008) já haviam demonstrado que a utilização das normas regimentais de um Parlamento (no caso, o sírio) se dá a partir de percepções dos participantes do processo acerca do significado das normas regimentais e da sua utilidade para o desenvolvimento da tarefa institucional que se coloca na sua atuação. Adotando o conceito de ação instruída (*instructed action*) de Garfinkel (2002), Dupret e Ferrié (2008) propõem que as regras regimentais são a primeira parte de um par "[regra](<prática da regra>)" enquanto o trabalho que "de alguma maneira" constitui "um caso real de cumprimento dessas regras" é a segunda parte do par.

No meu próprio trabalho sobre as estratégias e modos discursivos de produzir normas na Assembleia Nacional Constituinte Brasileira de 1987-88 (Pádua, 2013; Pádua e Oliveira, 2015), também ficou clara a utilização das normas regimentais e demais normas jurídicas do processo de criação de normas como recursos para operacionalizar a tarefa central da atividade – aprovar um texto normativo.[13]

Nos dados analisados em Pádua (2013) e também em Pádua e Oliveira (2015), o Regimento Interno da Assembleia Nacional Constituinte previa um intrincado processo de votação, distribuído em diversos artigos. Por exemplo, o artigo 18, relativo à formação do texto pelo congressista que desempenha o papel de relator da Comissão, diz o seguinte:

> Art. 18. Na Comissão, os anteprojetos serão distribuídos em avulsos a todos os seus membros para, no prazo dos 5 (cinco) dias seguintes, destinados à sua discussão, receber emendas.
>
> Parágrafo 1º. Encerrada a discussão, o Relator terá 5 (cinco) dias para emitir parecer sobre os anteprojetos e as emendas, devendo concluí-lo com a apresentação de substitutivo, que será distribuído em avulsos, sendo, em seguida, submetida a matéria à votação.

Na discussão de textos normativos polêmicos, mesmo a formação de um dissenso que represente uma polarização apta a uma votação a favor ou contra é um trabalho interacional difícil (Pádua, 2013). Os congressistas utilizam as regras do regimento como recursos para decretar a aprovação de um texto, mesmo quando esse texto, por qualquer motivo prático, não tem condições para ir à votação. Uma dessas leituras das regras do regimento é buscar a aprovação do texto por unanimidade, através de negociações feitas fora dos debates oficiais. Considere-se o excerto a seguir, extraído de Pádua (2013: 70):

> O SR. PRESIDENTE (Mário Assad): – Havendo número regimental, declaro reaberta a reunião. Concedo a palavra, pela ordem, ao nobre Relator.
>
> O SR. RELATOR (José Paulo Bisol): – Sr. Presidente, Srs. Constituintes, *em razão de uma conversação que mantive com alguns Constituintes,* [destaque adicionado] quero deixar claro que, em relação ao anteprojeto que vai ser discutido, manifestei minha concordância em retirar o item que se referia à vida intrauterina. Concordo, também, que se acrescente ao item I "...que esta vida intrauterina será protegida por lei".

> Com relação ao direito coletivo de culto, que é inciso III do § 4º, na alínea "b" está colocado que "é proibida a profissão de culto que incite à violência ou defenda discriminações de qualquer natureza". Concordo, também, a [sic] que se retire isto.
>
> [...]
>
> Estas são as questões com as quais manifestamente eu entendi que poderia concordar. Deixo claro, no entanto, que V. Exas. tem [sic] plena liberdade de optar pela solução que lhes aprouver.

Na dificuldade de obter uma discordância intersubjetivamente compartilhada que permita uma votação, os congressistas coconstroem uma forma de procedimento que, tomando por base as regras de votação previstas no regimento, também permitam um debate paralelo, extraoficial, com o fim de chegar a um texto que possa ser aceitável para todos sem processo formal de votação. Usando a terminologia de Goffman ([1974] 1986), Pádua (2013) chamou essas discussões paralelas de "canal de *backstage*" e demonstrou que a maior parte dos textos mais polêmicos dos dados que analisou foram aprovados desta maneira.

CONCLUSÕES PRELIMINARES

Começamos este trabalho reconstruindo, sumariamente, a história do nascimento de duas maneiras tradicionais e complementares de ver o que o Direito é. De um lado, o Direito é a "doutrina" ou a "dogmática" do Direito; um conjunto de conceitos adaptados da filosofia medieval e usados para construir grandes proposições lógicas e interpretativas sobre normas jurídicas, seu alcance e seu conteúdo normativo. Nessa visão, o Direito se aproxima de uma teologia.[14]

De outro lado, o Direito postula a sua posição de "ciência", buscando rigor na escolha do seu objeto específico, na constituição do seu método e lógica de pesquisa e na construção da sua linguagem "científica". Vimos que o que há de comum nessas duas vertentes é a concepção do objeto do Direito como um sistema de normas, ou seja, um emaranhado normativo que deve ser explicado nos seus próprios termos ou a partir de lógicas desenvolvidas ou adaptadas *ad hoc* para gerar proposições e conceitos corretos sobre esse objeto, sempre segundo um critério lógico.

A visão do Direito como um sistema de normas apresenta deficiências epistemológicas e deficiências ontológicas. Como esclarece Veronese (2011: 182):

> Dentro da área do Direito não é usual a utilização de dados para a construção de conclusões acerca de fenômenos. Isso pode parecer estranho, pois o método científico se baseia nessa perspectiva: observação dos fenômenos, uso de teorizações lógicas, demonstrações, e, ao fim, conclusões que derivam em leis gerais. [...]
>
> [...] na tradição romano-germânica, as elucubrações filosóficas possuem mais valor do que as observações científicas, no debate dos juristas. Ou, ainda, [...] o direito atingiu um "*status*" de ciência sem, na verdade, ser uma atividade científica em sentido estrito e paralelo com as outras áreas. [...]

Ontologicamente, pensar o Direito como um sistema de normas supõe que essas normas se relacionam em abstrato, sem a mediação de situações sociais e atores sociais concretos. Epistemologicamente, como consequência, pensar o Direito como um sistema de normas implica pensar mecanismos lógicos e abstratos de atribuição de significado a esse sistema de normas.

Por causa disso, o Direito como sistema de normas gera uma descrição ou inútil ou equivocada do Direito. Dizer que há uma hierarquia normativa entre as normas, em que, digamos, a Constituição Federal é mais autoritativa do que uma lei ordinária e essa, do que um ato administrativo é inútil para resolver problemas práticos com a aplicação de uma portaria ou de um regimento interno de um órgão legislativo ou do Código de Defesa do Consumidor. Mais adiante, pensar a hierarquia das normas como uma descrição correta de como o Direito funciona não consegue explicar como o regimento interno de um órgão legislativo pode ser usado afastando – ou, ao menos, mitigando – alguma norma constitucional ou como um órgão administrativo pode operar em obediência a um expediente de um superior, sem levar em consideração uma lei federal.

Nos exemplos anteriores, vimos que os atores sociais, em situações concretas, usam as normas jurídicas como instruções e recursos para a sua ação, mas, ao mesmo tempo, a sua ação demonstra qual o significado da norma jurídica que está em vigor naquele momento. Esse significado independe de interpretações "doutrinárias" sobre a mesma norma.

A Linguística Forense - mas não só ela - tem demonstrado o quanto o fenômeno jurídico depende de dinâmicas interacionais atreladas a práticas locais e concretas que têm na norma jurídica um dos elementos de conhecimento de fundo que podem influenciar tais dinâmicas. O quadro a seguir procura sistematizar a proposta deste trabalho.

	Direito como um sistema de normas	*Direito como um sistema de práticas*
Objeto de estudo	Normas jurídicas e sua relação abstrata; conceitos normativos	Práticas sociais que usam normas jurídicas (isto é, contextos jurídicos)
Método	Leitura de normas e formulação de conceitos e interpretações sobre normas	Estudo empírico, qualitativo ou quantitativo, de contextos jurídicos
Inserção acadêmica	Ciência social *sui generis*	Parte das Ciências Sociais, com foco e objeto específico, mas métodos em comum

Fonte: elaboração própria

Esse quadro é uma primeira tentativa de um programa de pesquisa para o Direito que abandone a visão do Direito como um sistema de normas. Na essência, é um projeto que comunga da visão mais geral de Veronese (2011), que busca integrar pesquisas empíricas no Direito e também da visão mais específica de Dupret (2003) que fala de uma teoria praxiológica do Direito. Isso não quer dizer que não haja lugar para pesquisa teórica no Direito. Apenas quer dizer que a teoria tem de entrar em relação com a prática, usando pesquisas empíricas como ponto de partida e desenvolvendo conceitos que possam ser empiricamente testáveis.

Notas

[1] A informação sobre a história e os membros do Círculo de Viena, assim como seus postulados básicos, é retirada, em geral, de Ayer ([1959] 1966), a não ser quando especificamente indicado no texto.

[2] É importante não confundir esse John Austin com o seu compatriota, John L. Austin, filósofo da linguagem e criador da teoria dos atos de fala, que viveria quase dois séculos depois.

[3] Cf., com referências, p. ex., Sgarbi (2007: cap. 5); Struchiner (2005); Dimoulis (2006).

[4] Que envolve a maior parte dos sistemas jurídicos da Europa Continental – incluindo Alemanha, Itália, França, Espanha e Portugal – e suas ex-colônias – incluindo Brasil e toda a América Latina. Cf. David ([1986] 1998). É também chamada de família da "*civil law*".

[5] Aliás, é especialmente notável que Kelsen, que produziu muito durante a sua vida, não tenha – ao menos não famosamente – artigos sobre áreas específicas do Direito (p. ex.: Direito Penal ou Direito Constitucional), no qual aplicasse seus princípios e métodos "científicos".

[6] A etnometodologia é uma linha – um programa de pesquisa – das Ciências Sociais com imensas complexidades e derivações de pesquisa, que não poderão ser exploradas aqui. Para uma resenha geral do campo, Cf. Coulon ([1987] 1995). Para uma revisão de literatura dos estudos e linhas de pesquisa aplicadas ao direto, Cf. Travers (2001).

[7] Sarangi (2006; 2012) cunhou o termo "Linguística Aplicada das Profissões" para nomear o campo de estudos da Linguística Aplicada que lida com campos (e conhecimentos e dinâmicas) profissionais de outras áreas (como Medicina, Direito, Serviço Social etc.), buscando gerar dados e análises relevantes para os praticantes desses campos. Ele considera a Linguística Forense parte desse esforço, aplicando a Linguística ao Direito.

[8] Coulthard e Johnson ([2010] 2013) propõe que o escopo de estudo da Linguística Forense seja dividido em três grandes tópicos: "o estudo da linguagem escrita do Direito", "o estudo da interação no processo legal, o que, em casos criminais, inclui tudo desde a chamada inicial para serviços de emergência até a aplicação de pena a quem tenha sido declarado culpado" e "a descrição do trabalho do linguista forense quando atua como perito" – esse último tópico englobando métodos de descoberta e análise de evidências linguísticas que possam ser submetidas ao linguista forense. Não temos espaço para falar sobre minúcias acerca da Linguística Forense, como subcampo da Linguística Aplicada das Profissões. Para isso, permitimo-nos remeter o leitor para a revisão de literatura feita em Pádua (2013). Quando for necessário para o entendimento dos estudos citados a seguir, alguns conceitos de Linguística Forense serão clarificados.

[9] Para uma revisão dos seus e de outros estudos em Sociolinguística Interacional, Cf. Gumperz (2001).

[10] Vários artigos oriundos destas pesquisas estão reunidos em Silveira e Magalhães (2008). Aqui, vamos usar apenas duas pesquisas como exemplos: Abritta (2008), presente no livro, e Abritta e Oliveira (2012).

[11] Os nomes das pessoas, inclusive o da empresa, foram trocados por nomes fictícios pela autora. Flávio é o autor da demanda, Maria a representante da empresa e Cristina é a conciliadora do Juizado. As marcas de entonação, prosódia e comportamentos paralinguísticos foram retirados por mim do original para facilitar a leitura.

[12] Cf., também, Abritta e Oliveira (2012), para uma análise posterior do mesmo conjunto de dados, reforçando a conclusão do texto.

[13] Não é objeto deste trabalho se debruçar sobre a questão da suposta distinção entre "texto" e "norma". Discuti brevemente a questão em Pádua (2013: 60).

[14] Vide Pádua (2011) para uma discussão sobre a relação entre direito e textos escritos.

Bibliografia

Abritta, C. Do enquadre do "direito" ao enquadre do "favor": a negociação de posicionamentos na resolução de conflitos em audiências de conciliação. In: Silveira, S. B. e Magalhães, T. G. (Orgs.).

A fala-em-interação em situações de conflito: recursos linguísticos e práticas comunicativas. São Carlos: Claraluz, 2008, pp. 87-98.

Abritta, C.; Oliveira, M. C. L. Os *jeitinhos* para se chegar a um acordo. *Calidoscópio*. v. 10, n. 2, p. 186-193, maio-ago. 2012.

Austin, J. *The province of jurisprudence determined*. Amherst: Prometheus, [1832] 2000.

Ayer, A. J. Editor's introduction. In: Ayer, A. J. (Ed.). *Logical positivism*. New York: Free Press, [1959] 1966.

Bentham, J. *Un fragmiento sobre el gobierno*. Trad. Enrique Bocardo. Madrid: Tecnos, [1776] 2003.

_______. *An introduction to the principles of morals and legislation*. New York: Elibron Classics, [1780] 2005.

Bohman, J. *New philosophy of social science*. Cambridge: MIT, 1993.

Calixto, M. O princípio da vulnerabilidade do consumidor. In: Bodin de Moraes, M. C. (Org.). *Princípios do direito civil contemporâneo*. Rio de Janeiro: Renovar, 2006, pp. 315-56.

Conley, J. M.; O'Barr, W. M. *Just words*: Law, language and power. 2. ed. Chicago: University of Chicago, [1998] 2005.

Coulon, A. *Etnometodologia*. Trad. Ephraim Ferreira Alves. Petrópolis: Vozes, [1987] 1995.

Coulthard, M. e Johnson, A. *An introduction to forensic linguistics*: language in evidence. New York: Routhledge, 2007.

_______. Introduction: current debates in forensic linguistics. In: Coulthard, Malcolm e Johnson, Alysson (Eds). *The Routledge handbook of forensic linguistics*. London and New York: Routledge, [2010] 2013. (Kindle® edition).

David, R. *Os grandes sistemas do direito contemporâneo*. 3. ed. São Paulo: Martins Fontes, [1986] 1998.

Dimoulis, D. *Positivismo jurídico*: introdução a uma teoria do direito e defesa do pragmatismo jurídico-político. São Paulo: Método, 2006.

Drew, P.; Heritage, J. Analyzing talk at work: an introduction. In: Drew, P. and Heritage, J. (Eds.). *Talk at work*: interaction in institutional settings. New York: Cambridge University, 1998, pp. 3-65.

Dupret, B. The person in an Egyptian judicial context: An ethnomethodological analysis of courtroom proceedings. *International Journal for the Semiotics of the Law*. v. 16, pp. 15-44, 2003.

Dupret, B.; Ferrié, J.-N. Legislating at the shopfloor level: Background knowledge and relevant context of parliamentary debates. *Journal of Pragmatics*. v. 40, pp. 960-78, 2008.

Garfinkel, H. What is ethnomethodology? In: Garfinkel, H. *Studies in ethnomethodology*. Engelwood Cliffs: Prentice-Hall, 1967a, pp. 1-34.

_______. Studies of the routine grounds for everyday activities. In: Garfinkel, H. *Studies in ethnomethodology*. Engelwood Cliffs: Prentice-Hall, 1967b, p. 35-75.

_______. Instructions and instructed actions. In: Garfinkel, H. *Ethnomethodology's program:* Working out Durkheim's aphorism. Ed. Anne Rawls. Lanham: Rowman & Littlefield, 2002. pp. 197-218. (Kindle® edition).

Goffman, E. *Frame analysis*. Lebanon, NH: Northeastern University, [1974] 1986.

Gumperz, J. J. Interactional sociolinguistics: A personal perspective. In: Schiffrin, D. et al. *The handbook of discourse analysis*. Malden: Blackwell, 2001, pp. 215-28.

Kant de Lima, R. Entre as leis e as normas: éticas corporativas e práticas profissionais na segurança pública e na Justiça Criminal. *Dilemas: Revista de Estudos de Conflito e Controle Social*, v. 6, 2013, pp. 549-580.

Kelsen, H. Causalidade e imputação. In: Kelsen, H. *O que é justiça?* Trad. Luís Carlos Borges. 3. ed. São Paulo: Martins Fontes, [1950] 2001, pp. 323-48.

Kelsen, H. *Teoria pura do direito*. Trad. João Baptista Machado. 6. ed. São Paulo: Martins Fontes, [1960] 2003.

Linell, P. Discourse across boundaries: On recontextualizations and the blending of voices in professional discourse. *Text*. v. 18, n. 2, pp. 143-57, 1998.

Madrazo, A. From revelation to creation: the origins of text and doctrine in the civil law tradition. *Mexican Law Journal*, New Series, v. 1, n. 1, 2008.

Martins, C. A indeterminação do significado nos estudos sócio-pragmáticos: divergências teórico-metodológicas. *D.E.L.T.A.*, v. 18, n. 1, pp. 87-116, 2002.

Ostermann, A. C. Communities of practice at work: Gender, facework and the power of habitus at an all-female polices station and a feminist crisis intervention center in Brazil. *Discourse and Society*. v. 14, n. 4, pp. 473-505, 2003.

Pádua, J. P. "Vale o que está escrito": Considerações em torno da relação entre direito e escrita. *Direito, Estado e Sociedade* (Revista do Departamento de Direito da puc-Rio). Rio de Janeiro, n. 38, pp. 112-32, jan.-jul. 2011.

_______. Norm-enacting activity as an object of study in forensic linguistics. In: Tomlbin, Samuel et al. (Eds.). *Proceedings of the tenth biennial conference of the International Association of Forensic Linguistics*. Birmingham: Aston University, 2012. p. 104-114. Disponível em: <http://www.forensiclinguistics.net/iafl-10-proceedings.pdf>. Acesso em: 17 jun. 2012.

_______. A negociação da intersubjetividade em debates sobre textos normativos na assembleia nacional constituinte brasileira de 1987/88. Rio de Janeiro, 2013. Tese (Doutorado em Letras/Estudos da Linguagem) – Programa de Pós-Graduação em Estudos da Linguagem da Pontifícia Universidade Católica do Rio de Janeiro (Orientadora: Maria do Carmo Leite de Oliveira).

Pádua, J. P.; Oliveira, M. C. L. Accounting practices na negociação de normas jurídicas. In: Silveira, S. B. et al. (Orgs.). *Linguística aplicada em contextos legais*. Jundiaí: Paco, 2015, pp. 191-218.

Pasinato, W. Violência contra as mulheres e legislação especial, ter ou não ter? Eis uma questão. *Revista Brasileira de Ciências Criminais*. ano 16, n. 71, pp. 321-60, jan.-fev. 2008.

Revista Fórum. Entenda o golpe de Cunha na votação da redução da maioridade penal. Disponível em http://www.revistaforum.com.br/blog/2015/07/entenda-o-golpe-de-cunha-na-votacao-da-reducao-da-maioridade-penal/. Acesso em: 4 out. 2015.

Ribeiro, B. T.; Garcez, P. M. Apresentação. In: Ribeiro, B. T.; Garcez, P. M. (Orgs.). *Sociolinguística interacional*. São Paulo: Loyola, 2002, pp. 7-11.

Sacks, H.; Schegloff, E.; Jefferson, G. A simplest systematics for the organization of turn-taking for conversation. *Language*. v. 50, n. 4, part. 1, pp. 696-735, dec. 1974.

Sarangi, S. The conditions and consequences of professional discourse studies. In: Kiely, R.; Rea-Dickins, P.; Woodfield, H.; Clibbon, G. (Eds.). *Language, culture and identity in applied linguistics*. London: Equinox, 2006, pp. 199-220.

Sarangi, S. Applied linguistics and professional discourse studies. *Veredas*. Juiz de Fora, v. 16, n. 1, pp. 1-18, 2012.

Sgarbi, A. *Clássicos da teoria do direito*. Rio de Janeiro: Lumen Juris, 2006.

_______. *Teoria do direito:* primeiras lições. Rio de Janeiro: Lumen Juris, 2007.

Silva, J. A. *Processo constitucional de formação das leis*. 2. ed. São Paulo: Malheiros, [1964] 2006.

Silveira, S. B.; Magalhães, T. G. (Orgs.). *A fala-em-interação em situações de conflito*: Recursos linguísticos e práticas comunicativas. São Carlos: Claraluz, 2008.

Schreiber, M. Cunha consegue nova virada e Câmara aprova redução da maioridade penal. *BBC Brasil* Online. Disponível em: http://www.bbc.com/portuguese/noticias/2015/07/150702_reducao_maioridade_aprovaap_ms_tp. Acesso em: 4 out. 2015.

Struchiner, N. Algumas "proposições fulcrais" acerca do direito: o debate jusnaturalismo vs. juspositivismo. In: Maia, A. C. et al. *Perspectivas atuais da filosofia do direito*. Rio de Janeiro: Lumen Juris, 2005, p. 399-415.

Superior Tribunal de Justiça. Violência doméstica e familiar contra a mulher. *Jurisprudência em teses*, n. 41, 16 set. 2015.

Travers, M. Ethnométhodologie, analyse de conversation et droit. *Droit et Societé*. v. 48, p. 349-66, 2001.

Veronese, A. O papel da pesquisa empírica na formação do profissional de direito. *Revista da OAB/RJ*. Rio de Janeiro, v. 27, pp. 171-218, jan.-jul. 2011.

PARTE II

A LINGUAGEM EM INTERAÇÕES NO CONTEXTO JURÍDICO

A pré-estase como "preparação do terreno" em deliberações jurídicas

Rubens Damasceno-Morais

Neste artigo, procuraremos examinar mecanismos de gestão do desacordo utilizados por magistrados, ao longo de interações face a face, nos momentos em que conflitos de opinião surgem, durante deliberações argumentativas na Segunda Instância de um tribunal brasileiro. O funcionamento pragmático dos momentos de dissonância de opinião entre *experts* é, assim, o foco deste trabalho. Estaremos de olhos bem abertos à forma como, no *corpus* de que dispomos, o "não" é anunciado pelos interactantes do debate, ao longo de discussões polêmicas e acirradas, em contexto judiciário. As sequências linguísticas que precedem o anúncio do desacordo – a que chamaremos de momentos de *pré-estase* – podem ser expressas de formas variadas; aqui, devido ao exíguo espaço de que dispomos, limitar-nos-emos a mostrar apenas uma manifestação pragmática dessa situação de conflito em seara argumentativa.

A situação de conflito de opiniões se dá quando duas afirmações contraditórias são constituídas para a mesma pergunta, o que inibe, ou pode inibir, a construção colaborativa de uma sentença – no caso, de contexto jurídico. E as situações de deliberação do *corpus* do qual dispomos mostram que tais momentos de "resistência" não são raros, o que evidencia que os juízes participantes dos julgamentos em Segunda Instância poderão encontrar obstáculos à aceitação de suas opiniões/votos. Segundo Angenot (2008: 51), é certo que um debate sempre oferecerá teses a refutar, resistências a serem vencidas, disparidade de opiniões; em nossas análises, tal constatação ficará evidente devido às várias e ricas estratégias de amenização de conflito utilizadas pelos interagentes/magistrados nos momentos em que dois pontos de vista entram em rota de colisão.

O mergulho em uma das reentrâncias do *corpus* que batizamos de TRIBUNAL seleciona o momento em que um magistrado encarna o papel de "oponente", segundo o jogo de "papéis atuacionais" (*rôles actanciels*) propostos por Plantin (2005). Segundo esse autor, um mesmo debatedor, ao longo de uma argumentação, pode desempenhar três diferentes papéis (*rôles*) ao mesmo tempo: proponente, oponente e terceiro (*proposant, opposant, tiers*). O debatedor será "proponente" quando propuser uma tese nova; atuará como "oponente" quando estiver defendendo uma tese já exposta e, por fim, será "terceiro" quando se mantiver neutro ao longo do debate. Desse modo, o funcionamento pragmático das deliberações em Segunda Instância entre os debatedores será aqui observado em situações de recusa e de conflito (iminente) de opiniões, isto é, de *agonia*.

Daremos ênfase ao papel atuacional de *opositor*, pois, sabemos, no mundo dos estudos argumentativos e retóricos, mais do que o assentimento, é o dissenso, o desacordo, sobretudo frutos de debates mais tensos e duros, que, em fim de contas, mais despertam o interesse dos pesquisadores ligados à arena dos estudos argumentativos, como é o nosso caso. A dimensão ritualística que se manifesta em uma corte de justiça brasileira, em momentos de conflito de opiniões ao longo de julgamentos diversos em Segunda Instância, também desperta grande interesse em nossa pesquisa atual. A esse respeito, Kerbrat-Orecchioni lembra que os "microrrituais [são] rituais de interação que abarcam o que chamamos na maioria das vezes de *politesse* (modos à mesa, modos de comportamento, manifestações discursivas como saudações, agradecimentos, pedidos de desculpas)" (2002: 509/trecho adaptado). Desse modo, neste artigo tentaremos destacar a importância de formas de polidez utilizadas nos momentos de conflito de opiniões, como quando um juiz discorda explicitamente do voto pronunciado por seu colega magistrado, gerando uma situação de *estase*, isto é, de conflito.[1]

O DISCURSO-EM-INTERAÇÃO E O TERRITÓRIO JURÍDICO

O universo judiciário é indiscutivelmente repleto de rituais estritamente elaborados e que escapam ao cidadão comum, que, além de nunca ser coadjuvante nesse mundo, nem sempre compreende de fato o *décor*. Apesar dos rígidos códigos jurídicos, esse universo é, antes de tudo, fundado na linguagem; é um campo "linguageiro" (Dupret, 2006: 229), fruto da invenção humana, em que se busca, em fim de contas, "um pouco de paz, uma certa igualdade, uma certa liberdade" (Atienza, 1997: 17). Ali a exatidão matemática não tem vez, pois tal universo pertence ao domínio do verossímil, do plausível e do provável, como já bem constatara Perelman (1999 : 304) e outros filósofos (Meyer, 2008). Para tais autores, não podemos reduzir o raciocínio judiciário a simples cálculos (por exemplo, na definição de um "dano moral"), a meros teoremas ou equações, uma vez que, se assim fosse, os julgamentos seriam facilmente resolvidos por simples fórmulas matemáticas, pela simples mecânica de multiplicar ou de dividir, sem a necessidade, por exemplo, de tribunais superiores para reavaliação de um julgamento ocorrido em Primeira Instância.

Ao refletir sobre a aplicação da lei em um caso particular, um magistrado precisa, certamente, fazer escolhas, sempre atento à opinião de seus pares e sem jamais perder de vista as reações do *auditório* inquisidor, chamado opinião pública (Dupret, s/d: 164). A necessidade de aplicar a lei a casos complexos muitas vezes encontra alento na própria discussão com os pares, na interação face a face, quando se debatem pontos de vista antagônicos, visões e interpretações díspares acerca de uma mesma ação. Esses momentos de interação, em que se constroem decisões, transformam-se em momentos preciosos de reflexão em grupo - comuns em Segunda Instância -, além de ajudarem os operadores da lei a construírem um julgamento, a selarem um destino. E aqui teremos a breve oportunidade de perceber como a linguagem e o mundo jurídico imiscuem-se, em algumas deliberações sobre casos de dano moral.

Apesar de haver um sem-número de filósofos debruçados sobre as relações entre o campo jurídico + linguagem + argumentação, como o fazem Olbrechts-Tyteca e Perelman, no clássico *Nova retórica*, ou mesmo Toulmin com seu *Usos do argumento*, não se veem muitos trabalhos que efetivamente perscrutem tal universo em seus recônditos e filigranas, em suas arestas ou entrelugares, ou seja, que visem à prática, ao estudo de caso. Perelman, por exemplo, deixa claro que a dimensão linguística é fundamental nos estudos do Direito. Segundo destaca Feteris (1999: 1), "A argumentação desempenha um papel muito importante na lei", e é justamente isso que explica por que tantos teóricos da linguagem retiram do mundo jurídico os dados para alimentarem suas pesquisas no campo da argumentação e da retórica. No entanto, a análise efetivamente pragmática e que busca, por exemplo, os efeitos perlocutórios de uma frase pronunciada espontaneamente ao longo de interação entre os desembargadores em Segunda Instância, já é mais incomum nos estudos em campo jurídico.

Levando essa lacuna em consideração, neste artigo o fazer jurídico será examinado de forma pouco usual. Não se encontrará, desse modo, uma análise estritamente judiciária nas páginas seguintes. Bem ao contrário. Apesar de estarmos em território de leis, pois o *corpus* analisado faz um recorte desse universo, o campo dos estudos linguísticos e, sobretudo, das interações verbais alimentará o principal arcabouço teórico aqui empregado. A análise buscará dar conta das relações entre o enunciativo e o interacional, em situações de argumentação entre dois ou três interlocutores, flagrados em momentos de troca linguística, de construção de sentido. Analisaremos, assim, o "discurso-em-interação", como preconizado por pesquisadores do campo do interacionismo linguístico (Kerbrat-Orecchioni, 2011; Traverso, 2007; Plantin, 1996). A ênfase será dada, então, à ação em situação trilogal, polêmica, em momentos de deliberação entre magistrados. Assim, acreditamos, a abordagem que articula "a gramática prática ou *praxeológica* do fazer e do dizer em contexto" (Dupret, 2006: 17) nos permitirá fazer uma reflexão sobre as formas de construção de uma sentença, em campo jurídico, mesmo que não sejamos juristas de formação, e sim analistas de discursos de campos diversos – inclusive o jurídico, é importante destacar.

A POLIDEZ EM AÇÃO

A concepção de polidez (*politesse*) analisada por Brown e Levinson se articula e toma forma por meio da noção de "face", tomada de empréstimo dos estudos golfmanianos. Os trabalhos relativos às questões de polidez já percorreram longa trilha teórica, passando pelos estudos griceanos e seu famoso princípio de cooperação; pelas regras do saber-viver (*savoir vivre*); pelas máximas conversacionais; pelas condições de sucesso a Searle; pelas "faces negativas" sugeridas ainda por Brown e Levinson; pelos "territórios" e atos ameaçadores da face (*face threating acts*);[2] pelos rituais e rotinas conversacionais; e, ainda, pelos efeitos da polidez no discurso. Em realidade, há uma imensa literatura acerca do fenômeno da *polidez* que não cabe e nem daria tempo de aprofundar aqui. Acerca da teoria das faces (*face work*), das regras de polidez, dos territórios e afins, Kerbrat-Orecchioni (1992, e outras obras), Traverso (2007, e outras obras) e Amossy (2000) fazem um bom apanhado do assunto. Aqui explicitaremos o necessário para que possamos compreender a importância da "preservação de faces" no ritual que vamos examinar. Desse modo, servir-nos-emos de tal literatura pontualmente, apenas o suficiente para mostrar de que forma, ao longo de algumas deliberações, os magistrados (ou "interactantes", em nossa abordagem) lançam mão de procedimentos linguísticos que visam à *valorização* da face de seus colegas de deliberação, nos momentos de conflitos de opinião em relação à aplicação das leis, na seara do dano moral.

Tais maneiras de se comportar em rituais face a face parecem-nos corresponder à noção mesma de *politesse*, como defende Kerbrat-Orecchioni, para quem a "polidez" seria um conjunto de maneiras que alguém coloca em prática, em momentos de interação, para valorizar (a face de) seu interlocutor (1992: 242/tradução livre). Em realidade, para a autora, a "polidez" é um fenômeno discursivo e que se exprimiria inclusive por meio de formas gramaticalizadas, muitas vezes fortemente codificadas, em interações verbais espontâneas ou não. Ainda segundo ela, "a polidez é, assim, um fenômeno linguisticamente pertinente" (1992: 60). Citando Lakoff (1989), ela acrescenta: "a polidez pode ser definida como uma forma de minimizar o risco de confrontação no discurso e teria o objetivo de facilitar a interação" (1992: 163).

Peças da "caixa de ferramentas dos linguistas", apesar de não serem necessariamente essas peças de natureza linguística,[3] as regras de polidez são onipresentes em todos os tipos de interações verbais, culturas e situações, das mais familiares às mais formais, o que permite a nós, analistas de textos argumentativos em contextos de interação verbal, observar alguns aspectos interessantes do funcionamento desse discurso (e mesmo das línguas), como veremos nos excertos que serão aqui exibidos. Como apontaremos, as marcas de *polidez* se confundem com algumas estratégias argumentativas dos magistrados para que o conflito de opinião entre eles, durante as deliberações, não seja "mal-vindo", ao longo de um julgamento em Segunda Instância. Para além do "significado sociológico" (Brown e Levinson, 1987: 1), os atos de polidez, deferência e tato, produzidos em contextos institucionais e fortemente ritualizados, como os que caracterizam os dados do *corpus* que geramos, teriam, em fim de contas, um efeito "desarmante" (Kerbrat-Orecchioni, 1992 : 301). Ali, percebemos, as atitudes de *politesse* adquirem um valor retórico não negligenciável. Não por acaso, ainda no tomo II de suas *Interações*, Kerbrat-Orecchioni escreve: "a polidez é o que faz que o homem não seja o lobo do homem" (1992: 318).

Considerando a riqueza e a diversidade da panóplia de *softeners* e de adoçadores, fórmulas de polidez, reparadores (pedidos de desculpa e justificativas, por exemplo), desarmadores, modalizadores, minimizadores, como, por exemplo, o tom de voz em alguns momentos de conflito iminente, alguns desses procedimentos já há muito identificados pela pragmática das interações verbais, vamos tentar mostrar, nas páginas seguintes, a existência de algumas formas de *adoçamento* empregadas pelos magistrados nos momentos de desacordo iminente, ao longo dos julgamentos. A intenção aqui é mostrar a maneira como os magistrados utilizam-se de palavras/expressões cuja função é de minimizar o desacordo anunciado diante de seus pares (também magistrados) ao longo de alguns julgamentos em Segunda Instância. Em outras palavras, na parte analítica, mostraremos como os juízes "preparam o terreno", antes de "afrontarem" seus colegas magistrados, no momento que chamaremos de *pré-estase* argumentativa.

O *CORPUS* TRIBUNAL

Na esfera do Direito Civil, tanto no Direito brasileiro quanto na seara jurídica de outros países, um tema que geralmente causa polêmica é o que trata das indenizações relativas a processos de dano moral. Há várias definições e subdivisões para essa noção e sempre muita controvérsia, sobretudo no Brasil, pois, apesar de, no âmbito jurídico civil, não se mandar ninguém para a "cadeira elétrica", a resolução dos conflitos ali julgados geralmente envolve uma cifra, uma quantia a ser paga como "compensação" por uma ofensa praticada.

À soma a ser atribuída pelo dano causado, os juristas chamam *pretium doloris*, expressão latina que significa "o preço da dor". Autores como Reis (2010: 9) entendem um dano moral como "uma agressão que fere nossa intimidade e produz uma verdadeira aflição espiritual", apesar de a literatura jurídica (Jurisprudência, Código etc.) não priorizar uma definição particular; muito pelo contrário, pois o assunto está longe de ser consensual, tanto em relação à *qualificação* de um ato como ilícito tanto quanto pela *quantificação* do valor.

Sabe-se que o universo jurídico é rígido e formal e, ainda, que os eventos que nele acontecem (julgamentos, deliberações, interrogatórios etc.) obedecem sempre a procedimentos bem definidos. A observação atenta que fizemos dos dados de que dispomos, advindos do banco de dados batizado de TRIBUNAL, nos permitiu compreender que cada julgamento sobre esse tema em Segunda Instância traz sempre dois momentos bem específicos: Etapa 1, momento em que os magistrados qualificam um ato (lícito ou ilícito) e a Etapa 2, em que os magistrados definem o valor do dano (caso eles tenham considerado ilícita uma ação). Já na primeira etapa, os magistrados precisam decidir se, de acordo com os critérios da lei e com as provas apresentadas no julgamento de Primeira Instância, efetivamente, a parte reclamante foi vítima de um ato ilícito (independentemente da "dor da alma" que alega sentir). Se a resposta for negativa, isto é, se os magistrados estiverem convencidos de que não houve ilícito (= dano moral) na ação alegada, o julgamento chega ao final e a questão do valor do montante nem será abordada. No entanto, se a resposta for afirmativa, quer dizer, se os magistrados (aqui, "interactantes") consideram presente um ilícito na ação que está sendo julgada, isto é, um dano moral, então a segunda etapa do julgado se inicia e a sessão precisará definir o valor financeiro do *pretium doloris*. E esse momento, para muitos juristas, é o "calcanhar de Aquiles" do Judiciário, devido à complexidade de alguns casos, em que, muitas vezes, magistrados fazem leituras antagônicas dos artigos da lei, em interpretações díspares.

As audiências em geral são públicas, salvo em casos de julgamento em segredo de justiça (às quais não tivemos acesso). De acordo com a natureza do caso, uma deliberação conta sempre com, no mínimo, três magistrados. No começo de cada julgado, o magistrado *relator* apresenta seu voto (preparado antes da sessão); no entanto, em função do debate, nada o impede de mudar sua decisão, oralmente. O "produto" da deliberação se chamará *acórdão*, um tipo de sentença. A função do relator é sobretudo examinar minuciosamente o caso e se posicionar diante dos fatos (contra a sentença de seu colega magistrado de Primeira Instância ou a favor dela). Ele precisa ainda justificar suas escolhas, isto é, precisa argumentar para sustentar seu posicionamento, tanto em caso de acordo quanto de desacordo. Após o voto do relator (REL), o *primeiro vogal* (V1), ou o *revisor* (REV), será o segundo a pronunciar o seu voto. Desse modo, V1 (ou REV) concordará ou discordará do voto proferido pelo relator. O terceiro juiz, ou o *segundo vogal* (V2), o qual, em geral, não conhece o processo a fundo, votará com base no debate entre o relator e o primeiro vogal, que acontece diante de seus olhos. O segundo vogal será então o último a pronunciar o voto, e o resultado da deliberação será anunciado pelo presidente da sessão. Devido ao número ímpar de debatedores, nunca haverá empate nessas sessões, que serão decididas por *unanimidade* ou por *maioria* de votos. Em outras palavras, sempre haverá uma decisão.[4]

O destaque será aqui dado à maneira como os magistrados agem no momento de discordarem de seus pares, isto é, o momento em que encarnam o *rôle actantiel* de opositores, ao longo de debates em que a hierarquia entre os debatedores é tênue. Aliás, a esse respeito, isto é, sobre a hierarquia entre os interlocutores, é importante já deixar claro que, para evitar a armadilha das análises em que se bate na tecla do discurso do "forte X fraco", do "bem X mal", escolhemos uma situação em que os interagentes estão num mesmo patamar hierárquico. Nos excertos destacados, todos os locutores são desembargadores e todos são *experts* em suas áreas.

ANÁLISE

Num trabalho sobre estratégias argumentativas e retóricas, o comum é que se apontem os tipos de argumentos utilizados por um interlocutor para convencer/persuadir alguém. O recorte aqui feito tem um propósito diferente, apesar de nos situarmos no domínio da argumentação: propomos, desse modo, destacar no excerto a seguir nuances do ritual de julgamento em Segunda Instância, com suas fórmulas, procedimentos, reticências, litotes, eufemismos e técnicas de atenuação utilizados em momentos de conflito de opinião, e não propriamente os argumentos sacados pelos interlocutores. Acreditamos que – e essa é uma hipótese neste caso –, ao lançarem mão de estratégias de atenuação (*softerners, adoçadores* etc.) em momentos que precedem os desacordos, os magistrados contribuem para o bom andamento das sessões, que devem transcorrer, certamente, da maneira mais civilizada possível. Desse modo, não queremos mostrar a resolução do conflito, mas, tão somente, o seu anúncio. Isso porque, neste trabalho, interessamo-nos pelos *modos* e *atitudes* (*praxéologie*) com que se diz algo em contexto, quando os jogos de linguagem se imbricam de forma complexa no momento de se cumprirem os deveres institucionais do ritual de julgamento em Segunda Instância, sobretudo quando percebemos que algumas atitudes/práticas linguísticas se repetem, ganhando regularidade, como constataremos.

A maneira recorrente com que os interlocutores anunciam o desacordo de opinião parece evidenciar a força que tais atitudes certamente adquirem naquele contexto de deliberações, muitas vezes polêmicas. A troca verbal ali, *polida*, como teremos a oportunidade de verificar a seguir, parece ter a precípua função institucional de alimentar o "*ethos coletivo*" (Amossy, 2010: 160), isto é, zelar pela boa imagem que deve caracterizar o grupo de magistrados. E mais, as abordagens realizadas, como veremos, parecem evidenciar a consecução de "ritos estatutários ou interpessoais" (Goffman, 1974: 51/tradução nossa), sobretudo quando pairam polêmicas e desacordos de opiniões ao longo dos julgamentos. Em contextos assim, o "*ethos* de competência jurídica e de *maîtrise*" (Amossy, 2010: 163) acaba falando mais alto, pois, não nos podemos esquecer, estamos tratando de contexto institucional acerbamente ritualizado, em que algumas atitudes assumem o papel de tarefas pré-moldadas (*task-related standard shape*), como já haviam sugerido Drew e Heritage (1992: 43).

Acerca de contextos institucionais altamente formais, como uma corte de justiça, Dupret esclarece ainda:

> Se nos voltamos para o contexto institucional, e seguindo Drew e Heritage (1992: 22-3), identificam-se três características principais: 1) o discurso visa sempre o cumprimento de alguma tarefa institucional; 2) em contexto institucional há, certamente, várias restrições que devem ser seguidas, em função das tarefas estabelecidas; 3) as inferências e implicações feitas pelos participantes em interações institucionais seguirão esquemas preestabelecidos que se adequam à forma de pensar da instituição; por exemplo, o tipo de vocabulário empregado, a distribuição dos turnos de fala; quem pode e em que momento se pode utilizar a palavra (2006: 125/tradução resumida nossa).

Desse modo, nas análises a seguir, procuraremos descrever (e compreender) um pouco melhor como os interactantes, naquele contexto, apresentam uma opinião contrária à de seus colegas magistrados, respeitando o ritual em Segunda Instância que, como já percebemos, caracteriza-se pela extrema formalidade.

MANIFESTAÇÃO DA PRÉ-ESTASE

O excerto que será apresentado a seguir mostra um trecho de uma sessão de julgamento em Segunda Instância. Ali temos uma situação que gira em torno do famoso *pretium doloris*, e que, como nos dizem os próprios juristas brasileiros, pode-se constituir em julgamento trabalhoso e complexo. Como a lei não é muito taxativa no que concerne à definição de um dano, é comum que haja dissenso de pontos de vista entre os magistrados na classificação de algumas ações como causadoras ou não de dano moral. Em realidade, o *corpus* TRIBUNAL nos mostrou que não é incomum que os desembargadores de Segunda Instância mudem uma decisão proferida por um juiz de Primeira Instância; e isso atesta que o dano moral é, de fato, um tema suscetível a interpretações divergentes entre os próprios juristas.

A concretização do desacordo entre magistrados geralmente segue um caminho protocolar rigidamente estabelecido. Não obstante, e como já esclarecido, a proposta aqui não é perscrutar o conflito em sua integralidade, mas observar as atitudes pragmáticas e, algumas vezes, o valor perlocutório do momento em que um interlocutor "prepara o terreno" para anunciar uma divergência de opiniões. Desse modo, são os *índices cotextuais* que nos interessarão aqui. Por tais *índices*, entenderemos "um certo número de informações inscritas no corpo e no entorno verbal da sequência analisada" (Kerbrat-Orecchioni, 1986: 140/tradução livre), e que balizarão as análises que apresentaremos, no jogo de posições antagonistas que se estabelecem no julgamento em Segunda Instância, antes que a *estase* se estabeleça de fato. O *corpus* de que dispomos tem mostrado enfaticamente, e de diversas formas, que proteger a face do interlocutor, em situações de conflito, como nos casos que analisaremos, é a regra, apesar de, segundo Goffman (1974: 15), a proteção de face ser uma "condição" da interação, e não o seu objetivo maior.

O fato de haver uma preocupação em se manter a face (seja na interação face a face, seja em interações assíncronas, isto é, não simultâneas), pode exigir estratégias diferentes dos interlocutores.

Interessante será notar ainda que as palavras e expressões utilizadas como *amenizadores linguísticos* de um conflito iminente de opiniões, nos momentos que estamos chamando de pré-estase, atuam ainda como indicadores argumentativos, uma vez que tais estratégias, isto é, as tentativas de *adoucissement / adoçamento* utilizadas por um magistrado X assinalam ao interlocutor Y, de forma mais ou menos explícita, o posicionamento (antagônico) que será anunciado por X, naquele momento da deliberação. Desse modo, anunciado o desacordo de opiniões, restará ao interlocutor Y contra-argumentar ou aceitar o posicionamento antagônico de seu colega magistrado.

A seguir, escolhemos uma sequência para ilustrar o momento em que a pré-estase entra em cena. Tais excertos têm por objetivo mostrar a regularidade e a produtividade de tais anúncios, feitos pelos desembargadores a seus pares, antes que X efetivamente apresente argumentos concretos para se posicionar contra Y.

(Corpus TRIBUNAL_Caso do erro médico)

REV senhor presidente a pauta está um pouco acumulada mas eu preciso
antes de mencionar o meu voto fazer o registro tecer uma pequena
consideração que entendo-entendo imprescindível até para que eu
possa definir essa situação do meu lado
REL °(pois não doutor)°
REV me permita: senhor presidente eu: depois que comecei a pegar uma
certa idade eu passei a ler com maior profundidade a bíblia por
dois motivos uma por-porque sou cristão praticante católico
praticante e segundo porque gosto muito de história\ ali tem
histórias lindas (.) eu recomendo a leitura desse livro até para
o ateu <((mudança de tom)) ele lerá como história bonita> (.) o
se-segundo livro são três que tenho na minha cabeceira é a
constituição porque sem ela eu não posso nem trabalhar/ °sem lê
la° o terceiro livro é um: um livro de um autor americano filho
de índio com americano e intitulado de enterrem meu coração na
curva do rio (.) esse último livro eu leio também sempre e todas
as vezes que termina eu tenho um nó na garganta (..) porque ali

contêm relatos documentos eh: de como o americano dizimou os
seus índios na sua própria terra pela fome por bala de rifle
quarenta e quatro e: lá descreve também a beleza desse índio
<((muda o tom)) índio bonito> eh de grande moral de palavra onde
o caráter desses índios eles ficavam perplexos com a atitude do
homem branco que não correspondia àqueles anseios dele e a su
seu modo de vida até de admiração pela própria natureza que
estava também sendo destruída esse processo senhor presidente é
uma coisa que (.) é difícil\

A sequência ilustra a mais longa pré-estase do *corpus* TRIBUNAL. Ali, o revisor, antes de propor a soma de 1 milhão de reais num caso dramático de erro médico, faz um longo preâmbulo (da linha 180 a 204, com breve intervenção de juiz relator na linha 184), antes de se posicionar efetivamente. Para resumir o caso, e para que o leitor compreenda o conflito de opiniões em jogo, basta apenas dizer que os três magistrados divergem quanto ao montante do dano moral. Em seu voto, o relator sugeriu reduzir para R$ 80 mil o valor do dano moral proposto pelo magistrado em Primeira Instância (R$ 360 mil). O juiz revisor, discordando do relator, propõe o aumento do valor para 1 milhão de reais (e não a redução para 80 mil como propusera o relator). Por fim, o vogal sugere que se acate o valor ora proposto pelo juiz de Primeira Instância (R$ 360 mil), discordando assim tanto do relator (que propusera R$ 80 mil) quanto do revisor (R$1 milhão). Em fim de contas, foi o valor proposto pelo vogal (R$ 360 mil) o ponto de acordo. Em realidade, o revisor não abriu mão do valor por ele proposto; mas, por *maioria*, o relator concordou com o vogal e o caso foi encerrado, ao menos naquela instância.

O longuíssimo preâmbulo feito pelo revisor nos parece um tipo de *advertência* – e com uma visada argumentativa considerável –, uma vez que o magistrado antecipa já algumas justificativas de um desacordo que não fora nem sequer anunciado. Aliás, e como ressalta Plantin, não é necessário esperar um "então" ou um "porque" para considerar que uma ação seja argumentativa (em *Dicionário*, no prelo). Desse modo, mesmo que o desacordo não tenha sido ainda declarado, nessa longa introdução o revisor *prepara o terreno*, antes que o papel de antagonista, por ele materializado naquele momento da deliberação, se desvele de forma clara para todos os participantes da polêmica decisão a ser tomada, isto é, o valor a ser estabelecido como dano moral.

Tal prelúdio colossal feito pelo revisor, além de sua visada argumentativa, teria ainda propriedades *adoucissantes*, pois, bem antes de declarar "oficialmente" uma *estase* irreversível, o magistrado narra ainda como o erro médico em julgamento o abalara, além de contar algumas histórias de cunho mais pessoal ao longo de seu pronunciamento. Essa talvez seja uma forma de o magistrado justificar e de solicitar o "sinal verde" para que pudesse se posicionar contrariamente ao voto pronunciado pelo relator. De fato, tal atitude é uma medida de proteção de face, para que sua atitude antagônica não seja vista como um eventual *face threating act* pelo relator e pelos demais membros da deliberação, contra quem ele acaba de se posicionar.

E essa atitude traz ainda uma dimensão estratégica importante, pois, considerando os outros julgamentos que fazem parte do *corpus* TRIBUNAL e nos quais trabalhamos atualmente, o revisor não precisaria fazer todo esse "malabarismo" apenas para demonstrar seu desacordo diante do posicionamento de um colega magistrado. Em realidade, quando há desacordos, não é incomum, no *corpus* de que dispomos que os magistrados simplesmente pronunciem a expressão *data venia*, que significa "com sua permissão", como o fazem em outras situações, antes de discordarem de seus pares. Desse modo, e mais uma vez, vemos nas falas *adoçadas* uma forma bastante interessante de gerir o desacordo entre desembargadores.

PALAVRAS FINAIS

O recorte aqui apresentado evidenciou que os interactantes, ao longo das deliberações que fazem parte do *corpus* TRIBUNAL, lançam mão de recursos/estratégias de *adoucissement*, pouco antes de anunciarem um desacordo, caracterizando o que viemos chamando de pré-estase. Tal modo de interagir – ou de gerir situações de desacordo em seara argumentativa – caracteriza manifestação da *polidez* verbal, considerada tanto um fenômeno discursivo quanto ligado à Sociologia do Direito; aliás, um campo de atuação extremamente fértil para análises.

Como o trecho de julgamento mostrado sugere, no contexto aqui descrito proteger a face do interlocutor parece ser uma condição da interação, nesse ambiente institucional altamente ritualizado. Frases, palavras, advertências e até mesmo pedidos de desculpa pré-estásicos, isto é, apresentados antes mesmo que o desacordo seja declarado, constituem ainda tipos de indicadores argumentativos, pois, de certa forma, o magistrado quando os utiliza já explicita, de forma discreta, a conclusão da "tese", ou, em termos jurídicos, a "decisão" que julgou mais favorável para o caso em deliberação e que, certamente, será contrária à do magistrado com quem se está a interagir face a face.

Em conclusão, neste artigo tentamos mostrar apenas um exemplo da forma com que os magistrados operam a gestão do desacordo entre eles ao longo de deliberações em Segunda Instância, nos momentos em que precisam anunciar que suas decisões não estão alinhadas às de seus pares, sem que isso constitua um *face threating act.* Segundo Goffman, "proteger a face é uma condição da interação" (Goffman, 1974: 15); e a sequência aqui mostrada sintetiza bem essa máxima golffmaniana, que, em miúdos, e em bom português, soa como a "preparação do terreno" para que um "não" seja recebido de forma menos polêmica, mesmo em julgamentos complexos. Toda essa "delicadeza verbal" (Robrieux, 2010: 107), isto é, a marcação linguística da pré-estase e o uso de modalizadores em momentos de debate tenso, além de zelar pela urbanidade e respeito necessários para o bom andamento de uma sessão de deliberação em Segunda Instância, ainda - e certamente - torna mais eficaz a gestão do desacordo, sem descuidar do tom retórico que a fala do magistrado adquire nesse contexto.

Notas

1 Plantin (2005: 76) resgata o conceito de "estase" do domínio da Medicina e que significa, em linhas gerais, "bloqueio da corrente sanguínea", o que pode gerar sérios problemas de circulação. Segundo o autor, haverá estase argumentativa quando "a circulação consensual do argumento no discurso estiver bloqueada por uma objeção, uma dúvida, uma contradição, que venha a impedir o fluxo normal do diálogo".

2 FTA é abreviatura de *face threating act*, que significa "ato ameaçador da face". Um *anti*-FTA é um ato que visa neutralizar um ato ameaçador da face. Tal nomenclatura tem origem nos estudos de *atos de linguagem* e seus *valores taxêmicos* nas interações verbais. Análises sucintas de tais "atos ameaçadores" – além de mais explicações sobre o tema – podem ser vistos em Kerbrat-Orecchioni, 1992: 95.

3 Quem nos diz isso é ainda Kerbrat-Orecchioni. Ela fala em "*la boîte à outils des linguistiques*" (1992: 241).

4 É possível que o magistrado *vogal* (e que em geral não conhece o processo em detalhes), solicite "vista" dos autos; nesse caso, o julgamento é adiado para uma sessão futura.

Bibliografia

AMOSSY, R. (2000). *L'argumentation dans le discours*: discours politique, littérature d'idées, fiction. Paris: Nathan Université, 2000.

_______. *La présentation de soi*: Ethos et identité verbale. Paris: Presses Universitaires de France, 2010.

ANGENOT, M. *Dialogues de sourds*: traité de rhétorique antilogique. Paris: Mille et une Nuits, 2008.

ATIENZA, M. *Derecho y argumentación*. Universidad Externado de Colombia: Serie de Teoría Jurídica y Filosofía del Derecho n. 6, 1997.

BRONCKART, J.-P. *Atividade de linguagem, textos e discursos*: por um interacionismo sociodiscursivo. São Paulo: Editora PUC-SP, 2012.

BROWN, P.; LEVINSON, S. C. *Politeness*: some universals in language use. United Kingdom: Cambridge University Press, 1987.

DAMASCENO-MORAIS, R. *Le prix de la douleur*: Gestion du désaccord entre magistrats dans un tribunal brésilien. Lyon, 2013. Tese (Doutorado em Sciences du Langage) – Université Lumière Lyon 2, França.

DREW, P.; HERITAGE, J. *Talk at work*: interaction in institutional settings. Cambridge: University Press, 1992.

DUPRET, B. *L'intention en acte*: approche pragmatique de la qualification penale dans un contexte egyptien, s.d.

_______. *Le jugement en action*: ethnométhodologie du droit, de la morale et de la justice en Egypte. Génève/Paris: Librairie Droz, 2006.

FETERIS, E. *Fundamentals of legal argumentation*: a survey theories on the justification judicial decisions. Netherlands: Kluwer Academic Publishers, 1999.

GOFFMAN, E. *Les rites d'interaction*. Paris: Minuit, 1974.

KERBRAT-ORECCHIONI, C. *L'implicite*. Paris: Armand Colin Éditeur, 1986.

_______. *Les interactions verbales / Tome II*. Paris: Armand Colin, 1992.

_______. Rituel. In: CHARAUDEAU, P.; MAINGUENEAU, D. (sous la direction). *Dictionnaire d'analyse du discours*. Paris: Seuil, 2002.

_______. *Le discours en interaction*. Armand Colin. Collection U. Lettres – Linguistique, 2011.

MEYER, M. *Principia Rhetorica*: une théorie générale de l'argumentation. Librairie Arthème Fayard, 2008.

PERELMAN, C. *Logique juridique*: Nouvelle rhétorique. Paris: Éditions Dalloz, 1999.

PLANTIN, C. *L'argumentation*. Paris: Le Seuil (Mémo), 1996.

_______. *L'argumentation*. Paris: PUF (Que sais-je?), 2005.

_______. *Dictionnaire de l'argumentation*. No prelo.

REIS, C. *Dano moral*. 5. ed. Rio de Janeiro: Forense, 2010.

ROBRIEUX, J.-J. *Rhétorique et argumentation*. 3. ed. Paris: Armand Colin, 2010.

TRAVERSO, V. *L'analyse des conversations*. Lyon: Armand Colin, 2007.

Desacordo e conflito: uma análise pragmática das estratégias de descortesia em tribunal

Conceição Carapinha

A cortesia é uma forma de comportamento, desenvolvida em sociedade, para evitar divergências e permitir preservar a harmonia social. Porém, esse comportamento delicado, que as regras de educação nos aconselham a ter, nem sempre é adotado, e tal pode vir a ter sérias implicações na forma como nos relacionamos com os outros. O discurso constitui um dos meios usados na concretização dessas estratégias de descortesia, e a descortesia verbal pode atuar de forma ruinosa na manutenção das relações sociais e na vida em comunidade.

Para a análise desses fenômenos no domínio verbal, vamos tomar, como ponto de partida, alguns dados que provêm das propostas de Penelope Brown e Stephen Levinson (Brown e Levinson, 1978, 1987), autores cujo trabalho de investigação viria a revelar-se fundacional neste domínio.

Os dois autores defendem a tese de que todos os falantes têm, quando estão em interação, duas faces a defender: a face negativa e a face positiva, ou seja, o desejo de não sofrer imposições que limitem a vontade e a liberdade de cada um e o desejo de ser reconhecido e estimado pelos outros, respectivamente.[1] Pensemos, por exemplo, no caso de um locutor que faz uma crítica ao seu interlocutor; ao fazê-la, o interlocutor pode ficar exposto ao ridículo, à humilhação ou à vergonha, e a sua face positiva pode ficar danificada. De igual modo, uma ordem pode constituir uma ameaça à liberdade do interlocutor, funcionando como um ato de fala que atinge a sua face negativa.

Tanto os locutores quanto os interlocutores têm essas duas faces a defender e em qualquer interação verbal podem surgir desacordos e conflitos, isto é, atos de discurso ameaçadores da face [*face threatening acts* (FTA)], pelo que se torna complicado gerir um episódio verbal e preservar as duas faces de cada um dos interlocutores.

Essa hipótese de trabalho sobre cortesia, proveniente da pesquisa de Brown e Levinson, é, entretanto, apenas uma de muitas teorias; atualmente, dominam abordagens mais interacionais, mais contextualizadas e mais centradas no receptor.[2] Essas novas teorias fizeram salientar dois aspetos importantes: por um lado, a necessidade de pesquisar as estratégias de cortesia no âmbito de contextos mais específicos, como, por exemplo, no discurso de uma comunidade socioprofissional ou em determinado gênero discursivo; por outro, a necessidade de investigar se, com efeito, os falantes tentam sempre preservar uma harmoniosa relação social e evitar atos agressivos que danifiquem a face dos outros.

Neste capítulo, vamos tratar precisamente desses dois aspetos, cruzando-os numa análise que envolve um gênero discursivo específico, que tem lugar num *setting* também particular: o interrogatório em sala de audiências, um gênero intrinsecamente conflitual, no qual podemos detectar a ocorrência de expressões de descortesia.

Na primeira seção deste capítulo, propomos uma definição de *descortesia* e elencamos as áreas em que o tema tem sido trabalhado. Na segunda, expomos alguns problemas teóricos levantados pela definição e pela sua aplicação ao nosso objeto de estudo, e sugerimos um quadro de análise mais amplo, para interpretar os dados de forma mais refinada. Na terceira, descrevemos o procedimento de recolha de dados e o tipo de *corpus* obtido. Na quarta, apresentamos a nossa análise dos dados. A seção final apresenta algumas conclusões.

DESCORTESIA: EM BUSCA DE UMA DEFINIÇÃO

Perante certos tipos de comportamento, tais como a ofensa, o insulto, o escárnio, a ameaça e outros tipos de agressão verbal, as pessoas são unânimes em admitir que se trata de comportamentos descorteses; porém, o mesmo não se passa com a própria definição de "descortesia". Tratar-se-á de uma noção universal? Provavelmente, sim. Existirá uma definição consensual do termo? Seguramente que não.

Essa e outras questões epistemológicas têm dividido a comunidade acadêmica e não existe uma resposta fácil.[3] Todavia, podemos tentar delinear uma definição satisfatória do conceito.

A nossa proposta definitória é a seguinte: a descortesia diz respeito a usos discursivos que atentam contra a face de alguém, em certos contextos, quando tal não seria expectável. Esses usos são, tipicamente, intencionais, e é necessário que o interlocutor reaja admitindo e confirmando o seu incômodo, uma vez que é necessário que demonstre que interpretou o comportamento do outro como agressivo. Aliás, as estratégias de descortesia desencadeiam, por norma, emoções negativas, quer na vítima, como o embaraço, a mágoa ou a frustração, quer também por parte da vítima para com o ofensor, como a raiva, a aversão ou o desprezo.

Trata-se, portanto, de um comportamento comunicativo:

a. que não é cooperativo;
b. que constitui um FTA;
c. que infringe as normas de conduta previstas e esperadas no contexto em causa;
d. que molesta ou agride o interlocutor (o qual, consequentemente, vai reagir de alguma forma);
e. que pode originar uma verdadeira ruptura comunicacional.

Entretanto, o traço (c) parece ser o mais importante, pois julgamos que o par cortesia-descortesia não deve ser analisado de uma perspectiva binária,[4] mas antes como um *continuum*, em que as duas noções surgem nos polos de uma escala cuja variação não pode ser dissociada dos contextos reais de interação verbal. Na realidade, só o contexto, a relação afetiva e hierárquica existente entre os participantes e a reação do interlocutor permitem avaliar o grau de descortesia de um enunciado.

Foi essa focalização nos contextos que desencadeou a atenção dada aos *settings* agonais, isto é, àqueles em que o conflito é esperado ou até incentivado, o que permitiu a investigação da descortesia em variados tipos de contextos, como o interrogatório forense,[5] o debate político,[6] o discurso militar,[7] a comunicação mediada por computador,[8] os *reality shows*[9] ou a crítica no domínio acadêmico.[10]

As interações verbais que têm lugar nesses *settings* surgem no âmbito de atividades profissionais, institucionais e midiáticas, muito ritualizadas, enquadradas por fortes constrições organizacionais e dotadas de objetivos muito específicos. Nesses contextos, os participantes atuam como personagens, desempenhando determinadas funções que podem constituir uma ameaça para a face de outros, e as estratégias de cortesia, que julgamos sempre presentes em qualquer interação verbal, podem ser restringidas ou até desaparecer, dando lugar a estratégias de descortesia que podem estar previstas naquele contexto específico ou até ser intencionalmente procuradas para investir contra o interlocutor e com isso tentar obter um certo efeito.

O CONTEXTO DA SALA DE AUDIÊNCIAS E A DESCORTESIA: DESENHO DE UM QUADRO TEÓRICO

Os tribunais desempenham um papel fundamental na sociedade contemporânea. Essas instituições criam vínculos entre entidades, penalizam determinados comportamentos e constituem sistemas normativos que estruturam e regulam as interações sociais. Essa atividade reguladora é acompanhada de um propósito muito específico, a função que, socialmente, lhes está atribuída: a procura da verdade. Para aceder à verdade, é necessário, todavia, percorrer um longo caminho, o do processo. Nesse processo, atuam diversos intervenientes, com diferentes graus de participação, todos eles interagindo no âmbito de um quadro comunicativo bastante rígido, dotado de normas e constrições organizacionais estritas que regulam as formas de ação (verbal e não verbal) admissíveis para cada um.

Como podemos articular um contexto deste tipo com a questão da descortesia?

Considerando a formalidade do contexto, poderíamos pensar que o interrogatório forense se pauta por comportamentos de cortesia ou até, quiçá, de alguma neutralidade, dada a distância, física e afetiva, que tipicamente separa os interlocutores. De acordo com Brown e Levinson, existe um protocolo – implicitamente assumido – a regular o potencial conflito em sala de audiências e a garantir o bom andamento da comunicação até ao final da sessão. Por outro lado, a forte institucionalização do contexto, o jogo de papéis, a disparidade e assimetria de poderes, a presença de um elemento regulador e aparentemente neutral, como o juiz, e, talvez, a presença de um público contribuem também para que a interação se mantenha dentro dos limites da civilidade.

Essa amenidade não implica, todavia, a inexistência de oposição. A audiência é um gênero particularmente propenso ao surgimento de conflito, um gênero que envolve sempre duas (ou mais) vozes, com objetivos antagônicos, sendo que a radicalização de posições acabará por gerar antagonismo, agressividade e, invariavelmente, atos de discurso descorteses. Por essas razões, vários autores, incluindo Culpeper (1996, 2005),[11] apresentam a atividade verbal que decorre em sala de audiências como um tipo de *conflictive talk*.[12]

Essas observações colocam-nos, no entanto, um problema, pois se quisermos adotar a perspectiva de descortesia apresentada (anteriormente) teremos de admitir que o tribunal não constitui um contexto de genuína descortesia. Aqui não se agride gratuitamente o interlocutor; ao invés, a descortesia constitui uma estratégia que visa uma finalidade institucional específica: a obtenção de provas. Ora, poderemos então perguntar-nos: estamos perante um contexto em que ocorrem, efetivamente, comportamentos verbais descorteses? Ou, dado que o profissional forense está desempenhando um papel institucional, essa forma de descortesia pode ser considerada artificial e insincera? Haverá algo de único no tribunal que o distingue de outros contextos em que também há conflito?

Kaul de Marlangeon (2008) responde a essa questão afirmando que os *settings* institucionais são propensos ao aparecimento de descortesia, embora não no plano individual, mas grupal. Segundo a autora, a descortesia surge aqui como um fenômeno protagonizado por indivíduos – os profissionais – que agem em nome de um coletivo – neste caso, o tribunal – participando num drama, encenado pela instituição, para chegar à verdade; e a noção de que cada um desempenha o seu papel nesse "jogo" atenua, em certa medida, a veracidade e a gravidade das ofensas perpetradas. Dessa perspectiva, a descortesia verbal não seria genuína, uma vez que a sua ocorrência estaria já prevista na matriz dos procedimentos judiciários. Contudo, o desconhecimento das rotinas forenses, isto é, a ignorância acerca do funcionamento desse contexto parece conduzir, com frequência, os leigos a esquecer esse jogo e a conceitualizar as ofensas como reais e verdadeiras.[13]

Outro argumento que pode responder à mesma questão recupera a ideia de *continuum* e aponta para a existência de uma zona híbrida que mescla a descortesia intencional, gratuita, e a descortesia superveniente.[14] Seria nesta zona do *continuum* que, segundo Archer (2011), poderíamos encaixar o interrogatório em sala de audiências, na medida em que o profissional não agride verbalmente o seu interlocutor de forma deliberada e sem qualquer outro objetivo (área da descortesia intencional), tampouco o faz de forma indireta, em resultado de outro objetivo mais importante (área da descortesia superveniente). Essa área do *continuum*, a que Archer chama "zona de ambivalência estratégica", compreenderia os comportamentos descorteses que, tendo sido meticulosamente planeados e concertados, são realizados pelo profissional para tentar encontrar provas.

É visível que o contexto forense é intrinsecamente agonal e nele encontramos FTA que visivelmente agridem e afetam os leigos e que o enquadramento institucional não consegue neutralizar. Eis a razão por que esse contexto levanta questões teóricas pertinentes, que podem conduzir a uma reflexão mais aprofundada sobre a definição e os tipos de descortesia.

Como base teórica nuclear, adotaremos o modelo de análise de cortesia de Culpeper (1996, 2005), de que partiremos, acrescido da proposta de Archer (2011), que perspectiva o interrogatório forense como uma interação integrável na "zona de ambivalência estratégica". A interseção desses dois quadros analíticos permitir-nos-á uma compreensão mais fina dos atos de descortesia em sala de audiência.

O quadro teórico de Culpeper propõe cinco superestratégias de descortesia:

a. A descortesia direta, que engloba todas as estratégias de descortesia deliberadamente usadas para atacar o interlocutor de forma direta, clara e não ambígua;
b. A descortesia positiva, que integra todas as formas de descortesia que ameaçam a face positiva do interlocutor, ou seja, o seu desejo de ser apreciado e reconhecido pelos outros;
c. A descortesia negativa, compreendendo as estratégias que atacam a liberdade e a vontade de autonomia do interlocutor, isto é, a sua face negativa;
d. A descortesia indireta, que inclui as formas de descortesia que são veiculadas indiretamente e que podem ser, depois, canceladas ou negadas; são essas as que envolvem um trabalho interpretativo mais ativo, por parte do interlocutor;
e. A cortesia ocultada, abrangendo os casos em que a descortesia é gerada apenas pela ausência de cortesia esperada.

Como se constata, o modelo de Culpeper é bastante aberto e amplo, que pode ser aplicado a diferentes instâncias discursivas e que, inspirado no modelo original de Brown e Levinson, apresenta apenas tipos. Esses diferentes subtipos de descortesia podem ser, depois, concretizados através de mecanismos discursivos muito diferentes, como o silêncio [para a categoria (e)], a interrupção [para a categoria (c)] ou o uso de formas de tratamento inadequadas [para a categoria (b)], por exemplo. Contudo, e se o modelo, na sua generalidade, serve aos nossos propósitos, os dados retirados do *corpus* permitir-nos-ão reavaliar esse modelo à luz da questão dos gêneros discursivos, uma vez que o interrogatório forense é um evento comunicativo constitutivo de uma atividade social específica e por isso tem condicionamentos discursivos e institucionais únicos.[15] Ser-nos-á, pois, muito útil convocar a tese de Archer, na medida em que ela apresenta a vantagem de lidar com as motivações do comportamento descortês, ausentes no quadro de Culpeper. Essa conjugação de modelos vai permitir-nos explicar a distinção, encontrada no *corpus*, entre a descortesia estrategicamente utilizada para obter certas finalidades (descortesia estratégica) e a descortesia gratuita.

MATERIAIS EM ANÁLISE: *CORPUS* E METODOLOGIA

O *corpus* em análise envolve três audiências de âmbito penal e uma de natureza cível, gravadas no Tribunal de Coimbra, no ano de 1998, e posteriormente transcritas para fins de investigação acadêmica. Os exemplos que vamos analisar reportam-se aos casos seguintes:

a. Um crime de falsificação de uma carta de condução, alegadamente efetuado por um funcionário de uma Embaixada sediada em Lisboa (audiência 1);
b. Um crime de tráfico de estupefacientes, alegadamente desenvolvido por um pai e um filho (audiência 2);
c. Um crime de assalto e furto a uma moradia, alegadamente cometido por um jovem tóxico-dependente que causou um motim popular (audiência 3);
d. Uma colisão entre dois veículos numa autoestrada (audiência 4).

Nas audiências de caráter penal, os intervenientes foram: o juiz ou, em alternativa, o coletivo de três juízes, o procurador do Ministério Público, o acusado, o respectivo advogado de defesa, o conjunto das testemunhas, o escriturário judicial e o público. A audiência cível envolveu um juiz, os advogados das partes em litígio e o conjunto das testemunhas.[16]

Para proteger o anonimato dos envolvidos, apenas são indicados os papéis institucionais desempenhados por cada um dos participantes: J (juiz); MP (procurador do Ministério Público); Adv (advogado); Arg (arguido); T (testemunha).

Uma vez que estamos a trabalhar com a construção contextual do sentido, a análise efetuada será qualitativa, permitindo também uma análise mais detalhada de alguns exemplos.

ANÁLISE DOS DADOS: AS ESTRATÉGIAS DE DESCORTESIA DOS PROFISSIONAIS

Forma de ação social realizada linguisticamente, a audiência tem uma organização rígida que decorre do modo como se constrói a interação. O formato de pergunta-resposta e o objetivo institucional que persegue geram um evento comunicativo bem definido e previsível. De fato, aqui não há opções: o gênero discursivo e os objetivos dos profissionais forenses obrigam a um determinado tipo de escolhas (que se tornam imposições) interacionais e discursivas que ocorrem no Tribunal. Por isso, muitas das formas de descortesia que aqui encontramos são motivadas por essas constrições interacionais e institucionais e enquadram-se no âmbito da descortesia estratégica, ou seja, não resultam de uma opção deliberada e gratuita, mas decorrem, naturalmente, das características dessa atividade verbal.

A análise dos dados apresenta-nos a reiteração de perguntas como uma das mais frequentes estratégias de descortesia. Essa repetição visa à obtenção de uma resposta considerada satisfatória (ou inconsistente) pelos juristas e constitui uma ameaça à face do interrogado. Observe-se o exemplo:[17]

(1) –	Audiência 2 (linhas 10-17)
J	E ainda é aqui que mora?
Arg	Ah quer dizer, eu (..)
J	Ouça lá, na sua morada mora mesmo, não é quer dizer. Diga lá onde é que mora.
Arg	Eu morava na *LOCAL*, não é? No no norte [(( ))
J	[Diga lá «ONDE» mora [(( ))
Arg	[Ago-
J	[Onde é que o senhor mora?
Arg	Ho- hoje em dia estou a morar em *LOCAL* na *LOCAL*.

Ao reiterar a pergunta, o questionador apenas pretende obter uma resposta inequívoca, ou seja, apenas está cumprindo o seu papel institucional; contudo, a repetição gera um efeito de desconforto no interrogado, concretizando uma estratégia de descortesia positiva, isto é, danificando a sua face positiva. Por outro lado, ao forçar o depoente a responder repetidamente à mesma pergunta, o juiz retira-lhe poder de autonomia e decisão, ou seja, atinge a sua face negativa.

O mesmo tipo de reflexão aplica-se a outra estratégia comunicativa que é frequente em sala de audiências. As sucessivas interrupções a que os profissionais sujeitam o discurso dos leigos, sempre que estes se afastam do tópico conversacional previsto, tentam evitar as digressões e manter a interação dentro dos estreitos limites daquilo que se considera ter relevância jurídica, embora possam ser entendidas como marca de descortesia. Atente-se nos exemplos que se seguem:

(2) – Audiência 4 (linhas 225-232)

T1 Ora bem, nós vínhamos, aliás como a outra testemunha que está lá fora, vínhamos na conversa e passa uma carrinha, até pensamos que ela vinha a embalar por causa da subida. (( )) este gajo vai (( )) que é por causa de (..) subir, aproveitar a subida. Entretanto (( )) a camionete cá em baixo (( )) dá início à ultrapassagem que houve depois a travagem que a camionete tentou fugir //

Adv2 =Mas qual camionete? O senhor ainda não falou em camionete nenhuma. Não sei o que é que é.

T1 Estou a falar (( )) o sô 'tor pediu p'ra descrever o acidente

Adv2 Sim, mas mas dessa camionete, não sei o que > que camioneta é que é?

(3) – Audiência 4 (linhas 895-900)

Adv1 Portanto, o senhor tenta mudar de faixa para a esquerda quando o *CARRO* também muda.

T2 Sim.

Adv1 Pronto.

T2 [Mas eu não //

Adv1 [A que distância é que o senhor estava do *CARRO*?

No contexto em análise, podemos dizer que ao ignorar as afirmações e ao desinteressar-se do que o respondente pretende dizer, indicando que o seu contributo não é apreciado, o profissional configura uma estratégia de descortesia positiva. Num outro sentido, podemos também concluir que, ao limitar a liberdade de ação do seu interlocutor, retirando-lhe o direito a usar livremente da palavra no seu turno de fala, o questionador ataca a face negativa do depoente.

Julgamos ainda poder estender esta análise à gestão de tópicos efetuada pelos operadores forenses. Mais uma vez, é o Tribunal a definir o tipo e o número de tópicos a tratar em sala de audiências, sem possibilidade de negociação. Esse constrangimento, que em si mesmo constitui uma estratégia ameaçadora, leva os leigos a extravasar, por vezes, o tema que lhes é imposto, na tentativa de adicionar mais alguma informação. Ora, essa tentativa é, com frequência, repelida, gerando mais uma ameaça à face do falante, como podemos comprovar através do seguinte exemplo:

(4) – Audiência 2 (linhas 74-84)
J Olhe, diz-se que o senhor destinava esta heroína e esta (( )) para vender. Não é verdade?
Arg Não, [para vender não.
J [Já disse que era para seu consumo.
Arg Era, p'ra meu consumo que até que até > que eu roubei esse pacote ao meu pai p'ra eu consumir /
J [Pronto
Arg \ e o meu pai é que quis //
→ **J** Está explicado que este pacote tinha o senhor subtraído ilicitamente /
Arg [I sim, sim |
→ **J** [\ e sem consentimento ao seu pai p'ra seu consumo.

Ainda no âmbito das formas de descortesia que decorrem da própria configuração do episódio verbal, há que mencionar a realização de atos diretivos muito específicos. O primeiro é a ordem, um dos mais ameaçadores: o impositor obriga o interlocutor a responder ou a agir de uma certa forma, concretizando uma estratégia de descortesia negativa. Analisemos os exemplos subsequentes:

(5) – Audiência 4 (linhas 554-556)
J Senhor NOME, só aí um pormenor: o senhor apercebeu-se da tal guinada do do do veículo pesado?
Adv1 Sim, sim.
→ **J** Como é que foi essa guinada? Descreva lá essa guinada.

(6) – Audiência 4 (linhas 343-345)
Adv1 Senhor doutor juiz, com a devida vénia. (( )) {o advogado vira-se agora para a testemunha} Por onde
→ vocês circulavam, aquela estrada tinha duas filas de trânsito. (( )) Fale para o senhor doutor juiz.
T1 Sim, sim.

O segundo tipo de atos diretivos presentes no *corpus* engloba a repreensão e a crítica. Os profissionais não se coíbem de usar esses atos ilocutórios para obter dois tipos de efeitos: por um lado, para censurar efetivamente, e à luz do Direito português, certos comportamentos tidos por desviantes que os depoentes confessam ter tido; por outro, para proceder à reorganização e ao reequilíbrio da ordem interacional. Consideremos os exemplos seguintes:

(7) – Audiência 4 (linhas 1357-1359)
Adv2 [Mas ó senhor [*AGENTE*], o que vinha a conduzir, o senhor levantou-lhe o auto, por transgressão?
T3 Não senhor.
→ **Adv2** Ah, errado. Errado. Ele confessou em como ultrapassou pela direita.

(8) – Audiência 2 (linhas 86-98)
J Diz-se que o senhor tinha «acabado» de (..) vender ao *NOME* uma dose de heroína por dois mil escudos e que ainda tinha até na sua mão o dinheiro > o preço pago (( )). Isto é verdade? Não é verdade?
[...]
Arg Ele está aqui fora até que o possa confirmar se eu alguma vez [vendi
→ **J** [Senhor NOME, a ver se nos entendemos.
[...]
→ **J** [...] o senhor responde por si. Se ele está aí fora e se o tribunal depois o vai ouvir, tenha paciência, espere mais um bocadinho e iremos ouvir o que ele nos tem para dizer.

A organização da atividade interacional, da responsabilidade do juiz, é fundamental para cumprir a ordem institucional, já que a legitimidade da audiência advém da rigorosa observância não apenas das várias fases por que ela passa, mas também do escrupuloso cumprimento do papel interacional e institucional afeto a cada um dos participantes. Por isso, e sempre que algum dos leigos tenta desviar-se dos parâmetros que o Tribunal convencionou serem os mais adequados, como acontece em (8), o juiz é obrigado a repreendê-lo, expondo-o, assim, à humilhação pública e consumando um ato de descortesia que atenta, sobretudo, contra a sua face negativa.[18]

Encontram-se ainda no *corpus* alguns exemplos de ameaças e de proibições, outros atos diretivos também ofensivos para a figura do interlocutor, como se atesta nos dois exemplos seguintes:

(9) – Audiência 2 (linhas 1339-1345)
MP Testemunha. Ah o que eu vou fazer é o seguinte: é que fique em acta que o que o senhor está a dizer agora /
T5 Eu sei. Desculpe.
MP \Em relação depois que vai ser confrontado com o que diz na Polícia Judiciária, isto pode dar origem a que fosse (( )) num processo-crime que pode rondar uma pena, salvo erro, até seis anos de prisão, por
→ falsas declarações que prestar. E era só adverti-lo e alertá-lo para efeito de querer não dizer a verdade. [...]

(10) – Audiência 4 (linhas 471-477)
T1 Ó sô 'tor (..) eu pressuponho que tenha havido uma travagem para se desviar (( )) realmente uma pessoa tenta defender-se /
→ **Adv1** Mas o senhor supõe (( )). Vamos lá ver, ó senhor, o senhor, o senhor não pode supor, o senhor tem que me ver > tem de dizer ao tribunal o que é que [...] que vê efectivamente (..).

A ameaça formulada no exemplo (9) e a proibição concretizada em (10) constituem atos diretivos que atentam contra a face positiva e negativa (respectivamente) dos inquiridos. Muitos desses atos diretivos têm caráter metadiscursivo e pretendem controlar o discurso dos leigos, especificando o que estes podem e não podem fazer em sala de audiências, evidenciando, também, uma vertente metaprocessual.

Nessa sequência, é pertinente observar também que o próprio sistema de alternância de turnos pode constituir uma forma de coerção para o falante com menos poder. Com efeito, o leigo jamais pode interromper o questionador, nem sequer escusar-se a responder-lhe e, por outro lado, mesmo em caso de quase ruptura conversacional, há a obrigatoriedade de continuar a interagir. Ainda que veja as suas duas faces em risco, ou seja, ainda que a sua liberdade comunicativa seja severamente limitada e ainda que a sua imagem pública fique danificada, o leigo não pode recusar-se a continuar, sendo necessário que a audiência decorra até o final.[19]

Destacamos agora outro conjunto de estratégias de descortesia que derivam já não da organização inerente ao episódio interacional, mas antes das técnicas argumentativas usadas pelos profissionais, sobretudo pelos advogados, para obter respostas que satisfaçam seus objetivos institucionais. Nesse plano, que se enquadra ainda no âmbito da descortesia estratégica, destacam-se três táticas.

A primeira, até em termos quantitativos, é o recurso à pergunta formulada negativamente para veicular, indiretamente, uma crítica ou simplesmente a descrença na resposta. Observe-se o exemplo seguinte, que ocorre após uma longa sequência de perguntas relativas à alegada obtenção de uma quantia em dinheiro, que teria pagado o ato de forjar a carta de condução, sempre negada pelo interrogado:

(11) – Audiência 1 (linhas 888-890)
→ **J** Então o senhor não ganhou nada com isto?
T3 Não, eu n- não tive qualquer rendimento com isso. Aliás, isso foi um erro > nem nunca mais pensar numa situação dessas, foi um erro que eu cometi (..) não...

Como é óbvio, a pergunta do magistrado implicita que ele não acredita na veracidade da resposta. Trata-se de um ato de discurso indireto, que funciona por implicatura, e que equivale, por associação com informações de *background*, a um ato assertivo de modalidade inversa, introduzido por um verbo de natureza epistêmica do tipo: "eu sei que o senhor ganhou alguma coisa com isto". O *corpus* em análise apresenta vários exemplos dessas estruturas que veiculam sempre, tipicamente, essa implicatura:

(12) -		Audiência 2 (linhas 536-539)
→	**MP**	Ouça lá, você não chegou a ir com o *NOME* à *LOCAL*, (..) comprar heroína?
	T2	Com o *NOME*?
	MP	Sim.
	T2	Não. Cheguei a ir «sozinho», «sozinho».[20]

Na posição de poder em que se encontram, seria de esperar a realização direta do ato assertivo: "você ganhou dinheiro com isto" e "você foi, com o NOME, à LOCAL, comprar heroína". E, contudo, os profissionais preferem as estruturas interrogativas, aparentemente mais corteses. Por quê? Em primeiro lugar, a questão parece ser de natureza processual: nessa fase do interrogatório, o essencial é obter o máximo de informação possível dos depoentes para se conseguirem provas, pelo que o formato de pergunta-resposta constitui uma útil ferramenta nessa busca de informação e todo o ato de discurso que surgir terá de sujeitar-se a essa forma. Argumentamos ainda que, não constituindo verdadeiros pedidos de informação, essas interrogativas funcionam como enunciados que vão elucidar uma informação que tem de ser validada pela instituição. De um ponto de vista socioinstitucional, essas estruturas concretizam, de fato, atos ameaçadores da face, como a acusação. E porque o ato de acusar tem de envolver o reconhecimento da outra parte, é estritamente necessário demonstrar que o interlocutor compreendeu o objetivo do seu questionador e reagiu em consonância. Se atentarmos nas respostas a essas estruturas interrogativas negativas, constatamos, num primeiro plano, que o respondente dá uma resposta bastante mais alargada do que seria necessário perante uma interrogativa de tipo sim/não; depois, que se trata de uma resposta que é hiperinformativa, no primeiro caso e, no segundo, mais interessante para nós, de uma resposta que corrige alguns dos pressupostos que a testemunha consegue apreender na intervenção do juiz. Essas reações demonstram a correta interpretação das testemunhas e a tentativa de anular esse ato de acusação.

Uma segunda estratégia de descortesia, quantitativamente menos expressiva, diz respeito à tentativa, ensaiada pelos profissionais, de citar o discurso dos depoentes, conquanto de forma deturpada e manipuladora. Analisemos os exemplos que se seguem:

(13) - Audiência 4 (linhas 359-363)
Adv1 Ora vamos lá ver. O senhor disse aqui ao tribunal que
circulava a ce > atrás da *MODELO* a cerca de
→ setenta metros. [Nessa altura
T1 [Não, não, não.
Adv1 A cerca de (..) cem.
T1 Cem, cento e poucos. Sim.

(14) - Audiência 4 (linhas 1004-1006)
→ **Adv1** Pronto. Agora, e diz o senhor que o outro carro não fez a não fez a ultrapassagem, o *MODELO*, porque circulava pela fila direita um caminhão e que guinou para a esquerda.
T2 Eu não disse isso. Eu disse que o *MODELO* iniciou a ultrapassagem.

Estamos perante um ato ameaçador da face, uma vez que se atribui a outrem a autoria de um discurso que se cita de forma parcial ou totalmente inexata, descontextualizada e tendenciosa, expondo-o a consequências imprevisíveis e tentando daí retirar algum rendimento em termos argumentativos. Em *settings* assimétricos, como esse, a manipulação do discurso alheio permite, aos mais poderosos, obterem, de forma ardilosa, créditos para a sua argumentação, e nem sempre as testemunhas e os arguidos têm a capacidade de contestar e refutar esse enviesamento; há, aliás, no *corpus*, alguns exemplos ilustrativos da sujeição, passiva, a essa manobra discursiva que consuma um ato ameaçador da face:

(15) – Audiência 2 (linhas 202-207)

	J	[...] Explique-me lá isso. O senhor estava lá em casa do seu pai, era?
	Arg	Sim, esporadicamente estava lá sempre em casa dele, mas //
	J	Esporadicamente estava lá sempre?
	Arg	[Sim. (( ))
→	**J**	[Não, não (( )). Estava lá, esporadicamente.
→	**Arg**	'Tava lá, de vez em quando.

Resta assinalar ainda a terceira estratégia, que também consideramos uma estratégia de descortesia, na medida em que o interlocutor quase é forçado a reconhecer a sua desatenção, a sua inépcia verbal e, até, a sua incompetência; em suma, a aceitar as suas debilidades intelectuais. Analisemos o exemplo seguinte:

(16) – Audiência 2 (linhas 1018-1025)

	Adv	Mas o senhor viu alguma troca ou viu só ele a estender o braço? [...]
	T1	Estendeu e o outro estendeu também (..) o tal *NOME* que que depois fugiu.
	Adv	Mas viu alguma coisa na mão?
		[...]
	T1	Ah nele não vi, mas...
→	**Adv**	Então está a ver (..), não é? Realmente, o senhor não viu trocar nada.

O exemplo (16) ilustra a utilização de um discurso indutor de dependência (Grainger, 2004), que pode funcionar também como um mecanismo de descortesia. O recurso a essa estratégia permite, de certa forma, infantilizar o interlocutor, negando-lhe saber e experiência e, no fundo, o estatuto de verdadeiro interlocutor, ao mesmo tempo que possibilita ao locutor uma atitude paternalista e condescendente, como se atesta também no exemplo que se segue:

(17) – Audiência 4 (linhas 1082-1091)

T2 [...] Eu disse que aquele carro, se me ultrapassou se me ultrapassou, deve vir a mais > vir a maior velocidade que eu. Se eu venho a oitenta, oitenta e cinco, ele vem a noventa ou a cem, não é? [...]

Adv1 [...] sabe, é que as medidas é uma coisa extremamente importante e a velocidade também, sabe? É que um carro a cem quilômetros hora anda cerca de trinta metros po- por segundo > estive a fazer as contas /

T2 Exato.

Adv1 É uma regra de três simples; o senhor faz estas contas. A sessenta à hora, anda dezesseis vírgula seis metros, a cem à hora anda cerca de ((trinta)) metros. O senhor imagina a cem à hora, trinta metros, quer

→ dizer, no fundo, é evidente que a carrinha estava em cima do carro quando ele inicia a ultrapassagem.

A intervenção do advogado, recheada de *tags* e da expressão "é que" em início absoluto, típica das sequências explicativas, projeta a imagem de um locutor detentor de saberes que minimiza o interlocutor, mais ignorante, pondo em xeque a sua face positiva.

Ao tentar obrigar o interlocutor a admitir inconsistências, incongruências ou até falsos testemunhos, o profissional visa obter alguns efeitos argumentativos, nomeadamente o enfraquecimento da tese contrária e, consequentemente, a credibilização da sua própria argumentação.

Essas três estratégias que, na perspectiva em análise, podem ser consideradas descorteses, estão a serviço da retórica forense, o que vem demonstrar que a descortesia pode ser convocada como recurso na construção de uma argumentação (judiciária) consistente.

A diversidade de formas de descortesia não se esgota, porém, nos dois grupos anteriormente mencionados. É importante assinalar ainda a presença de outros mecanismos de descortesia que, não resultando já da estrutura da interação verbal, nem sequer das estratégias argumentativas usadas, pois são facilmente detectáveis em outros gêneros e em variados tipos de interação, ocorrem também aqui. Estamos agora, portanto, no domínio da descortesia intencional e gratuita. Dada a heterogeneidade de formas, vamos cingir-nos às mais frequentes e mais expressivas.

Começamos por referir o tom de voz que, em algumas passagens do nosso *corpus*, assume uma intensidade superior ao que seria previsível neste contexto, denotando a irritação dos profissionais, como se pode atestar através do exemplo seguinte, cujo segmento transcrito em maiúsculas simboliza, precisamente, a intensidade sonora do falante:

(18) – Audiência 4 (linha 1361)
Adv2 [Tudo bem não, tudo mal, [TUDO MAL, TUDO MAL. Ó senhor agente desculpe lá, tudo mal.

Uma voz demasiado alta, sobretudo se tivermos em conta que ela provém do falante dotado de maior poder e é usada num contexto de discurso público, constitui uma estratégia ameaçadora da face positiva do interlocutor, pois gera temor, perplexidade e, provavelmente, desconforto.

Efeitos similares terá também a utilização do humor e da ironia em sala de audiências. Conjugamos aqui as duas noções que, embora diferentes, podem, em certas situações convergir. Segundo Niedzielski (1990: 240), o efeito humorístico obtém-se ativando a deformação de um elemento, presente numa situação ou num enunciado, de modo a contrastar com a norma que se esperaria encontrar. Ora, é claro que a ironia pode gerar esse efeito. Atentemos nos exemplos que se seguem:

(19) – Audiência 1 (linhas 926-931)
Arg [...]\ estando bem a ver a minha posição, não posso me dar com pessoas que pertençam à FORÇA ARMADA, [...] não sei que é que se passa, o que é que eles querem.
J Porque é que o senhor não podia falar com a FORÇA ARMADA?
Arg Ah...
→ **J** Tinha medo de algum ataque? Não.

(20) – Audiência 2 (linha 1050)
→ **J** Precisa de ir ao quarto de banho, é? Não?

Em (19), o juiz ridiculariza as declarações do arguido que afirmara não poder ter nenhum tipo de relação com qualquer um dos ramos das Forças Armadas portuguesas, uma vez que, sendo angolano, essa ligação poderia fazer com que fosse visto como agente ao serviço de um dos dois partidos angolanos concorrentes. Ora, todo o processo de falsificação da carta de condução se havia passado em Lisboa, pelo que a hipótese do ataque (do partido rival) é, simplesmente, despropositada e hilariante. Já em (20), e após várias tentativas frustradas de obter um turno de fala, quando, mais uma vez, o arguido tenta intervir fora do alinhamento previsto, o juiz corta-lhe a palavra, interrogando-o sobre o seu desejo de ir à casa de banho. Tendo em conta o cotexto e o próprio contexto forense, essa pergunta contrasta, claramente, com as normas e as expectativas que vigoram em sala de audiências e gera humor, uma vez que é claro para todos que o arguido não pode abandonar o seu lugar até ao final da sessão. Por outro lado, ao fazer uso desses mecanismos, o juiz pretende criticar as afirmações e/ou o comportamento do arguido, e por isso a ironia e o humor usados por um locutor mais poderoso e de posição social superior constituem formas de descortesia indireta (de acordo com o modelo de Culpeper),[21] que ameaçam a face positiva do arguido.

Registramos ainda, como forma de descortesia, o recurso ao tutear, quando o procurador se dirige a uma testemunha através da segunda pessoa do presente do indicativo, forma de tratamento apenas utilizada entre íntimos e iguais, em português europeu, ou eventualmente dirigida a um interlocutor subalterno por um locutor dotado de mais autoridade e poder, mas seguramente inaudita em Tribunal. Atente-se no exemplo:

(21) – Audiência 2 (linhas 453-454)

→ **MP** [...] Tu conheces o NOME?

T2 Conheço. Ele foi criado (..) lá. Ele foi lá criado donde eu vivo. Conheço, conheço.

Embora se trate de uma ocorrência única, ela é, de fato, excepcional, dado que a testemunha nunca poderá retribuí-la e, por outro lado, dado que o procurador se situa, pelo fato de a usar, numa clara posição de superioridade, confirmando, ao mesmo tempo, a dissimetria social que os separa.

Examinaremos, por último, uma estratégia mais sutil, que funciona também como mecanismo de distanciamento, servindo, portanto, para marcar territórios e, pelo menos indiretamente, para assinalar a ausência de empatia entre os profissionais e os depoentes. Atente-se aos exemplos subsequentes:

(22) –		Audiência 1 (linhas 694-702)
	MP	[...] PATENTE?
	T3	Sim.
		[...]
	MP	Não foi promovido, pois não?
	T3	Não. Sou PATENTE ainda.
		[...]
→	**MP**	Já podia ter sido promovido e, portanto, não queria estar a > essas coisas são importantes para vocês.
(23) –		Audiência 4 (linhas 324-328)
	Adv2	Estou a dizer, é evidente, que o senhor, > quando nós perguntamos: ele ia com atenção? Ou ia distraído? É evidente que a gente não sabe, quer dizer, tem que ser um bocado a presunção dado o [(( )) \
	T1	[É evidente.
→	**Adv2**	/ (( )) as circunstâncias do acidente. Os senhores é que lá estavam, não era eu.

A nítida separação entre o "eu" locutor e os interlocutores ("vocês", "os senhores") funciona como estratégia ameaçadora, esboçada para demonstrar que o interlocutor não integra o grupo dos profissionais (dos avaliadores) e não obterá deles qualquer atitude de cooperação. Trata-se, nas palavras de Culpeper (1996), de uma atitude de dissociação propositada, que nega a existência de um território comum e que, pelo menos em (22), associa o interlocutor a aspectos pouco valorizados pelo locutor, configurando assim uma estratégia de descortesia positiva.

No final desta análise, podemos afirmar que essas estratégias pretendem, de fato, intimidar os depoentes e visam dois objetivos distintos, embora complementares: por um lado, obrigá-los a cumprir os trâmites processuais, sobretudo no que toca à definição de quem pode falar, com quem, como e quando; por outro, coagi-los a produzir uma versão que seja consentânea com os objetivos institucionais de cada um dos inquiridores. As estratégias de descortesia podem, assim, funcionar em dois planos distintos, coadjuvando na submissão do discurso dos leigos quer no plano da forma, quer no plano dos conteúdos.

CONCLUSÕES

A análise efetuada partiu do quadro teórico proposto por Culpeper e foi complementada com o conceito de "zona de ambivalência estratégica" proveniente de Archer, o que nos possibilitou a avaliação das formas de descortesia produzidas por participantes profissionais em Tribunal. Dotados de um quadro teórico mais alargado e mais fino, foi possível analisar os dados empíricos e verificar que, em sala de audiências, ocorrem dois tipos distintos de estratégias de descortesia: a descortesia estratégica, aquela que constitui um meio para atingir os objetivos previstos pelo trabalho forense, ou seja, o apuramento da verdade e a obtenção de provas, e a descortesia intencional, aquela que tem em si mesma o seu o fim e visa apenas o puro ataque do outro.

As formas de descortesia estratégica que encontramos atuam em dois planos distintos. Por um lado, constituem o resultado das constrições que conformam esta atividade verbal; com efeito, o sistema de turnos de fala e a gestão dos tópicos decorrem da própria organização da interação, enquanto a ocorrência de atos diretivos, de interrupções, e a reiteração de perguntas constituem o efeito discursivo visível da necessidade institucional de tudo validar e de evitar que os participantes leigos derroguem as normas processuais. Por outro lado, encontramos também formas de descortesia estratégica em algumas das técnicas argumentativas utilizadas pelos profissionais forenses.

O segundo tipo de estratégias descorteses que listamos inclui-se no campo da descortesia intencional. E embora possam constituir recursos coadjuvantes da argumentação a que os profissionais recorrem, o tom de voz, a ironia, o humor, o ato de tutear e a atitude de dissociação propositada resultam já de uma escolha deliberada que poderia não ocorrer.

No *corpus* analisado, a maior parte das formas de descortesia detectadas recai no âmbito das estratégias de descortesia positiva e negativa, embora também tenhamos encontrado um exemplo ilustrativo da descortesia indireta. A necessidade de evitar um conflito aberto com o leigo, que seria imediatamente travado pelo juiz, obriga os profissionais a evitar as estratégias de descortesia direta; por outro lado, não poderemos falar de cortesia ocultada, uma vez que nesse contexto não se esperam demonstrações de cortesia para com o depoente.

É ainda importante salientar que a maior parte das estratégias de descortesia encontradas se integra no âmbito das que são sancionadas pela instituição, ou seja, das que constituem formas de descortesia estratégica, embora os leigos nem sempre as sintam como tal. De fato, este gênero discursivo é intrinsecamente conflitual e opressivo, e os profissionais sabem bem como obter os efeitos desejados, sempre sob a proteção do poder que lhes é dado pela instituição.

Trabalhos futuros, neste e noutros *activity-types* de natureza conflitual, poderão confirmar (ou infirmar) a nossa análise. Seria também interessante pesquisar a hipotética correlação entre as estratégias de descortesia e a posição institucional dos advogados (defesa e acusação), bem como, evidentemente, tentar formular uma escala de coercividade a partir das estratégias listadas. Um outro trabalho que se afigura inadiável é a análise da reação dos depoentes a essas estratégias.

Notas

1 Veja-se Brown e Levinson (1987: 62).
2 Como exemplo dessa nova tendência, vejam-se os trabalhos de: Eelen (2001); Mills (2003); Locher (2004).
3 Essas dificuldades, assinaladas por diferentes autores, permitiram a distinção entre as noções de *first-order impoliteness* e de *second-order impoliteness*. Em termos simplificados, essa oposição permite distinguir o conceito de descortesia proveniente do senso comum (*first-order*) do conceito originado no mundo acadêmico (*second-order*). Veja-se Watts, Ide e Ehlich (1992: 3).
4 Veja-se Mills (2005).
5 Vejam-se, por exemplo, os trabalhos de Kurzon (2001), Bernal (2010) e Archer (2011).
6 Vejam-se, por exemplo, os trabalhos de Blas Arroyo (2003) e Fernández Garcia (2014).
7 Vejam-se, por exemplo, os trabalhos de Culpeper (1996) e Bousfield (2008).
8 Vejam-se, por exemplo, os trabalhos de Graham (2007) e Haugh (2010).
9 Veja-se o trabalho de Culpeper (2005).
10 Vejam-se, por exemplo, os trabalhos de Itakura e Tsui (2011); Luzón (2013).
11 Culpeper trabalhou a mesma tese em outras obras. Veja-se Culpeper et al. (2003). Bousfield (2004) também defende a mesma ideia.
12 Esse argumento baseia-se no conceito, proposto por Levinson (1992), de *activity-type*.
13 Martinovsky (2006) corrobora esta tese ao afirmar que os profissionais atuam neste contexto com a sua face pública, enquanto as testemunhas ativam a sua face privada.

14 A distinção entre ameaças *intencionais*, *incidentais* (supervenientes) e *acidentais* provém de Goffman (1967: 14).

15 Sobre o conceito de "gênero discursivo", leia-se Marcuschi (2005).

16 Esse *corpus* constituiu a base trabalho da nossa dissertação de doutoramento, intitulada *Contributos para a análise da linguagem jurídica e da interação verbal na sala de audiências*, e encontra-se transcrito no anexo intitulado *Transcrição das Audiências*, que acompanha o texto da dissertação. Ambos os textos estão disponíveis em: <http://www.uc.pt/uid/celga/membros_colaboradores/membros/Anexos_Transcricao_das_Audiencias>. Acesso em: 23 mar. 2016.

17 A indicação das linhas referidas nos exemplos reporta-se à sua localização no anexo que acompanha a dissertação. Vd. nota anterior. Tentamos despojar os exemplos de todos os sinais de transcrição que pudessem impedir uma clara e rápida interpretação. As setas indicam o local exato em que ocorre o fenômeno em análise.

18 Muitas dessas críticas são de natureza metadiscursiva e especificam os direitos e os deveres dos leigos em sala de audiências. Sobre o valor do metadiscurso em sala de audiências, veja-se Carapinha (2012).

19 Ver Lakoff, 1989: 123.

20 As aspas indicam que a expressão foi pronunciada de modo lento, quase silabado.

21 Ver a seção "O contexto da sala de audiências e a descortesia".

Bibliografia

Archer, D. Cross-examining lawyers, facework and the adversarial courtroom. *Journal of Pragmatics*, 43, pp. 3216-3230, 2011.

Bernal M. Descortesía en el contexto judicial. El caso del juicio del 11-M. In: Orleti, F; Mariottini, L. (Eds.). *(Des)cortesía en español. Espacios teóricos y metodológicos para su estudio*. Roma-Estocolmo: Università degli Studi Roma Tre – edice, 2010, pp. 599-636.

Blas-Arroyo, J. L. 'Perdone que se lo diga, pero vuelve usted a faltar a la verdad, señor González': Form and function of political verbal behaviour in face-to-face Spanish political debates. *Discourse and Society*, 14, (4), pp. 395-423, 2003.

Bousfield, D. *Impoliteness in interaction*. Unpublished PhD thesis. Lancaster University, uk, 2004.

_______. *Impoliteness in interaction*. Amsterdam: John Benjamins, 2008.

Brown, P.; Levinson, S. Universals in language usage: politeness phenomena. In: Goody, E. (Ed.). *Questions and politeness:* strategies in social interaction. Cambridge: Cambridge University Press, 1978, pp. 56-289.

Brown, P.; Levinson, S. *Politeness:* some universals in language usage. Cambridge: Cambridge University Press, 1987.

Carapinha, M. C. *Contributos para a análise da linguagem jurídica e da interacção verbal na sala de audiências*. Dissertação de doutoramento (n/ publ.). Faculdade de Letras da Universidade de Coimbra, 2006.

_______. O metadiscurso no contexto forense – algumas reflexões. *Diacrítica - Revista do Centro de Estudos Humanísticos da Universidade do Minho*. Série Ciências da Linguagem, 26, (1), pp. 111-129, 2012.

Culpeper, J. Towards an anatomy of impoliteness. *Journal of Pragmatics*, 25, pp. 349-367, 1996.

_______. Impoliteness and entertainment in the television quiz show: the weakest link. *Journal of Politeness Research*, 1, pp. 35-72, 2005.

_______; Bousfield, D.; Wichmann, A. Impoliteness revisited: with special reference to dynamic and prosodic aspects. *Journal of Pragmatics*, 35, (10/11), pp. 1545-1579, 2003.

Eelen, G. *A Critique of Politeness Theories*. Manchester: St. Jerome, 2001.

Fernández García, F. Impoliteness, pseudo-politeness, strategic politeness? On the nature of communicative behavior in electoral debates. *Clac – Círculo de Lingüística Aplicada a la Comunicación*, 58, pp. 60-89, 2014.

Fraser, B. *The concept of politeness*. Paper presented at the 1985 nwave Meeting, Georgetown University, 1975.

_______. Perspectives on politeness. *Journal of Pragmatics* 14, pp. 219-236, 1990.

_______; NOLEN, W. The association of deference with linguistic form. *International Journal of the Sociology of Language*, 27, pp 93-109, 1981.

GOFFMAN, E. On face-work: an analysis of ritual elements of social interaction. *Psychiatry; Journal for the Study of Interpersonal Processes*, 18, (3), pp. 213-231, 1955.

_______. *Interaction rituals:* essays in face-to-face behaviour. Chicago: Aldine, 1967.

GRAHAM, S. L. Disagreeing to agree: confict, (im)politeness and identity in a computer-mediated community. *Journal of Pragmatics*, 39, (4), pp. 742-759, 2007.

GRAINGER, K. Communication and the institutionalized elderly. In: NUSSBAUM, J. F.; COUPLAND, J. (Eds.). *Handbook of communication and aging research*. 2. ed. London: Lawrence Erlbaum Associates, 2004, pp. 479-497.

GRICE, H. P. Logic and conversation. In: COLE, P.; MORGAN, J. L. (Eds.). *Syntax and semantics*. New York: Academic Press, 1967/1975, v. 3, pp. 41-58.

HAUGH, M. When is an email really offensive? Argumentativity and variability in evaluations of impoliteness. *Journal of Politeness Research*, 6, pp. 7-34, 2010.

_______. *Pragmatics*. Oxford: Oxford University Press, 2007.

ITAKURA, H.; TSUI, A. B. M. Evaluation in academic discourse: managing criticism in Japanese and English book reviews. *Journal of Pragmatics*, 43, pp. 1366-1379, 2011.

KAUL DE MARLANGEON, S. La descortesía en contextos institucionales y no institucionales. *Pragmatics*, 18, (4), pp. 729-749, 2008.

KURZON, D. The politeness of judges: American and English judicial behavior. *Journal of Pragmatics*, 33, pp. 61-85, 2001.

LAKOFF, R. The logic of politeness, or minding your P's and Q's. *Proceedings of the Ninth Regional Meeting of the Chicago Linguistic Society*, pp. 345-356, 1973.

_______. The limits of politeness. *Multilingua*, 8, pp. 101-129, 1989.

LEECH, G. N. *Principles of pragmatics*. Longman: London, 1983.

LEVINSON, S. Activity types and language. In: DREW, P; HERITAGE, P. (Eds.). *Talk at work*. Cambridge: Cambridge University Press, 1992, pp. 66-100.

LOCHER, M. A. *Power and politeness in action*: disagreements in oral communication. Berlin: Mouton de Gruyter, 2004.

LUZÓN, M. J. "This is an erroneous argument": conflict in academic blog discussions. *Discourse, Context and Media*, 2, pp. 111-119, 2013.

MARCUSCHI, L. A. Gêneros textuais: definição e funcionalidade. In: DIONISIO, A. P.; MACHADO, A. R.; BEZERRA, M. A. (Orgs.). *Gêneros textuais e ensino*. 4. ed. Rio de Janeiro: Lucerna, 2005, pp. 19-36.

MARTINOVSKY, B. A framework for the analysis of mitigation in courts: Toward a theory of mitigation. *Journal of Pragmatics*, 38, (12), pp. 2.065-2.086, 2006.

MILLS, S. *Gender and politeness*. Cambridge: Cambridge University Press, 2003.

_______. Gender and politeness. *Journal of Politeness Research*, 1 (1), pp. 263-280, 2005.

NIEDZIELSKI, H. Biculturalism as prerequisite to the translating of humor. In: ARNTZ, R.; THOME, G. (Eds.). *Übersetzungswissenschaft. Ergebnisse und Perspektiven*. Tübingen, Narr, 1990.

WATTS, R. J.; IDE, S.; EHLICH, K. *Politeness in language:* studies in its history, theory and practice. Berlin: Mouton de Gruyter, 1992.

Formulação e argumentação na análise de uma audiência de conciliação no Procon

Paulo Cortes Gago
Amitza Torres Vieira

Este capítulo se propõe a investigar o uso de formulações na argumentação dos participantes em uma situação de conflito. Para tanto, esboça-se uma metodologia empírica para análise de dados orais, que pode ser utilizada no universo jurídico, tomando como exemplo uma audiência de conciliação no Procon, examinada à luz das teorias de formulação (Garfinkel e Sacks, 2012; Heritage e Watson, 1979; Bilmes, 2011) e de argumentação (Schiffrin, 1987).

Na situação institucional de fala em uma audiência de conciliação no Procon, o conflito de interesses entre o reclamante, que apresenta sua queixa ao órgão, manifestando sua insatisfação pelo serviço prestado ou pelo produto adquirido, e o reclamado, que pode ser representado pelo gerente ou pelo advogado da empresa, depende de uma intensa negociação/construção discursiva de versões sobre os fatos. Essa negociação ocorre por meio da argumentação dos participantes durante a interação realizada nesse órgão. Nesse contexto, cada uma das partes apresenta argumentos que justifiquem o seu ponto de vista e anulem o ponto de vista do outro. Compreender como as formulações atuam na argumentação dos participantes pode colaborar para a prática profissional de mediadores, cuja função maior é produzir o acordo entre as partes.

A PRÁTICA DE FORMULAÇÃO

As formulações são métodos dos participantes de interações para criarem inteligibilidade sobre o que está sendo dito e feito, no aqui e agora dos encontros, ancorando o significado. Há dois sentidos do termo: 1) a formulação é um método "para descrever aquela conversa, explicá-la, ou caracterizá-la, ou explaná-la, ou traduzi-la, ou resumi-la, ou definir sua essência, ou chamar atenção para sua obediência às regras, ou comentar seu desrespeito às regras" (Garfinkel e Sacks, 2012: 233); 2) "[...], pode ser uma característica da conversa para os interlocutores que eles estejam fazendo algo mais, a saber, o que estão fazendo é *dizer-em-tantas-palavras-o-que-estamos-fazendo* (ou do que estamos falando, ou quem está falando, ou quem somos, ou onde estamos etc.)" (Garfinkel e Sacks, 2012: 235, ênfase acrescentada).

A formulação é, então, uma proposta de interpretação da própria fala, ou da fala do outro, neste caso submetendo-a a quem a fez, para confirmação no próximo turno de fala, incidindo sobre parte da conversa, ou a conversa como um todo.

No contexto institucional, Heritage e Watson (1979: 128) advertem que as formulações possuem "imensa utilidade prática", uma vez que lidam com problemas corriqueiros na administração local das descrições dos participantes (de pessoas, eventos, lugares etc.), sendo elemento, portanto, central na vida institucional. Os autores identificam dois tipos de formulações: 1) do *cerne* (*gist*) e 2) do *resultado* ou da *conclusão* (*upshot*), ambos os tipos incidindo sobre um trecho de conversa ou a conversa como um todo.

Estruturalmente, a formulação ocorre em um par adjacente (aquelas ações que ocorrem sempre em pares, como "oi"/"oi", "obrigado"/"de nada", acusar/defender ou convidar/aceitar ou recusar, etc. Em um par adjacente, a primeira parte do par (PPP, *e.g.* um convite) ocorre antes da segunda parte do par (SPP, *e.g.* a aceitação). Assim, o par adjacente permite identificar o tipo de ação em andamento na fala (Gago, 2002; Loder e Jung, 2008). Em nosso esquema, a formulação é a PPP, que projeta como SPP relevante no próximo turno uma *decisão* sobre a proposta de interpretação apresentada, que pode ocorrer como uma *confirmação* ou *desconfirmação*.

A formulação, porque está ligada ao entendimento do que se disse anteriormente, envolve repetição do dito, ou seja, uma paráfrase; como tal, realiza as seguintes operações no enunciado, simultaneamente: *preservação*, *apagamento* e *transformação* (Heritage e Watson, 1979). Uma repetição preserva parte do que foi dito, ao mesmo tempo em que apaga e transforma, recontextualizando o dito. Nessa medida, apresenta sempre uma nova versão, e, por isso, nunca é neutra; representa sempre interesses. Outra característica relevante é que as formulações realizam cálculos inferenciais de sentido a partir do que foi dito (Heritage, 1985).

Recentemente, Bilmes (2011) propôs que a formulação é, na verdade, uma segunda versão de um dito, sendo por isso melhor entendido como *reformulação,* e o termo formulação expressa a primeira versão de um enunciado, distinção adotada aqui.

A TEORIA DE ARGUMENTAÇÃO

Numa perspectiva interacional (Schiffrin, 1987), a argumentação é coconstruída na interação, e o desenho sequencial da fala argumentativa pode mostrar como os participantes usam a fala para atingir seus objetivos comunicativos em situações reais. No primeiro capítulo de *Discourse Markers* (1987), a autora propõe uma análise discursiva da argumentação que capte tanto suas propriedades textuais - como um monólogo - quanto suas propriedades interativas - como um diálogo.[1] Central para este trabalho é sua discussão sobre os três componentes da argumentação - *posição*, *disputa* e *sustentação*. De acordo com Schiffrin (1987: 18), a *posição* tem como ponto-chave a *ideia* (isto é, as informações descritivas de situações, estados, eventos e ações no mundo). Outra parte importante da posição é o *compromisso* do falante com aquela ideia, tratado no presente trabalho como o grau de adesão (ou *alinhamento*, cf. Goffman, 1981) que o falante assume em relação a uma posição. Schiffrin identifica ainda outro elemento da posição, a sua *representação*, em outros termos, o estilo adotado pelo falante para apresentar a ideia. A autora observa que, muitas vezes, a representação de posições não só pode revelar ideias como também valores morais e reivindicações de competência e de caráter.[2]

Ao tratar da *disputa* em relação a uma posição, Schiffrin observa que os indivíduos podem orientar sua oposição para qualquer um (ou mais) de seus elementos: um desacordo pode estar centrado no conteúdo proposicional, em seu alinhamento, ou em implicações pessoais e morais do desempenho verbal.

O terceiro componente da argumentação é a *sustentação*, que fornece informação por meio da qual o falante induz o ouvinte a tirar uma conclusão a respeito da aceitabilidade ou legitimidade/verossimilidade da posição. Schiffrin (1987) observa, entretanto, que a análise da sustentação em uma argumentação envolve também relações inferenciais entre ideias. A autora destaca ainda que, em muitas argumentações por ela examinadas, tanto o conteúdo da sustentação quanto a relação inferencial entre sustentação e posição são amplamente variáveis: formas de sustentação diferentes, como a exemplificação pessoal, a analogia, e o apelo à autoridade podem ser interpretadas como validando uma posição.

CONTEXTO DO ESTUDO E METODOLOGIA

Reportamos aqui um estudo exploratório de base interpretativa e qualitativa. Trabalhamos com dados empíricos do Procon de uma cidade de médio porte do estado de Minas Gerais. Este órgão pauta-se nas diretrizes do Código de Defesa do Consumidor (ver Lei n° 8.078), e é composto por consumidores (reclamantes), fornecedores de bens e serviços (reclamados) e mediadores, cujas funções são prestar esclarecimentos sobre problemas nas relações de consumo, atuando como conciliadores entre as partes em conflito.

De acordo com Oliveira (2010), as audiências de conciliação no Procon compreendem três fases: (1) enquadre legal da reclamação, fase em que há uma definição da situação; (2) atribuição de responsabilidades, fase na qual os participantes procuram atribuir responsabilidade pelo problema que originou a reclamação; e (3) produção de acordo, fase, em geral, que ocorre no final das audiências, em que os participantes, auxiliados pelo mediador, oferecem propostas a fim de solucionar o problema.

Em respeito à ética, todos os nomes que sirvam de identificação foram trocados por nomes fictícios. Os dados foram transcritos de acordo com a Análise da Conversa (ver Sacks, Schegloff e Jefferson, [1974] 2003), cujas convenções encontram-se em anexo. Os dados foram segmentados considerando-se os limites de sequências de conversa (cf. Schegloff, 2007), *grosso modo*, entendidas como os turnos de fala que compreendem o desenrolar de uma ação.

Escolhemos para nosso estudo uma audiência que envolve uma instituição bancária, denominada Banco Sul, que nos apresenta um caso de venda casada, um tipo de infração que ocorre quando o consumidor, para obter um tipo de serviço, é forçado a adquirir outro serviço, não desejado por ele, na mesma operação. Na audiência Banco Sul, o consumidor, para conseguir um empréstimo, foi obrigado a contratar um seguro.

Essa audiência foi gerada no ano de 2004 e integra o acervo do Grupo de Pesquisa do CNPq Linguagem e Sociedade: Aspectos Teóricos e Empíricos, coordenado pela Prof.ª Dr.ª Sonia Bittencourt Silveira, no Programa de Pós-Graduação em Linguística da Universidade Federal de Juiz de Fora.

Participam da audiência Banco Sul a conciliadora, Ana; o reclamante, Lucas; e o reclamado, Rui, que é também gerente do banco. Essa audiência foi escolhida para esse estudo piloto por diversos motivos: 1) ela pode ser considerada dados prototípicos em termos de fases da conciliação; 2) é muito rica nas estratégias de argumentação; e 3) de (re)formulação; 4) e é relativamente curta, 09min32s, o que nos permite analisar um evento interacional de forma mais completa, permitindo aprofundar a análise piloto.

ANÁLISE DE DADOS

Identificamos, no total, seis movimentos argumentativos,[3] entendidos aqui como a proposição de uma posição e sua sustentação de uma parte, e a reação da outra parte (ou disputa), com posição e sustentação; as (re) formulações, por serem pervasivas, aparecem tanto na posição quanto na sustentação. No entanto, não é possível mostrarmos todo o processo argumentativo, pois ultrapassa o escopo do trabalho. Apresentamos, então, um total de três excertos, que correspondem ao primeiro, segundo e sexto movimentos argumentativos, de acordo com sua importância para a discussão e solução do caso. Apoiamo-nos ainda na noção de sequências de conversa, englobando o início e o final das ações turno a turno. Às vezes, suprimimos partes da transcrição, sem prejuízo para a análise.

Posição inicial e sustentação do consumidor via conciliadora e disputa pelo reclamado

O primeiro excerto corresponde ao nosso primeiro movimento argumentativo e retrata a primeira fase da audiência, a de enquadramento legal. O segmento caracteriza-se pela introdução da *posição* do consumidor e de sua *sustentação*, por intermédio da voz da conciliadora, Ana, entre as linhas 16 a 34, bem como da resposta de Rui, disputando a posição dela e sustentando sua disputa, entre as linhas 35-60:

Excerto 1:

Ana: a reclamação dele aqui é que ele:: (0.5) é::, -foi junto
ao banco sul, requerer um empréstimo, (0.5) e foi:: obrig-
= >uma das condições pra ele conseguir o empréstimo foi
obrigado a adquirir o seguro. =
Rui: =>sei.< qual, que é, a agência (que atendeu ele) (0.5) eu
queria confirmar a agência.
Ana: qual que é a agência?,
Lucas: oitocentos (0.5) e nove.
Ana: é oitocentos e no:ve.
(2.0)
Rui: >agência zero oitocentos, ok.<
(4.0)
Rui: >o contrato do: [lucas, não tá aqui não.<]
Ana: [então ele veio] ao procon nos
questionar, porque a intenção dele não é fazer o seguro,
ele não- não: tá interessado no seguro, (0.2) mas ele se
viu obrigado a assinar o contrato do seguro, pra conseguir
a liberação do empréstimo, que: que foi o motivo que o
levou ao banco. [entendeu?]
Rui: [é , o::] o que eu tenho pra dizer a
você é o seguinte. (0.2) com relação ao que nós recebemos
um relato do procon, (0.2) tá? tava: dando:: a entender
que fosse operação casada. <não é operação casada.
(0.2)
Rui: acho que todas as instituições financeiras hoje têm os
seus produtos a oferecer. =
(0.2)
Rui: tá? todas.
(0.2)
Rui: é::: a partir do momento em que o cliente proCUra-nos (.)
a- a- a- a- um empréstimo, com certeza eu acho que
qualquer lugar quer vender o peixe dele.
(.)

Ana: claro.
(.)
Rui: entendeu?
(0.2)
Rui: então o quê que cê oferece. oferece o produto. mas os produtos do banco
não é:: camisa. não é calça.
(.)
Rui: não é sapato.
(.)
Ana: claro.
Rui: são:: são:: (0.5) esses seguros, são previdências, são coisas que <trazem
rentabilidade pro cliente.>

A apresentação da reclamação é feita via narrativa, em discurso reportado, por Ana, como narradora. Por isso, trata-se de uma segunda versão, ou reformulação (a formulação teria ocorrido, quando Lucas contou a Ana o que ocorreu, em outro encontro). A parte inicial de seu turno, até a linha 17, apresenta alongamentos de sons "ele::", "foi::" (linha 16), duas pausas, nas linhas 16 e 17 ("(0.5)"), o que pode ser considerado certa disfluência, uma "calibragem inicial" da fala, mas que é resolvida após a conciliadora reformular sua própria fala (que já é uma reformulação): na linha 18, ela troca o enunciado "e foi:: obrig-" pelo enunciado ">uma das condições pra ele conseguir o empréstimo foi obrigado a adquirir o seguro. =", realizando as operações de apagamento (da adição "e"), preservação do sentido (a modalidade obrigação) e, principalmente, transformando o enunciado, via acréscimo de informações, caracterizando o banco como agente de uma imposição. Em termos argumentativos, Ana faz uso de uma sustentação por testemunho para defender sua posição implícita: o banco havia realizado uma venda casada, operação financeira ilegal no Brasil.

Rui, na linha 20, recepciona o enunciado "=>sei.<", e em seguida insere uma nova sequência, sem dar resposta imediata a Ana sobre a reclamação. Na linha 28, vem uma explicação da razão desse "desvio" da conversa - ">o contrato do: [lucas, não tá aqui não.<".

Ainda em sobreposição à parte do enunciado de Rui, Ana prossegue sua apresentação, nas linhas 29-34, que mistura formulações (primeira versão de enunciado) e reformulações do que Rui disse a ela anteriormente (segundas versões), e, também, apresenta reformulação de sua própria sustentação feita anteriormente. Note-se a reformulação de Ana do tempo verbal misturando presente e passado. No tempo presente – "não é fazer o seguro", "não: tá interessado no seguro", Ana reitera a vontade do reclamante de não aceitar o produto vendido pelo banco, e reformula sua sustentação de posição anterior no pretérito – "mas ele se viu obrigado a assinar o contrato do seguro, pra conseguir a liberação do empréstimo,", que emerge na interação de forma mais clara agora, porém ainda implícita, porque ela não usa o termo "venda casada".

O movimento de resposta de Rui (linhas 35 e 36) pré-anuncia sua posição, depois formula (é uma primeira versão) a topicalização de sua fala – "com relação ao que nós recebemos um relato do procon," (linhas 36-37), e, em seguida, reformula (é segunda versão) o que ele chama de "relato do procon" (linha 37), nas linhas 37 e 38 – "tava: dando:: a entender que fosse operação casada.", após o que Rui refuta a reclamação de Lucas, formulando sua posição explícita (primeira versão): "<não é operação casada." (linha 38).

Essa posição é sustentada por meio de uma série de distorções da situação, nos turnos de fala subsequentes (são reformulações, segundas versões), que transformam a imposição em oferta, positiva e legítima. Primeiramente, Rui interpreta a prática como disseminada no mercado financeiro, e como oferta – "todas as instituições financeiras hoje tem os seus produtos a oferecer." (linhas 40-41); depois, inverte o polo da origem da ação – "o cliente proCUra-nos" (linha 45); legitima essa prática – "qualquer lugar quer vender o peixe dele." (linhas 46-47), e apresenta vantagens – "coisas que <trazem rentabilidade pro cliente.>" (linha 60). Todos esses enunciados reformulam a posição da mediadora, apresentando sustentação de uma nova posição, fundamentalmente apagando, nesse caso, tudo o que foi dito anteriormente, e transformando radicalmente o sentido da situação.

Disputa da posição inicial e sustentação do reclamado pela conciliadora e reposicionamento parcial do reclamado

O excerto dois, contíguo ao anterior, mostra o segundo movimento argumentativo, a partir da linha 63, em que Ana disputa a posição de Rui, reformulando sua própria sustentação (via silogismo); e sua posição, que antes era implícita, passa a ser explicita (é venda casada). Observa-se que Rui também reformula parcialmente suas posição e sustentação:

Excerto 2:

63	Ana:	só que a alegação dele, é que não foi oferecido, foi
64		imposto.
65		(0.2)
66	Ana:	pra ele conseguir o empréstimo, ele teria que assinar o
67		seguro. =
68	Rui:	=certo. =
69	Ana:	=se não fizesse o seguro, ele não teria conseguido o
70		[em]présti[mo.
71	Rui:	[é:]
72		(.)
73	Rui:	[eu-
74	Ana:	[>por isso nós chamamos. essa- foi o que foi
75		passado pra nós (0.5) pelo: (.) reclamante.<
76		(0.2)
77	Ana:	>que o seguro aqui, foi uma imposição, para se fazer o
78		empréstimo.< então aí (.) estaria configurado a venda
79		casada. =
80	Lucas:	°huhum°
81	Ana:	enten[deu?]
82	Rui:	[é::] já foi feito algum débito,
83		(.)
84	Rui:	de:: de:: (0.2) do: do seguro.
85		(.)
86	Rui:	já debitou alguma parcela.
87	Lucas:	>já. duas. parcelas. <
88	Rui:	duas parcelas.
89		(0.2)
90	Rui:	é, o: que:- o que eu posso dizer a ele é o seguinte? <pra
91		ele pedir o cancelamento,
92		(0.2)
93	Rui:	°ele pedir o cancelamento,°
94		(.)
95	Rui:	agora, com relação a:- às duas parcelas que já (lhe
96		foram/tinham sido) debitadas, (.) isso aí não tem como ser
97		retroagido.<por quê?
98		(.)
99	Rui:	é:: porque a partir do momento, em que ele:: aceita↓ (0.5)
100		o- o- o débito, (.) °é porque ele assinou o contrato.°

A disputa da posição de Rui inicia-se nas linhas 63-64, em que Ana reformula sua sustentação anterior (“>uma das condições pra ele conseguir o empréstimo foi obrigado a adquirir o seguro.”, linhas 18 e 19, excerto um), dessa vez apagando do primeiro enunciado a expressão “foi obrigado”, que é elevada de grau de modalidade e sobe para “foi imposto”, mais forte, em um turno de fala em que ela rejeita a posição de Rui explicitamente – “não foi oferecido”.

Nos dois turnos de fala subsequentes, Ana apresenta explicações de como isso ocorreu, que são, na verdade, reformulações de sua sustentação – “pra ele conseguir o empréstimo, ele teria que assinar o seguro. =” (linhas 66-67), e “=se não fizesse o seguro, ele não teria conseguido o [em]présti[mo.” (linhas 69-70). Ana sustenta a posição implícita de o banco ter realizado uma venda casada, interpretando como imposição a assinatura do seguro. Nota-se, nesses enunciados, que a conciliadora não menciona explicitamente a acusação de “venda casada”, e faz uso de paralelismos gramaticais com tempos verbais no futuro do pretérito (linhas 66 e 69), atenuando os fatos relatados por Lucas ao Procon, e ela termina a reformulação de sua sustentação com esse enunciado “[>por isso nós chamamos. essa- foi o que foi passado pra nós (0.5) pelo: (.) reclamante.<” (linhas 74-75), que explica a razão de ser do encontro e encerra a sua apresentação da reclamação, ou, a primeira parte do par adjacente da reformulação. Agora, uma resposta de Rui é devida.

A segunda parte do par adjacente (a resposta, na forma de confirmação ou desconfirmação da reformulação) não ocorre diretamente. Rui quebra a adjacência da resposta, inserindo perguntas relevantes para a situação na linha 82 – “[é::] já foi feito algum débito,”, que segue até a linha 89. É o que chamamos de sequência inserida, aquela que ocorre entre uma PPP e uma SPP.

Rui reformula sua posição anterior, e muda de posição – “é, o: que:- o que eu posso dizer a ele é o seguinte? <pra ele pedir o cancelamento,” (linhas 90-91), mas parcialmente, porque mantém parte da posição anterior. A posição de Rui é linguisticamente reformulada, tendo sido totalmente apagado o enunciado expresso no excerto um (“<não é operação casada.”, linha 38). Por cálculo inferencial, supõe-se que Rui passa a admitir a venda casada, e ele então formula (é uma primeira versão) explicações (uma nova sustentação de posição) nas linhas 95-97, resgatando parcialmente o argumento da adesão por livre e espontânea vontade, que apareceu no excerto um em “a partir do momento em que o cliente proCUra-nos” (linha 45), e, agora, vem reformulado como uma explicação nas linhas 99-100. Preservou-se o sentido – a adesão sem constrangimento –, mas transformou-se totalmente a forma, via apagamento. É uma nova sustentação.

Disputa da posição inicial e sustentação do reclamado pela conciliadora via relato do consumidor e reposicionamento parcial do reclamado

No terceiro movimento argumentativo, não mostrado aqui, a conciliadora disputa a posição de Rui, reformulando sua sustentação de posição, propondo o argumento da "necessidade" como explicação para a assinatura do contrato – "ele [assinou] o contrato, porque =[ele precisava]= =do em[préstimo, não é ?]" (linhas 101, 103, 105) –, e o reclamado disputa novamente essa sustentação (e a posição ligada a ela), afirmando que, em sua agência – "num- é >não não não< não existe esse hábito." (linha 128).

É nesse contexto que a conciliadora solicita, pela primeira vez na audiência, que o reclamante fale de própria voz, com uma narrativa de como aconteceu a assinatura do contrato. Configura-se, assim, o quarto movimento argumentativo, também não mostrado aqui na íntegra (linhas 140-196). O relato do consumidor é solicitado, na linha 140, pela conciliadora, com uma pergunta aberta (i.e., que deixa espaço para uma narrativa livre, sem orientar a resposta): "então o:: lucas, como que se passou lá?". O consumidor detém o turno de fala por um período longo de tempo, sem interrupção, entre as linhas 157 a 172. Em seu relato, a principal estratégia retórica utilizada é o discurso direto,[4] na forma de diálogos reconstruídos, que são reformulações do diálogo que ocorreu. O fato de não termos acesso ao que foi dito no dia do contrato impossibilita a análise das reformulações, mas não impede a análise da argumentação aí posta em ação. Destacam-se os seguintes enunciados: primeiramente, ele reporta a voz da atendente do banco como um conselho – "é bom que você faz-" (linha 159); depois, sua recusa do produto e o motivo (uma posição e sustentação) – "eu num quero, porque eu já tenho plano de saúde, eu já te- eu já tenho. no no: momento" (linhas 159-161); em seguida, a conclusão a que chega do comportamento da atendente – "então se- se eu:- então quer dizer que: eu sou obrigado." (linhas 166-167); a reação da atendente, fazendo menção implícita a um ato ilegal, cujo nome deve ser evitado – "não. não é bom usar esses te:rmos." (linha 168); Lucas sai do diálogo construído e reporta uma ação – "aí ela foi e chamou a: a a menina do seguro, pra me explicar, não é?" (linhas 168-169), o que pode ser entendido como uma sustentação de posição da atendente, e, novamente em diálogo construído, a sustentação da posição da atendente, explicando sua ação – "talvez eu não tô explicando direito pra ele," (linha 170), enquadrando a questão como a de problemas de entendimento/clareza, e ao mesmo tempo, insistindo no produto. E seu relato é finalizado com a sustentação de sua posição – "aí como eu estava precisando do dinheiro, eu fui, assinei (.) °o cont- o contrato, né? do::: o seguro.°" (linhas 170-172).

A intervenção da conciliadora após a narrativa é de suma importância no processo argumentativo do caso. Ela reformula o relato, selecionando dele na primeira parte do par adjacente o cerne (*gist*) do problema legal, a venda casada, com o argumento do tipo "se x, então y" – "você:- ela deu a entender, que se você não fizesse o seguro, ela não libe- [não]= [libera]ria [°o: o:°]" (linhas 174-175, 177). O consumidor confirma no próximo turno a reformulação da conciliadora – "[é é] [é é] deu a entender que sim." (linha 178).

A posição do reclamado continua sendo a mesma defendida anteriormente, e, nessa medida, é uma reformulação dela, preservando quase que integralmente suas características, mantendo ainda o argumento de produtos e vantagens – "se pra você não é interessante, cancela." (linha 186). Ele nega explicitamente, usando o mesmo tipo de estratégia discursiva do consumidor, sustentando sua posição de que o banco não tenha realizado venda casada, via diálogo construído – "[ago]ra é:: (.) com certeza (.) ningué:m (.) ningué:m (.) lá no banco, (.) é:: >>vira pro cliente e fala assim "não↓<< o senhor tem que fazer o: o: o: o: (.) o: seguro, senão nós não vamos abrir a sua conta e te dar o empréstimo." (linhas 188-192). Categoricamente, nega o fato por completo – "isso não existe." (linha 194), disputado pela conciliadora no turno seguinte – "°por que [que isso não] exi[ste?°" (linha 196), e a sequência e o movimento argumentativo como um todo finaliza-se com Rui reformulando a sustentação de sua posição, com o mesmo argumento – "ele esteve acordo. entendeu?".

Disputa da posição inicial e sustentação do reclamado pela conciliadora e reposicionamento total do reclamado

O excerto três, que se inicia na linha 229, é o nosso sexto e último movimento argumentativo, antes do encerramento da audiência, e é aquele em que a conciliadora obtém sucesso definitivo em prol do consumidor. No movimento argumentativo anterior, o quinto, não mostrado aqui (entre as linhas 206 e 228), reclamante e reclamado se enfrentam pela primeira vez. Através de autosseleção, após a insistência de Rui na posição de livre e espontânea adesão ao seguro ("ele esteve acordo. entendeu?", linha 204), Lucas toma o turno e apresenta sua posição – "<então eu- eu- deu a entender o seguinte↓ se eu não fizer o seg- o seguro

(.) eles não vão me emprestar o dinheiro." (linhas 214-216), e Rui reformula sua posição, mas apenas invocando o argumento de autoridade e projetando-se como aquele conhecedor da lei – "você chame um gerente, que:: com certeza, a: as as pessoas que estão instruídas a administrar a agência, elas não vão acatar isso." (linhas 221-223), mas não muda, de fato, de posição.

No sexto movimento, então, a conciliadora toma o turno, na linha 229, e passa a disputar a posição parcial (de somente cancelamento) do reclamado e sua sustentação, reformulando o que já disse. Ocorre também, finalmente, o reposicionamento total do reclamado (a devolução total do que já foi pago), também em reformulação.

Excerto 3:

229	Ana:	[ago:ra] eu acho que diante da denúncia dele,=
230	Rui:	[igual-]
231	Ana:	= ele tá aqui confirmando o:- né? (.) o que foi:- que foi
232		forçado lá na hora, o banco deveria (.) devolver as duas
233		parcelas, (.) °que já foram pagas.°
234	Rui:	tá- =
235	Ana:	=porque:: (.) >ele se sentiu pressionado a fazer.<=
236	Rui:	=humhum.
237		(0.2)
238	Ana:	entendeu? ele::- ele adquiriu um produto que ele não
239		queria, (.) pra poder conseguir o outro que ele queri:a.
240		[então] HOUve uma pressão.
241	Rui:	[eu vou]
242	Rui:	eu vou pedir a você, >pra você fazer o seguinte então.<
243		(.) você lembra o nome da pessoa, que fechou o seguro pra
244		você.
245		(0.5)
246	Lucas:	(que fechou o segu:ro?)
247		(0.5)
248	Rui:	não. não seria- desculpa.((esbarrou em algo)) (.) não
249		seria ivone. Ivone- tá lá- (é- é lá da mesa de telefone.).
250		>foi se::lma, foi::-< =
251	Lucas:	=eu- eu conversei com a ivone. =
252		(0.2)
253	Rui:	=>com a ivone.<=
254	Lucas:	=com a ivo[ne.
255	Ana:	[e depo[is.

Lucas: [foi- foi- ela que falou- >ah: foi ela
que falou que ia fica:r di- difícil.< agora quem fechou o
seguro foi a selma.=
Rui: =a selma.
Lucas: selma é::
Rui: então tá. você vai procurar a selma, e vai pedir o cancelamento.
(.) tá? e:: e o:: (.) >no que ela falar pra você que não será feito o
cancelamento,< aí você vai mandar ela procurar o rui. (fala) "olha, tive
hoje uma audiência com o rui." >>você vai lá HOJE, tá?<< (porque
hoje eu tô lá o dia inteiro.) (0.2) você vai: >>procurar por ela,<< (.)
ede pra e::la- entrar em contato comigo, (.) >>que eu vou pedir de
imediato,<< o cancelamento disso aí hoje.
(0.2)
Rui: é: e quanto ao ressarcimento, o ressarcimento dessas duas
parcelas pra você? (.) é: >eu não vou garantir agora.<
>>porque nós vamo-<< mas nós vamos ressarcir.
(.)
Rui: tá? mas eu peço a você um prazo de quinze dias, tá?
(0.2)
Rui: >>pra que a gente faça o ressarcimento dessas duas
parcelas pra você?<< (.) sem correção nenhuma↓ (.) foi
dois- foi doze e oitenta e cinco. >nós vamos< °creditar
pra você os doze e oitenta e cinco de duas vezes.°
(.)
Rui: TÁ BOM?
(1.2)
Ana: tá certo assim, [lucas. =

Dessa vez, a conciliadora disputa a posição do reclamado, reformulando a descrição do relato, enquadrando-o agora como denúncia (linha 230), e sustentando com as evidências já trazidas (reformulações), aparecendo como novidade a expressão "foi forçado" (linha 232). Ana reitera sua posição em defesa do consumidor (linhas 232-233), na forma de uma proposta, sustentada – "=porque:: (.) >ele se sentiu pressionado a fazer.<=" (linha 235), o que, novamente, reformula o que já foi dito em movimentos argumentativos anteriores.

A resposta de Rui, dessa vez, traduz-se em instruções ao reclamante de ações práticas – "eu vou pedir a você, >pra você fazer o seguinte então.<" (linha 242), intercaladas entre as linhas 243 ("você lembra o nome da pessoa, que fechou o seguro pra você.") e 261 ("então tá.") por outras sequências, que procuram identificar os agentes da operação ilegal.

A reformulação de sua posição ocorre em duas etapas. Na primeira, reformula sua posição anterior, reiterando-a, agora introduzindo o agente no banco que executará a ação – "você vai procurar a selma, e vai pedir o cancelamento." (linhas 261-262), e fornece uma "senha" para possíveis dificuldades de cancelar o serviço – "olha, tive hoje uma audiência com o rui." (linhas 264-265). Na segunda parte, ele reformula sua posição anterior, e acata a proposta da conciliadora – "o ressarcimento dessas duas parcelas pra você?" (linhas 271-272), mas com condições temporais, com sua justificativa (sustentação) interrompida – "é: >eu não vou garantir agora.< >>porque nós vamo-<<" (linhas 272-273), e condições financeiras – "<u>sem correção nenhuma</u>↓" (linha 278).

CONCLUSÕES PRELIMINARES

Neste capítulo acompanhamos a trajetória do processo argumentativo de um caso de venda casada no Procon, envolvendo um consumidor e uma instituição financeira, que lhe "empurrou" um serviço não desejado – um seguro-saúde. Mostramos as partes mais importantes desse processo: a posição e sustentação inicial da conciliadora do Procon (foi venda casada) em prol do consumidor, e a posição inicial de negação do ocorrido pelo reclamado (não foi venda casada) e sua sustentação (foi desejo do consumidor), concordância parcial com a proposta da conciliadora (o cancelamento), até aceitação total da reclamação (devolução total). No caso em análise, houve um final feliz para o consumidor.

Os participantes mobilizaram um arsenal de estratégias argumentativas, tais como o reenquadramento do fato sob uma nova luz (foi oferta, e não imposição), o diálogo construído, o testemunho (via narrativa) etc. Assim, os excertos analisados permitiram tratar a complexidade da argumentação. Vimos como uma posição foi introduzida, sustentada e depois reformulada, seja para modificação ou manutenção da mesma posição. O instrumental da teoria interacional da formulação, em conjugação com a teoria da argumentação de base interacional mostrou-se produtivo, pois pudemos acompanhar melhor as nuances de mudança nos enunciados. Parece-nos que, no contexto do mundo do Direito e das leis, este instrumental de trabalho pode ser de grande valia para os profissionais da área.

Notas

[1] Nos termos da autora, as relações textuais (e o arranjo) entre posição e sustentação são monológicas, e a organização interacional da disputa (desafio, defesa, refutação, e assim por diante) é dialógica.

[2] Esta terceira parte da *posição*, em nossa análise, será tratada como integrante daquilo que Schiffrin (1987) denomina de *compromisso*, visto que, a nosso ver, esse conceito engloba, quando tratado como *alinhamento*, questões relativas a estilo ou ao "tom".

[3] Ver Jacobs e Jacobson (1984) e Vieira (2003) para uma discussão do conceito.

[4] Esse recurso que torna a narrativa mais viva e possibilita enfatizar mais determinados eventos do que outros. Para Labov (1972), qualquer elemento que reflita a perspectiva do narrador e a interpretação subjetiva dos eventos narrados pode ser considerado como um elemento avaliativo do texto. De acordo com Labov, o narrador pode fazer uso do discurso direto como uma estratégia avaliativa, a qual o autor denomina avaliação encaixada.

Bibliografia

BILMES, J. Occasioned semantics: a systematic approach to meaning in talk. *Human Studies*, v. 34, pp. 129-153, 2011.

GAGO, P. C. A prática de formulação na mediação familiar judicial. In: ZYNGIER, Sonia; VIANA, Vander (Org.). *Avaliações & Perspectivas: estudos empíricos em Letras*. Rio de Janeiro: PUBLIT Projetos Editoriais, 2010.

GARFINKEL, H.; SACKS, H. Sobre estruturas formais de ações práticas. *Revista Veredas*, v. 16, n. 2, pp. 23-256, 2012. Tradução: On formal structures of practical actions. In: GARFINKEL, H. (Org.). *Ethnomethodological studies of work*. London: Routledge & Kegan Paul, 1986, pp. 160-193.

GOFFMAN, E. *Forms of talk*. Philadelphia: University of Pennsylvania Press, 1981.

HERITAGE, J. Analyzing news interviews: aspects of the production of talk for an overhearing audience. In: VAN DIJK, T. (Ed.). *Handbook of discourse analysis*. London: Academic Press, 1985, v. 3, pp. 95-117.

HERITAGE, John C.; WATSON, D. R. Formulations as conversational objects. In: PSATHAS, G. (Ed.). *Everyday language*. New York: Irvington Press, 1979, pp. 123-162.

JACOBS, S.; JACKSON, J. Structure and agency inconversational influence attempts. *Communication Monographs*, pp. 285-304, 1984.

LABOV, W. *Language inner city*. Philadelphia: University of Pennsylvania Press, 1972.

LODER, L. L.; JUNG, N. M. *Fala-em-interação social*: introdução à análise da conversa etnometodológica. Campinas: Mercado de Letras, 2008.

OLIVEIRA, A. E. *A prática discursiva de perguntar em situações de conflito*: uma abordagem interacional. 2010, Juiz de Fora. Dissertação (Mestrado em Linguística). Universidade Federal de Juiz de Fora.

SACKS; SCHEGLOFF; JEFFERSON. Sistemática elementar para a organização da tomada de turnos para a conversa. *Revista Veredas*, V. 7, n. 1 e 2, 2003. Trad. A simplest systematics for the organization of turn taking for conversation. *Language*, 50 (4), pp. 696-735, 1974.

SCHEGLOFF, E. *Sequence organization in interaction*: a primer in conversation analysis. New York: Cambridge University Press, 2007.

SCHIFFRIN, D. *Discourse markers*. Cambridge: Cambridge University Press, 1987.

VIEIRA, A. T. *Movimentos argumentativos em uma entrevista televisiva*: uma abordagem discursivo-internacional. Juiz de Fora: Clio Edições Eletrônicas, 2003.

Anexo 1:
Convenções de transcrição da Análise da Conversa

[colchetes}	fala sobreposta.
(0.5)	pausa em décimos de segundo.
(.)	micropausa de menos de dois décimos de segundo
=	contiguidade entre a fala de um mesmo falante ou de dois falantes distintos.
.	descida de entonação.
?	subida de entonação.
,	entonação contínua.
?,	subida de entonação mais forte que a vírgula e menos forte que o ponto de interrogação.
:	alongamento de som.
-	autointerrupção.
sublinhado	acento ou ênfase de volume.
MAIÚSCULA	ênfase acentuada.
°	fala mais baixa imediatamente após o sinal.
°palavras°	trecho falado mais baixo.
palavra:	descida entoacional inflexionada.
palavra:	subida entoacional inflexionada.
↑	subida acentuada na entonação, mais forte que os dois pontos sublinhados.
↓	descida acentuada na entonação, mais forte que os dois pontos precedidos de sublinhado.
>palavras<	fala comprimida ou acelerada.
<palavras>	desaceleração da fala.
<palavras	início acelerado.
Hhh	aspirações audíveis.
(h)	aspirações durante a fala.
.hhh	inspiração audível.
(( ))	comentários do analista.
(palavras)	transcrição duvidosa.
( )	transcrição impossível.
Th	estalar de língua.
“aspas”	fala reportada/diálogo construído

PARTE III

A LINGUAGEM EM DOCUMENTOS JURÍDICOS

Sequências textuais descritivas e suas funções nas sentenças judiciais

Sueli Cristina Marquesi

Neste capítulo, discutimos a estrutura composicional de textos oriundos do universo jurídico, com foco nas sequências textuais descritivas e seu papel na orientação argumentativa em sentenças judiciais, notadamente a sentença criminal.

A fim de desenvolver o tema que aqui propomos – sequências textuais descritivas e suas funções nas sentenças judiciais –, identificamos e analisamos as sequências textuais descritivas presentes em uma sentença judicial em que a culpa do réu era inquestionável, uma vez que fora preso em flagrante. Trata-se de uma sentença de processo criminal que teve grande repercussão na mídia nacional, e os crimes imputados ao réu provocaram grande comoção na opinião pública.

A análise que empreendemos baseia-se nos pressupostos teóricos da Linguística Textual, na vertente da Análise Textual dos Discursos, especificamente, planos de texto e sequências descritivas (Adam, [2008] 2011; Rodrigues; Silva Neto; Passeggi, 2010) e tipo descritivo e sequências textuais descritivas (Marquesi, [1996] 2004, 2007, 2010, 2014).

Tais pressupostos servem-nos de guia na busca de respostas para as seguintes perguntas: como as sequências textuais descritivas compõem o plano textual da sentença judicial em que há materialidade quanto à autoria do crime cometido? Quais são as funções das sequências descritivas em cada parte do texto?

Do ponto de vista metodológico, desenvolvemos a análise considerando a sentença judicial em suas partes: relatório, fundamentos e dispositivo (cf. art. 458 do Código de Processo Civil), partes essas que contêm o que também propõe o art. 381 do Código de Processo Penal.

Já do ponto de vista analítico, procedemos à identificação e à análise de sequências textuais descritivas em cada uma das partes da sentença, considerando o plano de texto e os procedimentos para a composição de uma sentença judicial.

Isso posto, apresentamos, inicialmente, os aspectos teóricos relacionados ao plano de texto, ao tipo descritivo, às sequências textuais e às sequências textuais descritivas; em seguida, considerando os aspectos teóricos, explicitamos os procedimentos de análise e analisamos as sequências textuais descritivas em uma sentença criminal, a título de exemplificação; por fim, tecemos as considerações finais, em que evidenciamos em que medida o descritivo e as sequências textuais descritivas contribuem para a argumentatividade em sentenças judiciais.

O DESCRITIVO COMO TIPO TEXTUAL

Segundo Marquesi ([1996] 2004), o descritivo, da perspectiva da tipologia de textos, tem uma organização que se define pelas categorias da *designação*, *definição* e *individuação*, as duas últimas voltadas para o movimento de expansão do texto e a primeira, para o movimento de condensação, em um espectro segundo o qual o descritivo é um enunciado de ser que expande uma designação cuja estruturação é caracterizada pela fórmula x é y, em que x está para a designação e y, para a expansão.

A categoria da designação compreende nomear, indicar, dar a conhecer, para se determinar e qualificar certas marcas do ser/objeto designado. Assim, designar implica dar nome a, nomear, portanto, condensar, em um recorte lexical, um conjunto sêmico.

Já a categoria da definição envolve enunciar os atributos essenciais e específicos do que é descrito, ser/objeto, de modo que não seja possível confundi-lo com outro.

A categoria da individuação, por sua vez, diz respeito a distinguir, particularizar, tornar individual. Essa categoria revela o que faz com que um ser/objeto possua não apenas características específicas, mas uma existência singular, determinada no tempo e no espaço.

Essas três categorias são ordenadas conforme duas regras: a *regra da equivalência*, que organiza as relações categoriais e predicativas nos diferentes níveis com base em uma linha horizontal, e a *regra da hierarquização*, que organiza essas mesmas relações com base em uma linha vertical.

Marquesi ([1996] 2004: 114) propõe a organização geral do descritivo como revela o esquema a seguir.

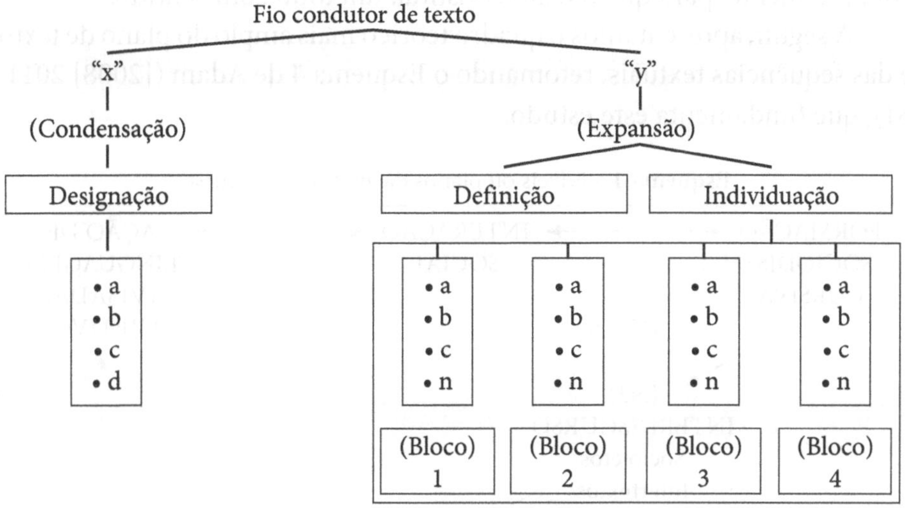

No quadro de organização do descritivo apresentado anteriormente, há que se destacar que o fio condutor do texto garante sua linha de coerência e orienta as escolhas do autor para a progressão textual.

Conforme o gênero em que o descritivo está presente, podemos ter uma expansão maior ou menor em cada uma das categorias. Assim, em um texto enciclopédico, por exemplo, a categoria mais expandida é a definição; já em um texto técnico, ou em uma crônica, ou em um texto opinativo, é a individuação.

O plano de texto

De acordo com Adam ([2008] 2011), os planos de textos estão disponíveis no sistema de conhecimentos dos grupos e permitem a construção (na produção) e a reconstrução (na leitura ou na escuta) da organização global de um texto prescrita por um gênero. Dessa forma, o plano de texto constitui-se como fator unificador da estrutura composicional e desempenha papel fundamental na composição macrotextual do sentido.

Da perspectiva da Análise Textual dos Discursos, o plano de texto é responsável por organizar as sequências textuais e, consequentemente, as informações para que as intenções de produção sejam atendidas e materializadas. Assim, tanto o plano de texto como as sequências textuais concorrem, conjuntamente, para que o texto constitua um todo com sentido.

A seguir, apresentamos o quadro teórico mais amplo do plano de texto e das sequências textuais, retomando o Esquema 4 de Adam ([2008] 2011: 61), que fundamenta este estudo.

Esquema 4 – Níveis ou planos da análise de discurso

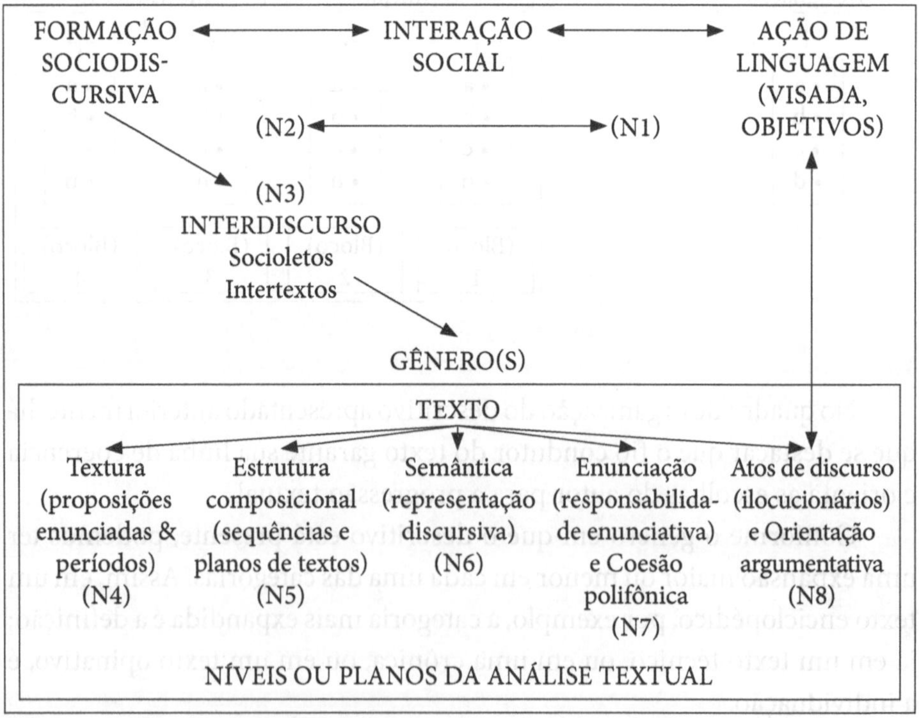

No que se refere à estrutura composicional, as sequências textuais "são unidades textuais complexas, compostas de um número limitado de conjuntos de proposições-enunciados: as macroproposições. A macroproposição é uma espécie de período cuja propriedade principal é a de ser uma unidade ligada a outras macroproposições, ocupando posições precisas dentro do todo ordenado da sequência. Cada macroproposição adquire seu sentido em relação às outras, na unidade hierárquica complexa da sequência" (Adam, [2008] 2011: 205).

A sequência textual é, segundo o autor, entendida como uma estrutura, considerando-se que atende a dois aspectos (Adam, [2008] 2011: 205):

- é uma rede relacional hierárquica: uma grandeza analisável em partes ligadas entre si e ligadas ao todo que elas constituem;
- é uma entidade relativamente autônoma, dotada de uma organização interna que lhe é própria e mantém relação de dependência-independência com o conjunto mais amplo do qual faz parte (o texto).

Uma sequência, segundo o autor, depende de combinações pré-formatadas de proposições; essas diferentes combinações são denominadas narrativa, argumentativa, explicativa, dialogal e descritiva.

O descritivo como sequência textual

Em seus primeiros estudos, Adam (1991) propõe situar a tipologia de sequências em um conjunto mais amplo e complexo dos planos de organização da textualidade. Concebendo o texto como uma estrutura sequencial heterogênea, o autor afirma ser possível observar a diversidade e a heterogeneidade do texto, bem como definir linguisticamente alguns aspectos dessa complexidade.

Posteriormente, Adam ([2008] 2011: 217) aprofunda sua abordagem sobre as sequências descritivas, destacando que "a descrição, inerente ao exercício da fala, é de início identificável no nível dos enunciados mínimos". Nessa direção, o autor observa que a base de um conteúdo proposicional é formada pela "atribuição mínima de um predicado a um sujeito". Tal atribuição revela sempre a posição do sujeito enunciador e, nesse caso, qualquer conteúdo descritivo revela a atitude subjetiva de seu enunciador. Para Adam ([2008] 2011: 217), "do caráter indissociável de um conteúdo descritivo e de uma posição enunciativa que orienta argumentativamente todo o enunciado, decorre o fato de que um procedimento descritivo é inseparável da expressão de um ponto de vista, de uma visada do discurso".

Ao enfocar o nível da composição textual, o autor propõe, para quaisquer descrições, independentemente de sua extensão, a aplicação de um repertório de operações de base para a geração de proposições descritivas que, ordenadas por um plano de texto, se agrupam em períodos de extensão variável. São quatro macro-operações que agrupam nove operações descritivas. Essas operações geram uma dezena de tipos de operações descritivas de base, como situamos a seguir:

Operações de tematização (ocorrem por meio da denominação):

- pré-tematização (ou ancoragem): o objeto descrito, imediatamente denominado, dá início a um período descritivo e anuncia um todo;
- pós-tematização (ou ancoragem diferida): o objeto descrito é denominado no final da sequência, trata-se da denominação adiada desse objeto;
- retematização (ou reformulação): o objeto é denominado novamente, de forma que é redefinido. Nesse caso, é preciso haver uma primeira nomeação do objeto que, depois, é reformulada.

Operações de aspectualização (baseiam-se na tematização):

- fragmentação: partes do objeto descrito são selecionadas para descrevê-lo especificamente;
- qualificação: características do todo ou das partes selecionadas por meio da fragmentação são colocadas em destaque.

Operações de relação (baseiam-se nas características de um referente para compor outro);

- relação de contiguidade: o objeto do discurso está situado espacial ou temporalmente (tempo histórico ou individual) em relação a outros objetos do discurso;
- relação de analogia: a descrição ocorre de forma comparativa ou metafórica.

Cabral, Marquesi e Seara (2015) apresentam, em estudo, entre outros, a individuação por relação de avaliação (que pode ser de caráter positivo ou negativo) e por relação de consequência (que diz respeito a como as consequências das ações ou das peculiaridades do ente descrito permitem construir a individuação).

Operações de expansão por subtematizações: evidenciam que a extensão da descrição é produzida pela adição de qualquer operação a uma operação anterior; assim, uma qualificação, por exemplo, não pode se expandir, a não ser por meio da analogia. No processo descritivo como um todo, podemos ter subtematizações sucessivas, o que faz com que a expansão descritiva seja potencialmente infinita.

Comparando os estudos de Adam ([2008] 2011) e Marquesi ([1996] 2004), é possível estabelecer uma relação entre eles: ao designar, tematizar ou nomear um ser/objeto, o escritor já indicia a orientação argumentativa do texto, o que determinará suas escolhas lexicais ou construções sintáticas para qualificar, localizar, situar esse objeto, em função dos objetivos de seu texto.

A sentença judicial e seu plano de texto

O texto que analisamos é uma sentença de processo criminal resultante de um julgamento ocorrido em fevereiro de 2012, que teve grande repercussão na mídia nacional. Lindemberg Alves Fernandes, **o réu**, "praticou o crime de homicídio qualificado pelo motivo torpe e recurso que dificultou a defesa da vítima (vítima Eloá Cristina Pimentel da Silva), o crime de homicídio tentado qualificado pelo motivo torpe e recurso que dificultou a defesa da vítima (vítima Nayara Rodrigues da Silva), o crime de homicídio qualificado tentado (vítima Atos Antonio Valeriano), cinco crimes de cárcere privado e quatro crimes de disparo de arma de fogo".

A juíza, nos termos do artigo 492, do Código de Processo Penal, dispensa o relatório, indicando "Vistos" como primeira parte da sentença, qualificando, conforme transcrito no parágrafo anterior, os crimes cometidos.

Em seguida, passa à segunda parte da sentença, nomeada por "Passo a dosar a pena", que condensa as duas outras partes da sentença – fundamentos e dispositivo. Nessa segunda parte, a juíza, explicitando os fundamentos legais, decide sobre a extensão da pena.

Do plano de texto para a análise ilustrativa

O plano textual desta sentença organiza-se, assim, por duas partes e, em cada uma delas, as sequências descritivas têm papel fundamental, contribuindo, essencialmente, para a construção da decisão da juíza sobre a dosagem da pena.

A título de ilustração, destacamos, em cada uma das partes da sentença, algumas dessas sequências, orientando-nos, pois, pelas macro-operações que caracterizam as sequências descritivas (Adam [2008] 2011) e pelas categorias do descritivo (Marquesi, 1996 [2004]), discutidas na seção teórica.

De modo a evidenciarmos as sequências descritivas identificadas ao longo da sentença, estabelecemos os destaques, conforme segue, após o que, a título de exemplificação, apresentamos a análise propriamente dita. Nesta, serão explicitadas as diversas designações (réu, vítimas, outros).

- **Negrito**: qualificações genéricas do processo, incluindo-se as relacionadas a aspectos legais, bem como para qualificações inerentes aos sujeitos descritos.
- *itálico*: qualificações específicas do processo, incluindo-se as relacionadas ao réu/vítimas e aos fatos ocorridos.
- <u>Sublinhado</u>: localizações espaciais e temporais, incluindo-se as relacionadas ao processo e aos fatos nele envolvidos.

> Vistos. **Dispensado o relatório, nos termos do artigo 492, do Código de Processo Penal.**
>
> Submetido a julgamento nesta data, o Colendo Conselho de Sentença reconheceu que o réu LINDEMBERG ALVES FERNANDES *praticou o crime de homicídio qualificado pelo motivo torpe e recurso que dificultou a defesa da vítima* (vítima Eloá Cristina Pimentel da Silva), *o crime de homicídio tentado qualificado pelo motivo torpe e recurso que dificul-*

tou a defesa da vítima (vítima Nayara Rodrigues da Silva), *o crime de homicídio qualificado tentado* (vítima Atos Antonio Valeriano), *cinco crimes de cárcere privado e quatro crimes de disparo de arma de fogo.*

Passo a dosar a pena:

O julgador deve, ao individualizar a pena, examinar com acuidade todos os elementos que dizem respeito ao fato e ao criminoso, **obedecidos e sopesados todos os critérios estabelecidos no artigo 59 do Código Penal, para aplicar, de forma justa e equilibrada,** a reprimenda **que seja, proporcionalmente, necessária e suficiente para a reprovação do crime.**

Deve o Magistrado, **atrelado a regras de majoração da pena, aumentá-la até o montante que considerar correto, tendo em vista as circunstâncias peculiares de cada caso, desde que o faça fundamentadamente e dentro dos parâmetros legais.**

A sociedade, atualmente, espera que o juiz **se liberte do fetichismo da pena mínima, de modo a ajustar o quantum da sanção e a sua modalidade de acordo com a culpabilidade, os antecedentes, a conduta social, a personalidade do agente, os motivos, as circunstâncias do crime, bem como o comportamento da vítima.**

Pois bem.

Todas as condutas incriminadas, atribuídas ao réu e reconhecidas pelo Egrégio Conselho de Sentença incidem no mesmo juízo de reprovabilidade. Portanto, impõe-se uma única apreciação sobre as circunstâncias judiciais enunciadas no artigo 59 do Código Penal, evitando-se assim, repetições desnecessárias.

As circunstâncias judiciais do artigo 59, do Código Penal, não são totalmente favoráveis ao acusado, razão pela qual a pena base de cada crime será fixada acima do mínimo legal.

Com efeito, *a personalidade e conduta social apresentadas* pelo acusado, bem como *as circunstâncias e consequências dos crimes demonstram conduta que extrapola o dolo normal previsto nos tipos penais, diferenciando-se dos demais casos similares,* **o que reclama reação severa, proporcional e seguramente eficaz (STF - RT 741/534).**

Esta aferição encontra guarida no princípio da individualização da pena e deve ser realizada em cada caso concreto (CF/ 88, art.5º XLVI).

Os crimes praticados *atingiram o grau máximo de censurabilidade que a violação da lei penal pode atingir.*

Na hipótese vertente, as circunstâncias delineadas nos autos demonstram que o réu *agiu com frieza, premeditadamente, em razão de orgulho e egoísmo, sob a premissa de que Eloá não poderia, por vontade própria, terminar o relacionamento amoroso. Tal estado de espírito do agente constituiu a força que determinou a sua ação.*

E, nesse contexto, envolveu não apenas tal vítima, *mas também* Nayara, Iago e Vitor, amigos que a acompanhavam na data em que o acusado invadiu o apartamento. Durante o cárcere privado, as vítimas, *desarmadas e indefesas, permaneceram subjugadas pelo agente, sob intensa pressão psicológica, a par de agressões físicas contra todos perpetradas.*

Durante a barbárie, o réu *deu-se ao trabalho de, por telefone, dar entrevistas a apresentadores de televisão, reforçando, assim, seu comportamento audacioso e frieza assustadores.* Lindenberg Alves Fernandes *chegou a pendurar uma camiseta de time de futebol na janela da residência invadida.*

Não posso olvidar, nesse contexto, as consequências no tocante aos familiares das vítimas.

Durante o cárcere privado, a angústia dos familiares, mormente de Eloá e Nayara, *que por mais tempo permaneceram subjugadas pelo réu, que demonstrava constante oscilação emocional, agressividade, atingiu patamar insuportável diante da iminência de morte, tendo por ápice os disparos que foram a causa da morte de Eloá e das lesões sofridas por Nayara.*

E depois dos fatos, as vítimas Nayara, Vitor e Iago *sofreram alterações nas atividades rotineiras, além de terem de se submeter a tratamentos psicológicos e psiquiátricos.*

Ainda, *além de eliminar a vida de uma jovem de 15 anos de idade e de quase matar Nayara e o bravo policial militar Atos Antonio Valeriano,* o réu *causou enorme transtorno para a comunidade e para o próprio Estado, que mobilizou grande aparato policial para tentar demovê-lo de sua bárbara e cruel intenção criminosa.*

Os crimes *tiveram enorme repercussão social e causaram grande comoção na população, estarrecida pelos dias de horror e pânico* que o réu *propiciou às indefesas vítimas.*

Em suma, **a culpabilidade, a personalidade do réu, seus egoísticos e abjetos motivos, as circunstâncias e nefastas consequências do crime** (remissão ao artigo 59) impõem a esta a Julgadora, para a correta reprovação e prevenção de outros crimes, a fixação da pena, *na primeira fase de aplicação, em seu patamar máximo cominada para cada delito, ou seja, 30 anos de reclusão para o crime de homicídio qualificado praticado contra Eloá; 30 anos para o crime de tentativa de homicídio qualificado praticado contra Nayara; 30 anos para o crime de tentativa de homicídio perpetrado contra a vítima Atos; 05 anos de reclusão para cada crime de cárcere privado (contra Iago, Vitor, Eloá e Nayara, por duas vezes) e de 04 anos de reclusão e pagamento de 360 (trezentos e sessenta dias multa) para cada crime de disparo de arma de fogo (quatro vezes).*

[...]

Na segunda fase, não incidem agravantes. Presente a atenuante da confissão espontânea em relação aos crimes de disparo de arma de fogo descritos nas nona e décima séries e cárcere privado da vítima Eloá, reduzo as reprimendas em 1/6, o que perfaz 04 (quatro) anos e 02 (dois) meses para o crime de cárcere privado e 03 anos e 04 (quatro) meses de reclusão e 300 dias multa, para cada um dos crimes de disparo de arma de fogo.

Não incidem causas de aumento de pena.

Reconhecida a tentativa de homicídio contra Nayara, reduzo a pena no patamar mínimo de 1/3, tendo em vista o laudo pericial juntado a fls. 678/679 e necessidade de futura intervenção cirúrgica para reconstrução dos ossos da face, concretizando-a em 20 (vinte) anos de reclusão.

Em relação à tentativa de homicídio contra o policial militar Atos, aplico a redução máxima de 2/3, uma vez que a vítima não sofreu lesão corporal, o que perfaz 10 (dez) anos de reclusão.

Os crimes foram praticados nos moldes do artigo 69, do Código Penal.

Constatado que o réu agiu com desígnios autônomos, almejando dolosamente a produção de todos os resultados, voltados individual e autonomamente contra cada vítima, afasta-se qualquer das figuras aglutinadoras das penas (artigos 70 e 71 do Código Penal) e reconhecendo-se o concurso material de crimes, previsto no artigo 69, do Código Penal.

Somadas, as penas *totalizam 98 anos e 10 meses de reclusão e pagamento de 1320 dias – multa, o unitário no mínimo legal.*

Para o início de cumprimento da pena privativa de liberdade, **fixo o regime inicialmente fechado. Incidem os artigos 33, §2º, "a", do Código Penal, artigos 1º, inciso I, e 2º, §1º, ambos da Lei nº 8.072/90, em relação aos crimes dolosos contra a vida.**

É, ademais, o único adequado à consecução das finalidades da sanção penal, consideradas as circunstâncias em que os crimes foram praticados, **que bem demonstraram ousadia, periculosidade do agente e personalidade inteiramente avessa aos preceitos que presidem a convivência social, bem como as consequências de suas condutas.**

As ações, **nos moldes em que reconhecidas pelo Conselho de Sentença, denotam personalidade agressiva, menosprezo pela integridade corporal, psicológica e pela própria vida das vítimas, o que exige pronta resposta penal. Como fundamentado na primeira etapa da dosimetria da pena, as circunstâncias judiciais são totalmente desfavoráveis ao réu (§3º do artigo 33, do Código Penal).**

E por tais razões **não é possível a substituição da pena privativa de liberdade por restritiva de direito ou a concessão de sursis, diante do quantum fixado e da ausência dos requisitos subjetivos previstos nos incisos III, do art. 44 e II, do art. 77, ambos do Código Penal.**

Saliento, ainda, a vedação prevista no artigo 69, parágrafo primeiro, do Código Penal, bem como que as benesses implicariam incentivo à reiteração das condutas e impunidade.

Em face da decisão resultante da vontade soberana dos Senhores Jurados, julgo PROCEDENTE a pretensão punitiva do Estado, para condenar LINDEMBERG ALVES FERNANDES, *qualificado nos autos,* **como incurso nas sanções do artigo 121, parágrafo 2º, incisos I e IV** (vítima Eloá), **artigo 121, parágrafo 2º, incisos I e IV, c.c. artigo 14, inciso II** (vítima Nayara), **artigo 121, parágrafo 2º, inciso V, c.c. artigo 14, inciso II,** (vítima Atos), **artigo 148, parágrafo 1º, inciso IV, por cinco vezes,** (vítimas Eloá, Vitor, Iago e Nayara, esta por duas vezes), **todos do Código Penal, e artigo 15, caput, da Lei nº 10.826/03, por quatro vezes, à pena de 98 (anos) e 10 (meses) de reclusão e pagamento de 1320 dias-multa, no valor unitário mínimo legal.**

> O réu *foi preso em flagrante encontrando-se detido até então.* Nenhum sentido faria, pois, que após a condenação, viesse a ser solto, sobretudo quando os motivos que ensejaram o decreto da custódia cautelar (CPP, art.312), foram ainda mais reforçados pelo Tribunal do Júri, cuja decisão é soberana.
>
> Denego a ele, assim, o direito de apelar em liberdade.
>
> Recomende-se o réu na prisão em que se encontra recolhido.
>
> [...]

As identificações anteriores evidenciam a forte presença de elementos do descritivo no desenvolvimento do plano textual da sentença relativamente ao processo, tanto no que diz respeito a qualificações genéricas dele quanto a especificidades de participantes e fatos.

A partir desses dados identificados, podemos observar como, nas sequências descritivas, as qualificações específicas do processo relacionadas aos réu/vítimas e aos fatos ocorridos contribuem para traçar um perfil do acusado *Lindenberg Alves Fernandes* que justifique a decisão da juíza quanto à dosimetria da pena aplicada.

Conforme exposto anteriormente, recorremos às macro-operações propostas por Adam (2011 [2008]), em diálogo com as categorias do descritivo propostas por Marquesi (2004 [1996]) e o estudo de Cabral, Marquesi e Seara (2015):

- Designação por denominação: *Lindenberg Alves Fernandes.*
- Definição por categorização: *réu, criminoso.*
- Individuação por relação:
    a. de avaliação (negativa) – conduta extrapola o dolo normal previsto nos tipos penais, frieza, orgulho, egoísmo, agressões físicas contra todos, comportamento audacioso e frieza assustadores, constante oscilação emocional, agressividade.
    b. de consequência – motivo torpe, recurso que dificultou a defesa da vítima, atingiu o grau máximo de censurabilidade que a violação da lei penal pode atingir, envolveu não apenas tal vítima, mas também Nayara, Iago e Vitor, a angústia dos

> familiares (...) atingiu patamar insuportável diante da iminência da morte, disparos que foram causa da morte de Eloá, as vítima sofreram alterações nas atividades rotineiras além de terem de se submeter a tratamentos psicológicos e psiquiátricos, eliminar a vida de uma jovem de 15 anos de idade, causou enorme transtorno para a comunidade e para o próprio Estado, crimes causaram grande comoção na população.

Podemos observar, ainda, que a individuação do réu, por meio de relação de avaliação negativa e relação de consequência, permite à juíza construir a justificativa da dosimetria aplicada à pena.

O réu é avaliado pela juíza como "frio, egoísta", de uma "frieza assustadora", cuja "conduta extrapola o dolo normal previsto nos tipos penais"; como consequência desse caráter marcado por um "comportamento audacioso", uma jovem de 15 anos teve a vida eliminada, por "motivo torpe", usando de "recurso que dificultou a defesa da vítima"; além disso, ainda em consequências dos crimes praticados pelo réu, "as vítima sofreram alterações nas atividades rotineiras além de terem de se submeter a tratamentos psicológicos e psiquiátricos".

Em suma o réu "causou enorme transtorno para a comunidade e para o próprio Estado", o que, em suma, "atingiu o grau máximo de censurabilidade que a violação da lei penal pode atingir".

Essa breve análise da descrição do réu nos permite atestar a importância dos elementos descritivos para o plano textual da sentença, uma vez que é com base nos elementos de individuação do réu que a juíza fundamentará sua decisão.

Reflexões finais

A análise realizada nos permite fazer algumas generalizações em relação ao plano textual da sentença judicial estudada.

No que diz respeito às sequências textuais descritivas, elas cumprem a função de qualificar o réu, as vítimas e os crimes cometidos, tanto por dados específicos do processo quanto por dados relacionados aos dispositivos legais.

As sequências descritivas têm, assim, papel fundamental tanto nos dados (premissas/ fatos) quanto no apoio à asserção conclusiva do processo, subsidiando os fundamentos que justificam a tomada de decisão (conclusão da juíza) em relação à dosimetria da pena e à forma de seu cumprimento. Especificamente, no que diz respeito às sequências textuais descritivas relacionadas ao réu, a individuação, caracterizada por meio de relação de avaliação negativa e de relação de consequência, fundamenta a justificativa da dosimetria à pena pela juíza, e indica assim, a orientação argumentativa do texto.

De um modo geral, na organização do plano do texto desta sentença, as sequências descritivas predominantes em sua primeira parte (*Vistos*) condensaram dados que seriam do "relatório", especificando e qualificando o (s) crime(s) cometido(s), como uma introdução à sentença propriamente dita (*Dosagem da pena*).

Os resultados aqui apresentados refletem que nem sempre o plano textual da sentença judicial se organiza de acordo as partes da sentença: relatório, fundamentos e dispositivo.

Nessa sentença, conforme observado e explicitado na análise, o plano foi organizado por meio de duas partes:

(1) Vistos.
(2) Passo a dosar a pena.

- "Vistos", dispensando "o relatório, que contém nomes das partes, suma do pedido e da resposta do réu, bem como registro das principais ocorrências havidas no andamento do processo", já que é inquestionável a culpabilidade do "réu", tanto que, desde o início, ele é designado como tal;
- "Passo a dosar a pena", que condensa (2) "fundamentos" e (3) "dispositivo, pela mesma razão indicada para "Vistos", já que não há dúvidas quanto ao ocorrido.

Essas considerações sobre o plano de texto da sentença indicam que as partes que compõem uma sentença dependem de materialidade que comprove a culpa do réu: se ela for inquestionável, dispensará o relatório; caso contrário, ele será exigido.

Diferentemente de outras sentenças já analisadas em que há o relatório e, consequentemente, duas narrativas entrelaçadas – uma, a história do fato objeto do litígio, e outra, a história do encaminhamento processual (do processo propriamente dito), no plano desta sentença não há essa ocorrência.

Feitas essas ponderações, consideramos que respondemos às perguntas inicialmente propostas: *como as sequências textuais descritivas compõem o plano textual da sentença judicial em que há materialidade quanto à autoria do crime? Quais são suas funções em cada uma das partes da sentença?*

O estudo realizado confirma, de um lado, a importância do entendimento das sequências textuais descritivas, seja considerando suas funções, seja considerando as diferentes ocorrências (maior ou menor) em cada uma das partes da sentença; de outro lado, aponta para o desafio de compreender as diferentes possibilidades de organização de planos de texto das sentenças judiciais, seja considerando aquelas em que não há dúvidas em provar a culpabilidade do "réu", seja considerando aquelas em que existam dúvidas em relação à culpabilidade ou não do "indiciado".

Certamente, a análise de outras sentenças permitir-nos-á novas descobertas no que diz respeito à composição do plano textual das sentenças judiciais da área criminal e às funções das sequências descritivas em cada parte desse gênero textual.

Bibliografia

Adam, Jean Michel. *A linguística textual:* introdução à análise textual dos discursos. 2. ed. São Paulo: Cortez, 2011 [1. ed. 2008].

Cabral, Ana Lúcia Tinoco; Marquesi, Sueli Cristina; Seara, Isabel Roboredo. L' articulation entre le descriptif et les émotions dans l'argumentation en faveur de Dominique Strauss-Kahn. In: Rabatel, Alain; Monte, Michèle; Rodrigues, Maria das Graças Soares (Dirs.). *Comment les médias parlent des émotions l'Affaire Nafissatou Diallo contre Dominique Strauss-Kahn.* Limoges: Lambert-Lucas, 2015, pp. 307-23.

Marquesi, Sueli Cristina. *A organização do texto descritivo em língua portuguesa.* 2. ed. Rio de Janeiro: Lucerna, 2004.

______. Referenciação no texto descritivo. *Investigações*, Recife, v. 20, pp. 47-59, 2007.

______. *Sequências textuais descritivas, gramática e ensino de língua portuguesa:* reflexões teóricas e analíticas para o ensino de Língua Portuguesa. Congresso Internacional de Análise Textual dos Discursos. Natal, 2010.

______. Planos e sequências textuais em sentenças judiciais de processo-crime. In: Dios, A. M. (Ed.). *La lengua portuguesa.* V. s. Salamanca – Espanha: Ediciones Universidad de Salamancas, 2014, pp. 109-28.

Rodrigues, Maria das Graças Soares; Silva Neto, João Gomes da; Passeggi, Luís. "Voltarei. O povo me absolverá...": a construção de um discurso político de renúncia. In: ______ (Org.). *Análises textuais e discursivas:* metodologias e aplicações. São Paulo: Cortez, 2010.

Sentenças condenatórias: plano de texto e responsabilidade enunciativa

Maria das Graças Soares Rodrigues

A SENTENÇA JUDICIAL CONDENATÓRIA E DISPOSITIVOS TEXTUAIS, DISCURSIVOS E ENUNCIATIVOS

O discurso jurídico ainda é pouco explorado em uma perspectiva linguística, sobretudo, no que diz respeito à relação entre a semiotização da sentença judicial, emanada das orientações do Código de Processo Penal (CPP) e do Código de Processo Civil (CPC), entre outros. Nessa direção, apresentamos, neste capítulo, a relação entre dois dispositivos textuais discursivos: o plano de texto e a responsabilidade enunciativa, no gênero discursivo/textual sentença judicial. Para tanto, algumas noções teóricas serão evocadas, tanto aquelas já subjacentes ao título como algumas outras, por exemplo, o ponto de vista (Rabatel, 2008a, 2008b, 2009, 2015a, 2015b), o mediativo (Guentchéva, 1990, 1993, 1994, 1996, 2011), noções basilares para o tratamento da responsabilidade enunciativa. Nessa direção, além dos autores já citados, também acompanharemos Adam (2011a [2008], 2011b, 2015), tanto no que diz respeito à responsabilidade enunciativa como no que concerne ao plano de texto. Pinto (2010) também subsidiará a análise do plano de texto.

Para análise do plano de texto da sentença, consideraremos o art. 381 do Código de Processo Penal, que prevê a identificação das partes e do juiz (incisos I e VI). Estabelece que a estrutura da sentença se divida em relatório (inciso II), a fundamentação legal (incisos III e IV) e em dispositivo, que é a parte conclusiva (inciso V). É, pois, reconhecendo a heterogeneidade da linguagem verbal que nossa reflexão considerará sua semiotização em uma das esferas da atividade humana, o vasto mundo do discurso jurídico. Subsidiamo-nos em Adam (2015: 11) quando assevera: "de uma parte, o texto é um objeto abordável a partir de pontos de vista disciplinares muito diferentes e de outra parte é um objeto de alta complexidade". Assim, heterogeneidade e complexidade textuais são basilares em nosso estudo.

DO PLANO DE TEXTO

O plano de texto tem sua origem na retórica aristotélica. Nessa perspectiva, Adam (2011a: 255) explicita que "os planos de texto [...] correspondem ao que a retórica colocava na *disposição*, parte da arte de escrever e da arte oratória que regrava a ordenação dos argumentos tirados da *invenção*". Esse autor propõe que os planos de texto podem ser convencionais, quando são orientados por formas fixas, como, por exemplo, o soneto, ou ocasionais, aqueles planos de texto que variam "em relação a um gênero ou subgênero do discurso" (Adam, 2011a: 256). Na mesma linha teórica, para uma visão mais detalhada, evocamos Pinto (2000: 38-41) quando explica que:

> A maioria dos tratados de retórica divide as tarefas do orador em cinco etapas: a invenção, a disposição, a elocução, a acção e a memória [...] *a invenção* diz respeito à criação de ideias (argumentos) *a disposição* corresponde ao agenciamento estruturado das ideias ao longo do texto (em partes e subpartes), seguindo *um plano*. [...] *a elocução* corresponde ao conjunto de técnicas referentes à produção textual: estilo ou escolha das palavras e expressões – uso das chamadas figuras de retórica [...] *a acção* [...] conjunto de técnicas que permite que um discurso seja passado a um público. Na verdade lida com questões corporais e vocais [...] *a memória* diz respeito às técnicas de memorização do discurso [...]. [Destaques nossos]

Ilustraremos nossa reflexão com duas sentenças judiciais condenatórias, mostrando o plano de texto, no quadro, a seguir.

Quadro 1 – Títulos dados às seções das duas sentenças visando cumprir os requisitos essenciais (art. 381 do Código de Processo Penal)

Sentença 1 Comarca de Natal (RN)	Sentença 2 Comarca de Marcelino Vieira (RN)
Ementa	Relatório
Vistos etc.	Fundamentação
	Dispositivo

As duas sentenças[1] foram prolatadas por diferentes juízes. A Sentença 1 tem sua origem na 2ª Vara Criminal da Comarca de Natal e a Sentença 2 tem registro na Vara Única da Comarca de Marcelino Vieira, cidade do interior do Rio Grande do Norte. Ambas tratam de homicídio, sendo, pois, os réus qualificados por conduta delituosa tipificada nos termos do art. 121 do Código Penal.

Esclarecemos que, de um ponto de vista linguístico, estamos considerando seções ou "segmentos textuais" (Adam, 2011a) as zonas textuais que são anunciadas por um título – vide Quadro 1, que evidencia variação nos títulos (ementa, vistos etc., relatório; fundamentação e dispositivo).

Na Sentença 1, há *uma seção que não está indicada na estrutura da sentença no CPP*, mas que é recorrente, a "ementa",[2] a qual será tratada como uma sequência narrativa, por oferecer ao interlocutor a construção narrativizada dos eventos, bem como a escolha lexical, como, por exemplo, "réu"; "crime"; "homicídio"; "delito"; "prisão"; "condenação". Esses nomes apontam um valor relacional entre os momentos passados, ou seja, há um réu, porque houve um crime de homicídio, esse delito levou alguém (o réu) à prisão e à condenação, tendo a liberdade interditada. Além do uso de um léxico pertencente ao campo semântico do mundo das infrações penais, temos a construção sintática: "Réu julgado por crime de homicídio duplamente qualificado e pelo delito de resistência à prisão". Essa macroproposição narrativa Pn1, situação inicial que desencadeia a narrativa com o crime, expressa uma transformação que implica a interdição da liberdade, constituindo a macroproposição narrativa Pn5, que é a situação final.

Exemplo 1

> Réu julgado por crime de homicídio duplamente qualificado e pelo delito de resistência à prisão. (Pronúncia pelo tipo previsto no artigo 121, § 2º., incisos II e IV c/c art. 329, ambos do Código Penal). Acolhimento da tese ministerial. Condenação. Regime inicialmente fechado.

Esse exemplo mostra o propósito comunicativo da "ementa", que é o de apresentar de forma sumarizada a narrativa que motivou a sentença. Nessa direção, há um cidadão qualificado como "réu": "Réu julgado por crime de homicídio duplamente qualificado e pelo delito de resistência à prisão". Há remissão aos artigos do Código Penal (CP), que tratam da tipificação do crime de homicídio "matar alguém..." (art. 121 do CP) e do crime de resistência à prisão que consiste em "opor-se à execução de ato legal, mediante violência ou ameaça a funcionário competente para executá-lo..." (art. 329 do CP). Em face dessa descrição do conteúdo da ementa, dispomos de um valor relacional dos fatos ocorridos, situados no tempo, em um tempo diferente da situação de enunciação. Remetemos o modelo de narrativa de Labov e Waletzky (1967), Labov (1972) e Labov (1997) e evocamos a definição de narrativa proposta por Labov (1997): "uma *narrativa de experiência pessoal* é o relato de uma sequência de eventos que teve lugar na biografia do falante por uma sequência de sentenças que corresponde à ordem dos eventos originais".

Labov (1997: 6) revisita os trabalhos de Labov e Waletzky (1967) e Labov (1972) e passa a considerar quatro tipos de sentenças narrativas que estruturam um evento narrativo de experiência pessoal, conforme segue:

(1) Definição: um *resumo* é uma sentença inicial em uma narrativa que relata uma sequência de eventos da narrativa.

(2) Definição: uma *sentença de orientação* dá informação sobre o tempo, lugar dos eventos de uma narrativa, a identidade dos participantes e seu comportamento inicial.

(3) Definição: uma sentença de *ação complicadora* é uma sentença sequencial que relata um evento seguinte como resposta a uma questão potencial "E [então] o que aconteceu?"

(3.1) Implicação: todas as sentenças sequenciais são sentenças de ação complicadora e todas as sentenças de ação complicadora são sentenças sequenciais.

(4) Definição: Uma *coda* é uma sentença final que retorna a narrativa ao tempo do falante, impedindo uma questão potencial "E, então, o que aconteceu?"

Focalizaremos, igualmente, a proposta de Adam (2011b) que recobre não apenas os eventos narrativos de experiência pessoal, mas também aqueles que os enunciadores relatam revelando diferentes graus de distância, que tomaram conhecimento de forma mediatizada, ou seja, que eles não estão na fonte da informação (Guentchéva, 1990, 1993, 1994, 1996, 2011).

Esquema 1 – Adam (2001b: 74)

- Momento m1 = ANTES do processo (ação iminente) = Pn1
- Momento m2 = INÍCIO do processo (começar a, disponibilizar-se a) = Pn2
- Momento m3 = CURSO do processo (continuar a) = Pn3
- Momento m4 = FIM do processo (acabar de) = Pn4
- Momento m5 = DEPOIS do processo (realização recente) = Pn5

Adam (2011b: 76) considera o valor relacional dos momentos de uma narrativa e os associa com as macroproposições narrativas, de acordo com o esquema a seguir.

Esquema 2 – Sequência narrativa – Adam (2011b: 76)

Situação inicial Pn1	Nó Pn2	(Re)Ação ou avaliação Pn3	Desenlace Pn4	Situação final Pn5

Retomaremos, assim, o Exemplo 1, no Quadro 2, a seguir, para mostrar que a "ementa" de uma sentença constitui uma sequência narrativa, na perspectiva de Adam (2011b: 76), que tanto prevê tensões como problemas. Observamos que, apesar da ligação entre o modelo de evento narrativo de experiência pessoal proposto por Labov (1997) e o modelo de sequência narrativa de Adam (2011b), que recobre as narrativas mediatizadas, esses modelos não se equivalem indistintamente porque, ao certo, a proposta de Labov (1997) foi elaborada a partir de experiências vicárias do enunciador. Para Labov (1997: 3), "uma *narrativa de experiência pessoal* é o relato de uma sequência de eventos *que teve lugar na biografia do falante*[3] por uma sequência de sentenças que corresponde à ordem dos eventos originais". Diferentemente, a sequência narrativa proposta por Adam (2011b) perpassa as experiências pessoais, a biografia do enunciador.

Quadro 2 - Relação "ementa de sentença" e sequência narrativa (Adam, 2011a)

"Réu julgado por crime de homicídio duplamente qualificado e pelo delito de resistência à prisão. (Pronúncia pelo tipo previsto no artigo 121, § 2º, incisos II e IV c/c art. 329, ambos do Código Penal). Acolhimento da tese ministerial. Condenação. Regime inicialmente fechado."	Pn1 (situação inicial) "Réu julgado" Pn2 (nó desencadeador) "crime de homicídio duplamente qualificado e delito de resistência à prisão" Pn3 (re-ação ou avaliação) "Pronúncia pelo tipo previsto no artigo 121, § 2º, incisos II e IV c/c art. 329, ambos do Código Penal" Pn4 (desenlace) "Acolhimento da tese ministerial. Condenação." Pn5 (situação final) "Regime inicialmente fechado."

Apesar da "ementa" não constituir requisito essencial de uma sentença, de acordo com o art. 381 do CPP, optamos por analisá-la, porque na Sentença 1, ela aparece no próprio corpo textual da sentença e não como um peritexto, isto é, antes da tessitura textual da sentença, propriamente dita, de modo preambular à direita, como é normatizada e recorrente nas sentenças. Agora, passaremos a discutir o plano de texto da Sentença 2, que contempla o disposto no art. 381 do CPP, ou seja, está estruturada em três seções: relatório, fundamentação e dispositivo.

O relatório começa identificando o réu, atribuindo-lhe predicação: "qualificado nos autos foi denunciado pelo Ministério Público [...] sob a acusação de que"; com justificação legal: "como incurso no art. 121, § 2º, II e IV, Código Penal", sumarizando a razão de ser da sentença. Nessa direção, tem-se acesso a uma narrativa do Ministério Público transcrita do caderno probatório, conforme segue:

Exemplo 2

> Em 08 (oito) de fevereiro de 2010, por volta das 15h e 30 min, o denunciado XXXXXXXXXXXXXXXX, conhecido por XXXXXXXXXXXXXXXX, por motivo fútil e de inopino, NESTA CIDADE, desferiu várias cutiladas de faca tipo peixeira na vítima YYYYYYYY, no interior da residência de uma vizinha da vítima, causa eficiente da morte da ofendida.
>
> Narra no caderno probatório que o denunciado agiu de INOPINO, vez que a vítima se encontrava, na sua residência (vítima) e teve que sair correndo quando o denunciado passou em frente a casa dela (vítima), portando uma faca tipo peixeira, para matá-la, momento em que adentrou na casa de sua vizinha e o denunciado a perseguiu e dentro desta mesma casa desferiu [...] várias cutiladas na vítima que ocasionaram seu falecimento.
>
> Consta, também, nos autos, que o móvel (FÚTIL) do crime teria sido porque a vítima havia, justamente, apenas reclamado do fato do denunciado, em um bar, minutos antes, ter jogado uma cédula de R$ 2,00 (dois reais), em cima da mesa onde a vítima estava sentada com algumas amigas, com intuito de fazer, indiretamente, uma proposta de pagamento de relação sexual (prostituição), o que provocou o desiderato homicida do denunciado de sair do bar, comprar uma faca peixeira, amolá-la e se deslocar até a casa da vítima, que estava inocentemente conversando com suas amigas e ser surpreendida pela ação do acusado. [...]

Além dessa narrativa contextualizadora do crime, atualizando os atores da cena: réu e vítima; temos os momentos/tempo: data e hora; ainda, o local; e, por último, a "desrazão" do homicídio. Essa narrativa apresenta muito mais que as macroproposições (Pn) da sequência narrativa, ela revela o ponto de vista do locutor enunciador primeiro (L1/E1). Ademais, há uma escolha lexical com teor avaliativo, como, por exemplo, evidenciam os sintagmas nominais "motivo fútil" e "o desiderato homicida do denunciado". O juiz encerra o relatório enunciando o ato de discurso ilocucionário assertivo (Vanderveken, 1997): "É o relatório."

A sentença segue com a seção "Fundamentação", que se constitui da transcrição dos quesitos que foram votados pelo Conselho de Sentença. Nesse sentido, como produto da votação dos quesitos, tem-se a decisão do Conselho de Sentença, que é e deve ser seguida pelo juiz, ao prolatar a sentença. Para tanto, ele elabora a seção de "Dispositivo", iniciando-a com o seguinte enunciado:

Exemplo 3

> Assim sendo, em face da soberana decisão dos Senhores Jurados, tenho por autorizado julgar **PROCEDENTE** a pretensão punitiva estatal para **CONDENAR** o réu **XXXXXXXXXXXXXXXXXX** nas penas do artigo art. 121, §2°, II e IV, do Código Penal.

Assim, o juiz elabora o texto decisório, a partir de um conjunto de dados: (1) caderno probatório; (2) oitiva das testemunhas, dos declarantes e do réu; (3) a votação e decisão dos juízes de fato que constituem o Conselho de Sentença, responsáveis pelo julgamento do réu e (4) o aparato legal (Constituição, Códigos, Leis, entre outros). Isso fica bem evidente, de acordo com a zona textual do Exemplo 4, copiado a seguir mais uma vez, complementada pelo Exemplo 5, quando o juiz enuncia:

Exemplo 4

> Assim sendo, em face da soberana decisão dos Senhores Jurados, tenho por autorizado julgar **PROCEDENTE** a pretensão punitiva estatal para **CONDENAR** o réu **XXXXXXXXXXXXXXXXXX** nas penas do artigo art. 121, §2°, II e IV, do Código Penal.

Exemplo 5

> **Passo a fixar a pena**, de forma fundamentada como preceitua o artigo 93, X da Constituição Federal de 1988, observando o critério trifásico do artigo 68 do Código Penal.

Após a dosimetria da pena, o juiz conclui a sentença com os seguintes enunciados:

Exemplo 6

(6.1) Assim, **deixo de conceder** o réu o direito de aguardar o trânsito em julgado em liberdade e, por conseguinte, **DECRETO A PRISÃO PREVENTIVA DO RÉU.** Expeça-se mandado de prisão.

(6.2) **Condeno** o réu em custas.

(6.3) Transitada em julgado, anote-se, comunique-se e lance-se o nome do réu no rol dos culpados, expedindo-se, ainda, a Carta de Sentença.

(6.4) Oficie-se o TRE.

(6.5) Publicada nesta sessão plenária, intimadas as partes, registre-se e comunique-se.

Essas macroproposições apresentam uma singularidade no que diz respeito às formas verbais, como, por exemplo, em (6.1) e (6.2), temos atos de discursos ilocucionários performativos, por sua natureza, na 1a. pessoa do singular do presente do indicativo: "**deixo** de conceder"; "DECRETO"; "**condeno**". Ao fazer uso desses enunciados declaratórios (Vanderveken, 1997), o juiz instaura, assim, uma nova realidade para o réu, uma vez que o condena à interdição da liberdade e à condenação a custas, em decorrência do homicídio praticado.

Há outros atos de discurso nas macroproposições (6.1); (6.3); (6.4) e (6.5): "Expeça-se"; "anote-se"; "comunique-se"; "lance-se"; "Oficie-se"; "registre-se" e "comunique-se" que semanticamente diferem das formas verbais comentadas, no parágrafo anterior, por se encontrarem no imperativo afirmativo, portanto, veiculando valor de ordem como, por exemplo, a determinação do lançamento do nome do réu no rol dos culpados.[4] De acordo com a classificação tipológica de Vanderveken (1997: 15), podemos dizer que são atos de discurso ilocucionários diretivos, realizados por enunciados declaratórios ou, se fizéssemos uma analogia com as sequências tipológicas de Marcuschi (2002), poderíamos dizer que essas macroproposições constituem a sequência tipológica injuntiva.

À guisa de conclusão acerca do plano de texto das sentenças judiciais, observamos que se mostra variado, heterogêneo quanto à forma, mas sem comprometer o propósito comunicativo.

A seguir, anunciamos com o Esquema 3 (Adam, 2011a: 111), o tema a ser tratado na próxima seção: a responsabilidade enunciativa.

Esquema 3 – Relação (responsabilidade enunciativa, ponto de vista e proposições) – Adam (2011: 111)

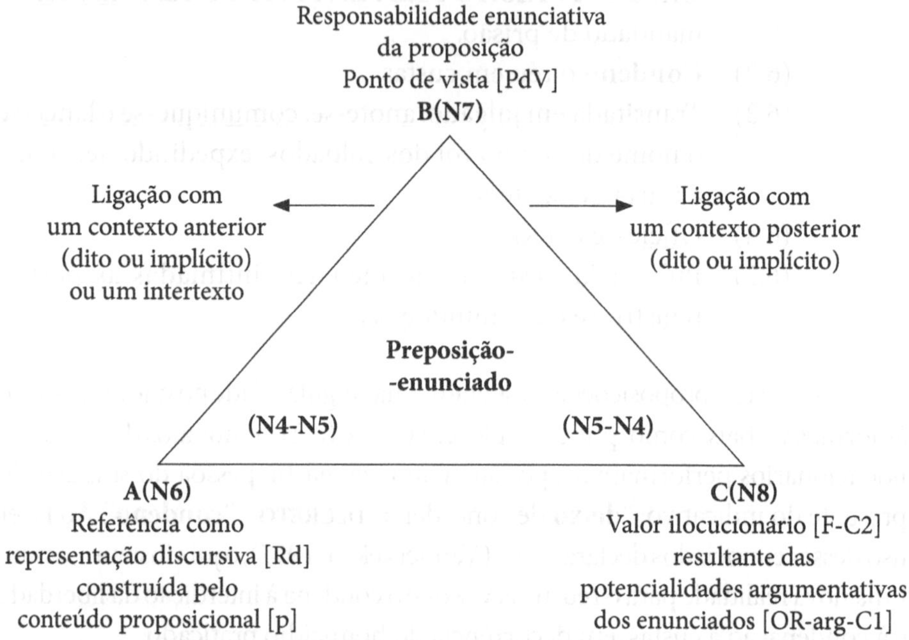

DISPOSITIVOS TEXTUAIS, DISCURSIVOS E ENUNCIATIVOS DA RESPONSABILIDADE ENUNCIATIVA

A visão mais recente[5] de Rabatel (2015a, 2015b) no que concerne à responsabilidade enunciativa diz respeito à distinção que ele faz entre "assunção da responsabilidade enunciativa" e "responsabilidade", conforme segue: a responsabilidade é mais ampla que assunção da responsabilidade enunciativa, porque a instância da responsabilidade é questionada a partir de um campo de relações mais complexo" (Rabatel, 2015a: 340).

Apesar de estabelecer essa fronteira em relação à abrangência dos fenômenos "responsabilidade" e "assunção da responsabilidade enunciativa", Rabatel (2015a: 339-40) reconhece que:

há um elo entre assunção da responsabilidade enunciativa e responsabilidade, mas essas noções não se recobrem: é possível assumir discursos[6] não responsáveis,[7] ser julgado responsável (no sentido habitual em que se faz de responsável um sinônimo de quem assume a responsabilidade, o que não é o meu caso) por discursos que a gente não assumiu a responsabilidade enunciativa, de não ser considerado como responsável por discursos que, apesar de tudo, foram assumidos [...] mas desde que haja vários locutores, vários pontos de vista, *a assunção da responsabilidade só concerne aos PDV de L1/E1 ou aqueles dos l2/e2 ou e2 com os quais L1/E1 concorda.* L1/E1 não poderia ser considerado responsável por todos os outros PDV que ele evoca em seu discurso. Mas ele sempre pode ser interrogado sobre suas escolhas, sobre a gestão de seu discurso. (Destaques nossos)

É importante que tenhamos clareza que a "assunção da responsabilidade só concerne aos PDV de L1/E1 ou aqueles de l2/e2 ou e2 com os quais L1/E1 concorda", então, se a zona textual evidencia dispositivos enunciativos e/ou linguísticos que se situam semanticamente em oposição à concordância, estamos diante de enunciados que (1) ou são do âmbito da responsabilidade do enunciador nos termos de Rabatel (2015a), ou (2) concernem ao quadro mediativo, conforme postula Guentchéva (1990, 1993, 1994, 1996, 2011).

Para se compreender a sutil distinção entre assunção da responsabilidade enunciativa e responsabilidade enunciativa, focalizamos a noção de coenunciação que, de acordo com Rabatel (2015b: 127), trata da "coprodução de um PDV comum e partilhado por L1/E1 e um enunciador segundo".

Das noções "assunção da responsabilidade" e "coenunciação" podemos concluir que são rótulos diferentes para um mesmo fenômeno, na perspectiva de Rabatel (2015a, 2015b), tendo como interseção a concordância entre o PDV de L1/E1 de l2/e2 ou e2.

A respeito da noção de mediativo, evocamos Guentchéva (1993: 57) que nos diz:

> Por mediativo (ou que se chama mais frequentemente *non-testimonial*, em francês, ou *evidential*, em inglês), designo a categoria gramatical que permite ao enunciador marcar formalmente diversos graus de distanciamento em relação aos fatos que ele enuncia e significar que o conhecimento desses fatos lhe chegaram através da percepção de forma indireta. Trata-se de um tipo de asserções indicando que o enunciador não se implica no que ele diz e, portanto, "não assume" as situações descritas no enunciado. Precisemos também que ele não se pronuncia sobre o verdadeiro ou sobre o falso do "conteúdo proposicional" do enunciado.

É muito recorrente o uso desse dispositivo enunciativo, nos mais variados gêneros discursivos/textuais. Línguas que têm esse fenômeno linguístico, como, por exemplo, a búlgara, o materializam por meio de um morfema na forma verbal, que significa para os interlocutores que o locutor não assume a responsabilidade enunciativa pelo conteúdo proposicional do enunciado.

Passaremos a mostrar nas sentenças a relevância do quadro mediativo, uma vez que subsidia o juiz a assumir a responsabilidade enunciativa pelo conteúdo proposicional. Para tanto, revisitaremos os Exemplos 2, 3, 4, que são fontes enunciativas que subsidiarão o juiz (L1/E1). Temos:

(1) No Exemplo 2, uma narrativa do homicídio. A organização linguística da narrativa remete ao caderno probatório/autos, ou seja, trata-se de uma narrativa mediatizada. No dizer de Guentchéva (1993: 57), "são asserções que o enunciador que não se implica no que ele diz e, portanto, "não assume" as situações descritas no enunciado".

(2) No Exemplo 3, há uma relação de gêneros discursivos/textuais (denúncia, inquérito, laudo de exame necroscópico, recebimento da denúncia e defesa prévia), ou seja, temos a ocorrência de outras fontes de conhecimento, fontes técnicas, fontes documentais.

(3) No Exemplo 4, a votação dos quesitos pelo Conselho de Sentença, ou seja, outra instância enunciativa que definirá a orientação argumentativa do juiz, nas zonas textuais de assunção da responsabilidade enunciativa.

Esse conjunto de dados ancora a decisão do juiz, dá-lhe subsídios para que ele possa assumir a responsabilidade enunciativa pelo conteúdo proposicional dos atos de discursos. Nessa direção, deixamos a zona textual de mediação para adentrar a zona textual de assunção.

O Exemplo 5 evidencia que L1/E1 não assume a responsabilidade enunciativa, mas a imputa ao Conselho de Sentença, enquanto os Exemplos 6 e 7 configuram, também nos termos de Rabatel (2015a, 2015b), a assunção da responsabilidade enunciativa, tendo em vista a **concordância** entre o PDV do juiz, que é o L1/E1, com os PDV de l2/e2, que são os enunciadores da narrativa e da denúncia (Ministério Público), e assim, sucessivamente, conforme podemos observar a seguir:

Exemplo 5

> Assim sendo, em face da soberana decisão dos Senhores Jurados, **tenho** por autorizado julgar **PROCEDENTE** a pretensão punitiva estatal para **CONDENAR** o réu **XXXXXXXXXXXXXXXXXX** nas penas do artigo art. 121, §2°, II e IV, do Código Penal.

Exemplo 6

> **Passo a fixar a pena**, de forma fundamentada como preceitua o artigo 93, X da Constituição Federal de 1988, observando o critério trifásico do artigo 68 do Código Penal.

Exemplo 7

> (7.1) Assim, **deixo de conceder** o réu o direito de aguardar o trânsito em julgado em liberdade e, por conseguinte, **DECRETO A PRISÃO PREVENTIVA DO RÉU**. Expeça-se mandado de prisão.
>
> (7.2) **Condeno** o réu em custas.

Os atos de discurso do juiz (L1/E1), assumindo a responsabilidade enunciativa pelo conteúdo proposicional veiculado, confirmam a confluência dos PDV de L1/E1 com os dos l2/e2 (demais instâncias enunciativas).

A RELAÇÃO PLANO DE TEXTO E RESPONSABILIDADE ENUNCIATIVA – COMPLEXIDADE E VARIAÇÃO

Retomamos uma citação que fizemos de Adam (2015a: 11) quando assevera: "de uma parte, o texto é um objeto abordável a partir de pontos de vista disciplinares muito diferentes e de outra parte é um objeto de alta complexidade". Nosso estudo reitera a possibilidade de abordagem de um texto do domínio discursivo jurídico com as lentes de diferentes disciplinas e propostas teóricas da Linguística descritiva. Ademais, evidencia a complexidade do texto, a partir da relação plano de texto das sentenças e a estrutura prevista no art. 381 do Código de Processo Penal, ao tempo em que mostra quão rica é a língua viva, a unidade do texto não é comprometida pela variação do plano de texto (vide Quadro 1) tanto no que diz respeito à forma como no que concerne ao conteúdo, uma vez que o propósito comunicativo é cumprido.

Retomamos, igualmente, o propósito deste capítulo, anunciado no primeiro parágrafo: *discutir, no gênero discursivo/textual sentença judicial, a relação entre dois dispositivos textuais, discursivos e enunciativos: o plano de texto e a responsabilidade enunciativa.* Observamos que, independentemente de aparato normativo, o juiz, que é o L1/E1, no caso das sentenças, em geral, assume a responsabilidade enunciativa, sobretudo em duas seções do plano de texto da sentença: (1) na fundamentação ou (2) no dispositivo, ou seja, é como se essas seções o induzissem a tal, tendo em vista o propósito da seção-relatório de uma sentença ser o de retomar os eventos ocorridos, a partir do cometimento do homicídio, então há uma indução para o juiz (L1/E1) relatar o que já tinha ocorrido, o que já havia sido feito pelos que o antecederam nos autos, sendo, portanto, levado a fazer uso de dispositivos enunciativos e linguísticos do mediativo. Assim, podemos concluir que há uma estreita relação entre: (1) a seção "relatório" da sentença e a não assunção da responsabilidade enunciativa pelo juiz (L1/E1), e (2) as seções "fundamentação" e "dispositivo" e a assunção da responsabilidade enunciativa pelo juiz (L1/E1). Ressaltamos que não estamos afirmando que não haverá ocorrência de assunção da responsabilidade enunciativa pelo juiz (L1/E1) na seção "relatório", assim como não haverá mediação nas seções "fundamentação" e "dispositivo".

Por fim, retomamos a "ementa", exemplo de narrativa sumarizada dos autos, para reiterar a variação encontrada no plano de texto das sentenças, nos termos de Adam (2011a), trata-se, pois, de um plano de texto ocasional.

Notas

[1] As sentenças foram coletadas no site do Tribunal de Justiça do Rio Grande. Esses dados integram os *corpora*, objeto de análise no estágio de pós-doutoramento, que está em andamento na Universidade de Lausanne / Suíça, sob a supervisão do Prof. Jean-Michel Adam. A pesquisa se dá em parceria com a professora Sueli Cristina Marquesi (PUC-SP / UNICSUL).

[2] de Plácido Silva, *Vocabulário Jurídico*, 23. ed., Rio de Janeiro, Forense, 2003, p. 517: "Emenda. Em sentido próprio do Direito, quer *ementa* significar o resumo que se faz dos princípios expostos em uma sentença ou em um acórdão, ou o resumo que se contém numa norma, levado à assinatura da autoridade a quem compete referendá-lo ou decretá-la".

[3] Grifo nosso.

[4] O Rol dos Culpados consta de uma relação tida em todo fórum criminal, onde se é lançado o nome do réu, após sentença transitada em julgado. Ela é distribuída nas comarcas do mesmo estado, como meio de publicar o nome de réus apenados.

[5] Recente diz respeito ao ano em curso, 2015.

[6] Na falta de uma palavra que expressasse melhor, em português do Brasil, a ideia de "propos", escolhemos usar o lexema "discurso".

[7] Para evitar leituras equivocadas do lexema irresponsável, neste contexto linguístico, optamos por traduzir "irresponsables" por "não responsáveis".

Bibliografia

Adam, Jean-Michel. Introduction. In: Adam, Jean-Michel (Dir.). *Faire texte*: frontières textuelles et opérations de textualisation. Besançon: Presses Universitaires de Franche-Comté, 2015, pp. 11-33.

_______. *A linguística textual*: introdução à análise textual dos discursos. 2. ed. São Paulo: Cortez, 2011a [1. ed. 2008].

_______. *Genres de récits*: narrativité et généricité des textes. Louvain-la-Neuve: Academia / L'Harmattan, 2011b.

_______. *Les textes*: types et prototypes. 2. ed. Paris: Armand Colin, 2008a.

_______. *L'analyse textuelle*: introduction à l'analyse textuelle des discours. 2. ed. Paris: Armand Colin, 2008b [1. ed. 2005].

_______. *Linguistique textuelle*: des genres de discours aux textes – une introduction méthodique à l'analyse textuelle des discours. Paris: Nathan/SEJER, 2004.

_______. *Les textes*: types et prototypes – récit, description, argumentation, explication et dialogue. Paris: Nathan, 1992.

_______. Quels types de textes? *Le Français dans le Monde*, n. 192, 1985, s.p.

Brasil. *Código de processo civil.* Lei 5.869/1973. Disponível em:<http://www.planalto.gov.br/ccivil_03/Leis/L5869.htm>. Acesso em: 20 abr. 2013.

_______. *Código penal.* Decreto-Lei Nº 2.848/1940. Disponível em: <http://www.planalto.gov.br/ccivil_03/decreto-lei/Del2848compilado.htm >. Acesso em: 23 dez. 2015.

_______. *Código de processo penal.* Lei 3.689/1941. Disponível em <http://www.planalto.gov.br/ccivil_03/decreto-lei/Del3689.htm>. Acesso em 28 jan. 2016.

Bres, J. À la recherche de la narrativité: éléments pour une théorisation praxématique. *Cahiers de Praxématique*, n. 11, 1989, p. 75-100.

François, Frédéric. Quelques points de vue sur les points de vue. In: Carcassonne, Marie; Cunha, Dóris; Donahue, Christiane; François, Frédéric; Rabatel, Alain. *Points de vue sur le point de vue*. Limoges: Lambert-Lucas, 2015, pp.7-76.

Guentchéva, Zlatka. L' énonciation médiatisée en bulgare. *Revue des Études Slaves*, n. 62, pp. 179-96, 1990.

______. La catégorie du médiatif en bulgare dans une perspective typologique. *Revue des Études Slaves*, n. 65, pp. 57-72, 1993.

______. Manifestations de la catégorie du médiatif dans les temps du français. *Langue Française*, n. 102, pp. 8-23,1994.

______. L' opération de prise en charge et la notion de médiatif. In: Dendale, Patrick; Coltier, Danielle. *La prise en charge énonciative*: études théoriques et empiriques. Bruxelles: De boeck / Duculot, 2011, pp. 117-42.

______ (Ed.) *L'énonciation médiatisée*. Louvain/Paris: Peeters, 1996.

Labov, William. Some further steps in narrative analysis. *The Journal of Narrative and Life History*, n. 1-4, v. 7, 1997. Disponível em: <http://www. ling.upenn. edu/~wlabov/sfs. htm>. Acesso em: 21 dez. 2015.

______. *Language in the inner city*. Philadelphia: Univ. of Pennsylvania Press, 1972.

______; Waletzky, Joshua.Narrative analysis. In: Helm, J. (ed.). *Essays on the verbal and visual arts*. Seattle: University of Washington Press, 1967, pp. 12-44.

Lourenço, Maria das Vitórias Nunes Silva. *Análise textual dos discursos*: responsabilidade enunciativa no texto jurídico. Curitiba: crv, 2015.

Marcuschi, Luiz Antônio. Gêneros textuais: definição e funcionalidade. In. Dionísio, Ângela Paiva; Machado, Anna Rachel; Bezerra, Maria Auxiliadora (Orgs.). *Gêneros textuais & ensino*. Rio de Janeiro: Lucerna, 2002, pp. 19-46.

Passeggi, Luis et al. A análise textual dos discursos: para uma teoria da produção co(n)textual de sentido. In: Bentes, Anna Christina; Leite, Marli Quadros (Orgs.). *Linguística de texto e análise da conversação*: panorama das pesquisas no Brasil. São Paulo: Cortez, 2010, pp. 262-312.

Pinto, Rosalice. *Como argumentar e persuadir?* Prática política, jurídica e jornalística. Lisboa: Quid Juris, 2010.

Rabatel, Alain. Retour sur un parcours en énonciation. In: Carcassonne, Marie; Cunha, Dóris; Donahue, Christiane; François, Frédéric; Rabatel, Alain. *Points de vue sur le point de vue*. Limoges: Lambert-Lucas, 2015a, pp. 327-55.

______. Postures énonciatives, variable générique et stratégies de positionnement. In: Angermuller, Johannes; Philippe, Gilles. *Analyse du discours et dispositifs d'énonciation*: autour des travaux de Dominique Maingueneau. Limoges: Lambert-Lucas, 2015b, pp. 125-35.

______. Prise en charge et imputation, ou la prise en charge à la responsabilité limitée. *Langue Française*, n. 162, pp. 71-87, 2009.

______. *Homo narrans*: pour une analyse énonciative et interactionnelle du récit. Le point de vue et la logique de la narration. Limoges: Lambert-Lucas, 2008a, t. 1.

______. *Homo narrans*: pour une analyse énonciative et interactionnelle du récit. Dialogisme et polyphonie dans le récit. Limoges: Lambert-Lucas, 2008b, t. 2.

______. *Une histoire du point de vue*. Paris: Klincksieck, 1997.

Rodrigues, Maria das Graças Soares; Passeggi, Luis. Émotions, argumentation et points de vue dans l'affaire Nafissatou Diallo contre Dominique Strauss-Kahn. Une analyse textuelle et discursive de chroniques de la Folha de São Paulo. In: Rabatel, Alain; Monte, Michèle; Rodrigues, Maria das Graças Soares (Dirs.) *Comment les médias parlent des émotions*: l'affaire Nafissatou Diallo contre Dominique Strauss-Kahn. Limoges: Lambert-Lucas, 2015, pp. 291-305.

______; Passeggi, Luis; Silva Neto, João Gomes. Planos de texto e representações discursivas: a seção de abertura em processos-crime. In: Bastos, Neusa Barbosa (Org.). *Língua portuguesa e lusofonia*. São Paulo: Educ, 2014, pp. 241-55.

______; Silva Neto, João Gomes; Passeggi, Luis. La lettre-testament du président Getúlio Vargas: généricité, structure compositionnelle et représentations. In: Monte, Michèle; Philippe, Gilles (Dirs.). *Genres & textes:* déterminations, évolutions, confrontations. Lyon: pul, 2014a, pp. 253-67.

Todorov, Tzvetan. Qu'est-ce que le structuralisme? *Poétique*, n. 45, v. 2, 1968, s.p.

Vanderveken, Daniel. La logique illocutoire et l'analyse du discours. In : Luzzati, Daniel et al. (Dirs.). *Le Dialogique*. Bern: Peter Lang, pp. 59-94, 1997.

O papel da polarização discursiva no processo de negociação de faces em processo judicial de violência contra a mulher

Micheline Mattedi Tomazi
Gustavo Ximenes Cunha

No âmbito jurídico, observamos a importância do discurso, que estabelece a relação entre os atores sociais e constitui provas para a resolução dos casos de violência. É na e pela linguagem que são produzidas as leis, são dadas as sentenças etc. Se é possível dizer que sem linguagem não há nem Justiça nem Direito, é porque na linguagem do discurso jurídico são utilizadas estratégias que constroem representações acerca dos envolvidos e que podem direcionar as avaliações e determinar decisões.

O próprio ato de avaliar, decidir, classificar e nomear comportamentos sociais em nossa sociedade é prova de que os fatos não podem ser dissociados de suas representações. A violência envolve um universo de símbolos e é constitutiva e constituinte da linguagem social. As violências não são apenas representações sociais, mas forças simbólicas "que se colam aos fatos, ora justificando-os, ora se prestando à crítica social" (Porto, 2010: 15).

De acordo com Colares (2008), o Direito como dogmática reconhece alguns impasses epistemológicos que inquietam a própria cultura jurídica, porém, a dissonância entre os níveis de domínio da linguagem é exposta a todos de maneira bem clara, basta que observemos os discursos proferidos pelos que dominam a linguagem jurídica e dela se instrumentalizam, de um lado, e o discurso dos que participam apenas como elementos ocasionais, do outro lado.

No palco da arena jurídica, cada participante atua como parte de um elenco e participa de um processo que define o lugar social de cada um e determina quem é a vítima, o acusado, o juiz, o promotor, os depoentes, as testemunhas etc. A linguagem no sistema jurídico vai construindo pela narrativa dos fatos quem são os protagonistas dos acontecimentos e como eles constroem suas imagens identitárias. Por isso mesmo, os estudos do discurso têm reconhecido a necessidade de se investigarem essas imagens, uma vez que a projeção de uma imagem de si constitui um dos recursos mais importantes de que o ator social se vale para alcançar seus objetivos junto aos seus interlocutores. Faz todo sentido pensar que, seja na perspectiva retórica, seja na interacionista, seja na discursiva sociocognitiva, em qualquer discurso que se estude, o processo de negociação de imagens identitárias envolve um jogo no qual a imagem que o ator social procura construir para si tem como finalidade principal levar o outro a acreditar no que é dito, a pensar ou a agir de determinada maneira.

Inserido na perspectiva interacionista dos estudos da linguagem e valendo-se, portanto, principalmente de contribuições da Microssociologia de Goffman (2009, 2011) e da vertente sociocognitiva dos Estudos Críticos do Discurso de Van Dijk (1998, 1999, 2000, 2001, 2010, 2011, 2012, 2014), em especial a noção de polarização discursiva, este trabalho tem por objetivo evidenciar o modo como a violência conjugal no âmbito do discurso jurídico coloca em cena protagonistas que negociam suas faces ao longo da interação. Essa negociação é fortemente impactada pelo processo de polarização por meio do qual os atores sociais criam, ganham, defendem, destroem, perdem, ridicularizam, espetacularizam e gerenciam imagens identitárias. Nossa proposta, mais do que demonstrar a relevância de determinada teoria, procura enfatizar a importância da questão de gerenciamento de faces pelo viés da polarização em casos que envolvem violência conjugal e que envolvem discurso, sujeito, identidade, cultura, sociedade e, portanto, passam tanto pela construção social quanto coletiva dos atores sociais.

Para revelar o processo por meio do qual a negociação de faces se reflete nos diferentes planos de organização do discurso jurídico, procuramos apresentar o processo de negociação de faces com base na proposta de Goffman para conjugá-la ao quadrado ideológico da polarização de Van Dijk. Em seguida, apresentamos a análise do processo de negociação de faces em depoimentos jurídicos colhidos de uma audiência de instrução e julgamento.

A RECUPERAÇÃO DA HISTÓRIA DE VIOLÊNCIA NOS AUTOS PROCESSUAIS

Nos últimos trinta anos, foram assassinadas aproximadamente 91 mil mulheres no Brasil, sendo 43,5 mil só na última década. Em relação às agressões, no ano de 2011, foram registrados 70 mil casos de violência contra mulheres (Waiselfisz, 2012). De acordo com o relatório do Mapa da Violência 2015, o Brasil é o quinto país mais violento para mulheres em um *ranking* de 83 nações que usa dados da OMS (Organização Mundial de Saúde). O estado do Espírito Santo registrou 9,3 homicídios por grupo de 100 mil mulheres. Já a capital, Vitória, ocupa a primeira posição no *ranking* das capitais brasileiras mais violentas para mulheres, de acordo com o estudo Mapa da Violência 2015 (Waiselfisz, 2015).

Neste trabalho, iremos nos centrar no estudo da violência conjugal perpetrada por companheiros ou ex-companheiros por ser atualmente a mais significativa em termos quantitativos. De acordo com um levantamento feito pela Comissão Parlamentar Mista de Inquérito de Violência Contra a Mulher (CPMIVCM), em 2013, no estado do Espírito Santo, no que se refere à motivação dos homicídios de mulheres no ano de 2011, verificou-se que, dentre os homicídios interpessoais, isto é, não causados pelo tráfico de drogas, violência urbana etc., 42,85% são considerados crimes passionais. Além disso, os cônjuges ou ex-cônjuges respondem por 25,9% das agressões às mulheres no Brasil.

A pesquisa que originou este capítulo teve seu início no contexto das investigações sobre violência contra a mulher, desenvolvidas no Grupo de Estudos Sobre Discurso Midiático (Gedim). No recorte, utilizamos apenas dois depoimentos do interrogatório de uma audiência de instrução e julgamento, que constam de um *corpus* constituído por fotocópias de dados de 20 processos que versam sobre registros penais de ameaça e lesão corporal, entre os anos de 2010 a 2013, enquadrados na Lei Maria da Penha, nos quais os envolvidos tinham ou tiveram relações afetivo-conjugais. Esses processos foram colhidos aleatoriamente no Cartório da 11ª Vara Criminal Especializada em Violência Doméstica e Familiar contra a Mulher da Comarca de Vitória, estado do Espírito Santo.

O caso em apreço, Proc. nº. 021.11.007202-2, teve início em 2010, quando aconteceu a primeira agressão física contra a vítima, que recebeu medida protetiva. O casal conviveu por aproximadamente dois anos e está separado há quatro anos. Ele é pedreiro, sem renda fixa, com primeiro grau completo e 35 anos de idade, casou-se novamente. Ela é técnica em enfermagem, mas sua ocupação atual é "do lar", possui 26 anos de idade, vive com uma renda de R$100,00 reais da pensão da filha, e casou-se novamente.

De acordo com os relatos que constam nos autos processuais, o casal tem uma filha menor e divide a guarda compartilhada da menina. O pai pega a filha de 15 em 15 dias, mas ambos, pai e mãe, não seguem totalmente os dias definidos pela Justiça, e o pai pega a menina quando quer, sem maiores problemas. No dia 18 de setembro de 2010, embora não fosse dia de visita, a mulher deixou que o pai levasse a criança. O pai, então, deixou a criança na casa da avó paterna brincando com os sobrinhos e saiu. A menina ligou para a mãe pedindo para voltar para casa, porque o pai estava no bar bebendo e ela estava sozinha. Como eles moram no mesmo bairro, a mãe autorizou que a filha voltasse para a casa dela. O pai, ao saber que a menina havia voltado para casa da mãe, foi até lá e instaurou-se a confusão, que culminou na agressão física. O homem, irritado com a situação, agrediu a vítima com empurrões e com socos no tórax (laudo de agressão física constante do Processo nº. 021.11.007202, à fl.23), além de agredi-la verbalmente. O novo companheiro da vítima separou a briga e o ex-marido fez ameaças verbais dizendo que voltaria e iria fazer novas agressões.

O processo em análise enquadra-se na Lei Maria da Penha (Lei 11340/06), cujo objetivo é criar mecanismos para coibir e prevenir a violência doméstica e familiar contra a mulher, além de dispor sobre a criação de juizados especiais e delegacias e estabelecer medidas de assistência e proteção às mulheres em situação de violência. No artigo 5º do capítulo I, a Lei 11.340/06 define a violência doméstica e familiar contra a mulher "como qualquer ação ou omissão baseada no gênero que lhe cause morte, lesão, sofrimento físico, sexual ou psicológico e dano moral ou patrimonial", os quais ocorram nos domínios doméstico, familiar ou íntimo. Essa definição dialoga com o reconhecimento da violência contra as mulheres como uma violação aos direitos humanos feita nas Conferências das Nações Unidas[1] (Viena, 1993).

No artigo 7º da Lei 11.340/06 observam-se as diferentes formas que essa violência pode assumir, sendo elas: física, psicológica, sexual, patrimonial e moral. Dentre esses tipos de violência, a violência física é a forma mais evidente dos maus-tratos domésticos, já que é visível a todas as pessoas, especialmente as mais próximas, por causa das "marcas" físicas que são deixadas na mulher. Além disso, é também o tipo de violência mais visível para a própria vítima, que, após uma agressão física, toma consciência da violência sofrida e denuncia o agressor.

O PROCESSO DE NEGOCIAÇÃO DE FACES NA ABORDAGEM INTERACIONISTA

A vertente interacionista dos estudos da linguagem não se caracteriza pela homogeneidade de abordagens ou de interesses de pesquisa, o que dificulta sua delimitação precisa. Assim, nesse quadro amplo, encontram-se desde abordagens centradas em aspectos estruturais das interações face a face como a análise da conversação de orientação etnometodológica (Sacks, Schegloff e Jefferson, 2003 [1974]), até abordagens para quais é central a consideração dos aspectos históricos e psicossociais (Bronckart, 2007; Roulet, Filliettaz e Grobet, 2001; Vion, 1992; Kerbrat-Orecchioni, 2008). É essa diversidade de posturas teóricas e metodológicas e a complexidade do fenômeno *interação* que possibilitam a Burger (1997) distinguir, no interior da vertente interacionista, duas perspectivas de tratamento desse fenômeno:

a. De um lado, reúnem-se as abordagens que reduzem a interação à copresença efetiva dos interlocutores e que conceituam o discurso "como o produto de dois (ou de muitos) interlocutores" (Kotschi, 1986: 209). Essa perspectiva se ocupa em especial da emergência do sentido nas trocas linguageiras e se atém pouco à historicidade das práticas sociais.

b. De outro lado, estão as abordagens para as quais "toda relação de comunicação é interativa em seu fundamento" (Burger, 1997: 14). Buscando as contribuições de estudiosos da enunciação, como Bakhtin/Volochinov, Benveniste, Ducrot e Foucault, essas abordagens adotam uma definição mais ampla da interação e postulam que todo discurso é essencialmente dialógico, mesmo aqueles produzidos por um único locutor.

Para os autores que se inserem nessa vertente, a historicidade é um fator de primeira importância que condiciona e traz restrições para as práticas sociais. Consequentemente, essas práticas não ocorrem num vácuo sócio-histórico, mas são profundamente ligadas aos fatores institucionais, psicológicos, sociais e históricos que estruturam a interação de diferentes maneiras e que a relacionam a interações anteriores (Vion, 1992; Filliettaz, 2006).

É no quadro dessa segunda perspectiva que situamos este trabalho e entendemos o processo de negociação de faces. É com base nas premissas desse ponto de vista que interpretamos a proposta de Goffman (2011: 13-14). Em sua proposição, a face é definida como "valor social positivo que uma pessoa efetivamente reivindica para si mesma através da linha [de conduta] que os outros pressupõem que ela assumiu durante um contato particular". A construção da face se dá sempre que interagimos, ou seja, na interação, sempre assumimos uma linha de conduta ou um determinado "padrão de atos verbais e não verbais" e, por isso, projetamos de nós mesmos uma determinada imagem ou face, ainda que disso não estejamos conscientes.

A relação do sujeito com a face que assume em dada situação é de natureza emocional. Sentimos que a face, embora seja um construto ou um efeito da interação, se identifica com o nosso eu, o que faz com que uma agressão a ela desencadeie diferentes sentimentos: revolta, despeito, antipatia etc. Porém, ainda que a face tenha esse componente emocional e possa, assim, nos levar a crer que ela pertence ao indivíduo, Goffman (2011: 15) chama a atenção para o fato de que a linha de ações (linguageiras ou não) que seguimos numa interação particular possui uma natureza institucional: "A linha mantida por e para a pessoa durante o contato com outros tende a ser de um tipo institucionalizado legítimo". A suposta liberdade que o sujeito tem para escolher a imagem que deseja projetar de si é, na verdade, uma liberdade vigiada e regulada por expectativas sociais.

POLARIZAÇÃO DISCURSIVA NOS ESTUDOS CRÍTICOS DO DISCURSO

A proposta sociocognitiva dos Estudos Críticos do Discurso de Van Dijk (1990, 1998, 1999, 2000, 2001, 2010, 2011, 2012, 2014) pode ser situada em uma concepção discursiva da cognição social, já que o objeto de investigação do autor é o discurso inteiramente ligado à situação de comunicação social. Van Dijk (1990: 2) esclarece que entende discurso "tanto como uma forma específica de uso da língua quanto uma forma específica de interação social, interpretado como um evento comunicativo complexo em uma situação social". Em estudos mais recentes, Van Dijk (2014) deixa claro que a noção de discurso sofreu, nos últimos anos, uma "expansão", já que hoje não se pode deixar de considerar os aspectos multimodais. É nesse sentido que podemos dizer que os estudos de Van Dijk encontram proximidade com os da perspectiva interacionista mais ampla mencionada no item anterior, na medida em que entende o discurso como uma forma de interação social e, ao mesmo tempo, como uma forma de reproduzir estruturas sociais, históricas e culturais que passam pela cognição social.

Van Dijk (2001) parte de uma perspectiva multidisciplinar para integrar diferentes enfoques teóricos para construção de sua tríade: discurso, cognição e sociedade. Dentro dessa proposta mais ampla, o discurso é entendido como "acontecimento comunicativo", no qual estão incluídas a interação verbal, os textos escritos e qualquer outra significação semiótica multimodal. A noção de cognição (pessoal e social) é concebida como as crenças, os objetivos, as emoções e as avaliações junto com qualquer tipo de estrutura, representação, ou mesmo processo (mental) que possa intervir no discurso e na interação. Também faz parte dessa tríade a noção de sociedade que compreende os grupos sociais e as cognições sociais dos membros desses grupos que se unem a partir de um ponto de vista coletivo na sociedade, guiado de acordo com os objetivos e interesses de seus membros. Para dar conta desse enfoque cognitivo é preciso compreender que os conhecimentos, as ideologias e as crenças se concretizam no discurso e são adquiridos na interação social (Van Dijk, 2000).

A compreensão e a construção de um discurso não estão diretamente ligadas pela classe social dos participantes, pelo gênero ou por um evento social, mas pela representação mental da situação comunicativa, ou seja, pelo modelo de contexto (modelo mental) entendido como construto único e subjetivo dos participantes ou definições subjetivas das situações interacionais, nas quais aparecem as experiências de vida (Van Dijk, 2001). Os modelos de contexto são dinâmicos, únicos, são fabricados a partir de nosso conhecimento sociocultural e específicos de um grupo social e estão de acordo com a situação comunicativa atual. É desse ponto de vista do contexto como construções mentais que ele pode funcionar como uma interface entre as estruturas sociais e as estruturas discursivas. Assim, os usuários da língua, em uma situação de comunicação, acionam os modelos de contextos para adaptarem o discurso à interação social. É, pois, por essa adaptação que nós geramos modelos de contextos a partir de nossas experiências individuais, mas também a partir das crenças compartilhadas social e culturalmente (acontecimentos, atitudes, crenças, ideologias, normas e valores). O contexto é, então, construído pelos participantes da interação a partir de um modelo mental.

Da noção de modelos de contextos adaptados às interações sociais, quando partimos de nossas experiências individuais e as conectamos com as crenças compartilhadas social e culturalmente, chegamos à noção de representação social como um conjunto de crenças socialmente compartilhadas (conhecimentos, atitudes, ideologias etc.) (Van Dijk, 1999). Para entendermos como as percepções socialmente compartilhadas (atitudes, ideologia e conhecimento) promovem a ligação entre o sistema social (conhecimento sociocultural, normas e valores) e o sistema cognitivo individual (modelos mentais pessoais e situações especificas) coordenando os elementos relevantes da estrutura social e da experiência subjetiva, apoiamo-nos no esquema seguinte:

Figura 1 – Posição integrada das representações sociais adaptado por Tomazi e Raquelli (2015: 142) a partir de Van Dijk (2014: 135).

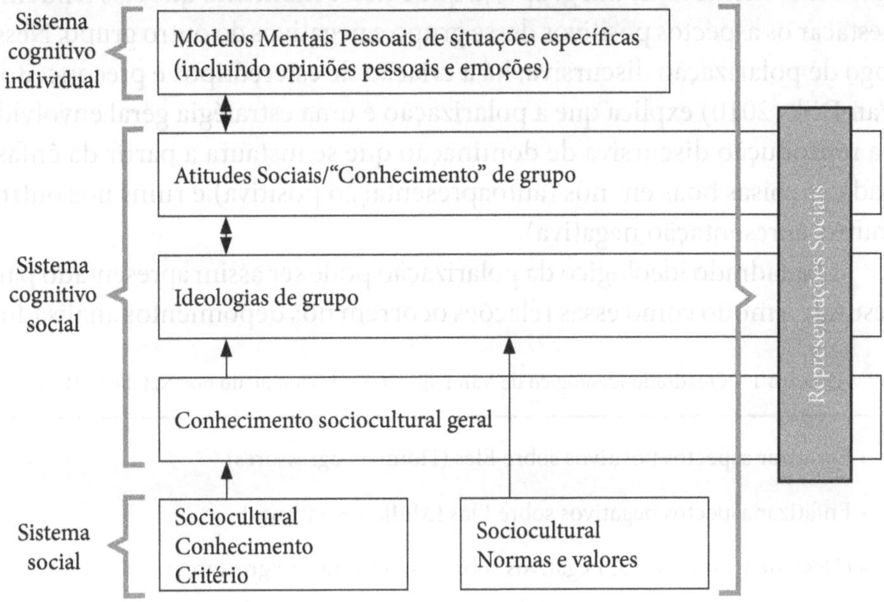

Importante para o trabalho com a negociação de faces e a polarização discursiva nos depoimentos é a noção de ideologia que se denomina com um sistema de crenças que subjaz as atitudes de um grupo. A ideologia é compartilhada, produzida e modificada socialmente pelos membros de um grupo. No entanto, embora a ideologia seja essencialmente coletiva, sua reprodução é feita por membros individuais de um grupo. Van Dijk (1999) propõe um ponto de vista multidisciplinar da sua teoria sociocognitiva, ao articular a visão sociológica da ideologia, a visão cognitiva da ideologia e a dimensão discursiva da ideologia.

É esse ponto de vista que reforça a ideologia como parte de uma estrutura social, capaz de controlar as relações de poder e dominação entre os grupos. O conceito defendido por Van Dijk (2010) é que o poder não é algo que se tem, mas é uma relação que se estabelece e é exercida por sujeitos, grupos ou instituições. No entanto, o autor chama atenção para o fato de que o poder não é essencialmente ruim, sua dimensão negativa está na "dominação" e no "abuso de poder" que pode provocar relações de desigualdade, de violência e de injustiça na sociedade, tanto no nível das relações sociais, quanto no nível institucional.

Os processos de polarização discursiva ocorrem quando as pessoas falam como membro de um grupo, já que é nesse momento que elas tendem a destacar os aspectos positivos desse grupo e negativos do outro grupo. Nesse jogo de polarização discursiva, há a criação de estereótipos e preconceitos. Van Dijk (2010) explica que a polarização é uma estratégia geral envolvida na reprodução discursiva de dominação que se instaura a partir da ênfase dada às coisas boas em nós (autoapresentação positiva) e ruins nos outros (outro-apresentação negativa).

O quadrado ideológico da polarização pode ser assim apresentado para resumir o modo como essas relações ocorrem nos depoimentos analisados:

Quadro 1 – Quadrado ideológico de Van Dijk (2003: 44) adaptado por Natalle (2015).

- Enfatizar aspectos positivos sobre Eles (Homens-agressores)
- Enfatizar aspectos negativos sobre Elas (Mulheres-vítimas)
- (Des)enfatizar aspectos negativos sobre Eles (Homens-agressores)
- (Des)enfatizar aspectos positivos sobre Elas (Mulheres-vítimas)

A partir desse quadrado ideológico assumimos que ações específicas como discriminação, violência contra a mulher etc. implicam avaliações socialmente compartilhadas. Em decorrência disso, entendemos que as crenças avaliativas podem desencadear atitudes dos grupos sociais e, neste capítulo, reconhecemos que na violência contra a mulher há uma separação entre grupos (homens/mulheres) que pode, inclusive, resultar em atitudes machistas e patriarcais, caso a mulher apresente atitudes que de alguma maneira são contra as opiniões coletivas dos homens e da sociedade sobre o comportamento da mulher. Ou seja, é no processo de polarização discursiva que o reforço dos atributos negativos ou positivos é feito por meio de diferentes estratégias e estruturas discursivas (macroato de fala, macroestruturas semânticas, léxico, sintaxe, figuras retóricas, eufemismos, metonímias, metáforas, entre outras).

A NEGOCIAÇÃO DE FACES E LUGARES EM DEPOIMENTOS DOS ENVOLVIDOS NA AUDIÊNCIA DE INSTRUÇÃO E JULGAMENTO

Retomando os pressupostos da perspectiva interacionista ampliada, apresentados na seção "O processo de negociação de faces na abordagem interacionista", notamos que a vítima não necessariamente reivindica para si valores sociais positivos. Ao buscar o auxílio de uma delegacia para cessar as agressões que sofre do atual ou ex-companheiro, a mulher assume o papel social de vítima. A assunção desse papel estabelece inevitavelmente uma relação vertical de lugares entre alguém que precisa de ajuda (a vítima) e alguém que tem o poder de ajudá-la (a polícia). Essa relação de lugares é perigosa para as faces envolvidas na interação, já que, como a face possui um componente emocional forte, pode fazer com que a mulher fique com a face envergonhada e humilhada. Afinal, o pedido é um ato de fala potencialmente agressivo para quem o realiza, porque revela, ao mesmo tempo, uma falta e o poder do outro de solucionar essa falta (Kerbrat-Orecchioni, 2008). Além disso, no caso da vítima de agressões, seu território precisou ser exposto e devassado em uma delegacia, como recurso último para que sua integridade física fosse preservada.

Nesse sentido, assumir a ação de denunciar o ato de violência sofrido às pessoas estranhas, mesmo que tal denúncia seja feita nas Delegacias da Mulher, constitui uma ameaça à face de uma mulher. Isso porque, além de sofrer a violência física, ao decidir denunciar o companheiro ou ex-companheiro, ela sofre uma violência emocional muito grande, sendo ainda maior quando se depara com um ouvinte desconhecido a quem terá que relatar fatos íntimos e pessoais ocorridos dentro do seu espaço particular, seu lar (Ostermann, 2006).

Essa vulnerabilidade da vítima, além de seu lugar socialmente construído, coloca-a numa posição de ameaça de sua face, sendo justamente as escolhas linguísticas que entram em cena para minimizar ou não as interações dessa natureza.

Porém, antes de analisarmos trechos dos depoimentos, cabem algumas considerações sobre os próprios depoimentos, a fim de entendermos melhor como o nosso *corpus* materializa um processo de negociação de faces. O gênero depoimento possui uma complexidade interacional que não pode ser ignorada. Nele diferentes níveis interacionais se encontram encaixados, o que tem impacto sobre a maneira como o depoimento é escrito. Num primeiro nível interacional, ocorre o diálogo entre o escrivão que toma o depoimento e os leitores desse depoimento. Num segundo nível, o depoente (vítima ou agressor) relata ao escrivão o que supostamente teria ocorrido. Esse é o momento em que o depoimento é redigido pelo escrivão, a partir do relato feito pelo depoente. Por sua vez, na fala do depoente, são representadas trocas em que este dialoga com diferentes instâncias ou personagens. A título de ilustração, vejamos como essa subordinação de três níveis interacionais ocorre neste trecho do depoimento da vítima:

(1) Que o acusado disse "isso não vai ficar assim".

No nível mais exterior, o escrivão nos conta, por meio do depoimento, o que a vítima disse que o agressor disse a ela no momento da agressão. Segundo o escrivão, a vítima disse que o agressor disse a ela: "isso não vai ficar assim". No nível interacional intermediário, a vítima conta ao escrivão, durante a tomada do depoimento, que o agressor a ameaçou dizendo: "isso não vai ficar assim". No nível interacional mais interno, o agressor diz à vítima que "isso não vai ficar assim", no momento em que eles brigam. Seguindo aproximadamente a proposta de Burger (1997, 2001), representamos essa análise por meio deste quadro interacional:

Quadro 2 – Complexidade interacional do gênero depoimento com base na proposta de Burger (1997, 2001).

Escravidão	Depoente (vítima ou agressor)	Personagens	Escravidão	Leitores

Esses esclarecimentos sobre a complexidade interacional do depoimento são importantes para definirmos em qual nível se situam nossas análises da gestão de faces. Nossa análise se situa no nível intermediário do quadro anterior, porque busca entender o processo de negociação de faces que ocorre entre o depoente e o escrivão, no momento em que aquele relata a situação vivenciada.

Mas, ao mesmo tempo, não podemos ignorar que, no depoimento, esse processo de negociação de faces entre o depoente e o escrivão é impactado pelo nível interacional mais externo, aquele em que o escrivão dialoga com os leitores do depoimento. Assim, tendo em vista que o *corpus* de análise é o depoimento escrito, é preciso considerar que o acesso que temos à maneira como o agressor, por exemplo, se apresenta ao escrivão é indireto. O que temos é uma representação feita pelo escrivão, tal como esquematizado no quadro anterior. Nesse sentido, é importante termos em mente que a maneira como a vítima se apresenta nos depoimentos pode ser afetada, em grande medida, pelo modo como a instituição policial, representada pelo escrivão, vê a mulher vítima de agressão.

Os depoimentos fazem parte de um mesmo processo e estão relacionados a uma denúncia da vítima contra seu ex-companheiro, após um desentendimento que chegou à agressão física.[2] Os perfis dos envolvidos no processo revelam uma mulher de 26 anos, divorciada, em um segundo relacionamento, possui o segundo grau completo, uma filha (fruto do relacionamento com o ex-companheiro que a agrediu), desempregada, com ocupação "do lar"; um homem de 35 anos, divorciado, em um segundo relacionamento, com primeiro grau completo, pedreiro. Vejamos o depoimento da vítima:

(2) Que o acusado estava segurando na mão de sua filha como fosse pegá-la; Que a depoente puxou a criança e o acusado a empurrou; Que entraram em luta corporal; Que o acusado ao empurrá-la atingiu a região do seu peito; Que lhe deu vários empurrões e socos no tórax; Que o acusado disse "isso não vai ficar assim"; Que não sentiu medo quando o acusado a ameaçou; Que não sabe se o acusado estava bêbado, mas que enquanto esteve casado com ela vivia embriagado; Que o atual companheiro presenciou os fatos; Que não discutiu com o acusado. Que o autor ficou por perto por muito tempo fazendo ameaças, dizendo "isso não vai ficar assim" (Proc. n. 024.11.007202-02).

Em estudos anteriores, já se comprovou que, em muitos casos, a situação que envolve a violência conjugal encerra uma relação de poder complexa e dinâmica (Izumino, 2004). A mulher relata os fatos procurando preservar a sua face diante da agressão e assumindo no próprio discurso a sua passividade, já que, mesmo reconhecendo que houve a luta corporal, há uma preocupação presente na narrativa para explicar o ato agressor, mas se eximir de qualquer tentativa de conflito que tenha sido gerada por ela. Ademais, no inquérito há o laudo de lesões corporais realizado na vítima que configuram o ato agressor físico e também psicológico.

Pelas estratégias de passividade e imobilismo, ou seja, por meio de uma perspectiva vitimista, embora se possa depreender uma violência perpetrada pela mulher, essa violência é representada de forma mais difusa ou mesmo apagada em sua autoapresentação positiva (Freitas e Pinheiro, 2013).

Apesar de afirmar que entrou em luta corporal, a mulher deixa claro que a força física do agressor foi maior que a sua e enfatiza a ameaça feita pelo acusado, procurando assegurar a veracidade do fato, quando apresenta a figura do companheiro atual como testemunha de que houve uma agressão muito maior por parte do acusado e que ela sequer havia discutido com ele. Nesse sentido, ela procura preservar sua face e apresentar a face "suja" e negativa de seu agressor. Enfatiza, portanto, as coisas boas dela e as coisas ruins dele.

Além disso, a mulher, em seu depoimento, enfatiza a possibilidade de agressões futuras por parte do ex-companheiro, o que é registrado pelo escrivão em discurso direto: "isso não vai ficar assim". Essa estratégia evidencia a busca da vítima por construir para o agressor a imagem de alguém perigoso, que pode cometer novas agressões futuramente. Logo em seguida, ela informa que, apesar da ameaça, não sentiu medo ("Que não sentiu medo quando o acusado a ameaçou"). Essa informação pode ter como efeito criar para a vítima uma imagem positiva, que, embora esteja numa posição inferior de vítima que precisa recorrer à polícia, como dissemos anteriormente, ainda assim reivindica valores sociais positivos como coragem.

No mesmo processo, o relato do acusado apresenta estratégias que procuram apagar essa imagem negativa criada pela mulher e minimizar a agressão, enquanto ressalta aspectos que desfavorecem a autoapresentação feita pela vítima e procura construir uma apresentação negativa dela. Eis seu relato:

(3) Que a denúncia não é verdadeira; Que os problemas que teve com a vítima foram porque "ela é mulher macho", tudo ela brigava, tudo ela partia pra cima, sendo que num dia ela quebrou o seu nariz; que sobre os fatos, o que na verdade aconteceu foi que ele deixou a filha (tem visita livre para ver a filha) brincando com os sobrinhos no quintal e foi levar seu pai no trabalho; Que a vítima soube que ele havia se ausentado de casa por aquele tempo e buscou a criança; Que então foi na rua da vítima pegar novamente a criança; Que a vítima e seu marido saíram na rua e o declarante pegou a mão da criança para levá-la; Que a vítima foi pegar a menina de sua mão e por isso o declarante a empurrou; Que o marido dela veio em sua direção, deu uma rasteira nele; Que não desferiu soco no peito da vítima, apenas a empurrou; Que a chamou de drogada porque ela realmente é drogada e vive no beco do cigano cheirando pó e deixando a menina em casa sozinha; Que recebeu a determinação de estar afastado dela, se afastou e está até sem ver sua filha, mas a vítima não para de ligar para sua casa; Que consegue ver a criança quando ela passa por sua porta, e às vezes quando a mãe não está a avó permite que ela vai a sua casa; Que acha engraçado que quando bebia muito e caía de moto a vítima não fazia nada, agora que tem outra mulher e acertou sua vida, não bebe mais, a vítima vive amolando (Proc. nº. 024.11.007202-02).

Há, no relato do agressor, estruturações discursivas que procuram apagar e negar o ato na tentativa de preservar sua face e realçar a ação agressiva da mulher, em primeiro plano. As negações ocorrem por meio de diferentes estratégias. O acusado não só nega o ato em si, como reforça o caráter agressivo da mulher. Ao enunciar, no início da narrativa, a representação do conflito por meio da negação do ato agressivo, ele se utiliza de uma força argumentativa pressuposta pelo fato de ter existido uma denúncia que não possui valor de verdade, "não é verdadeira". Tal estratégia coloca em risco não só a face da mulher, que denunciou, mas também do próprio defensor público, que ofereceu a denúncia para que o processo desse seguimento.

A narrativa continua com a tentativa de negação do ato perpetrado pelo agressor, mas o argumento que ele utiliza é pautado numa retomada do seu relacionamento com a mulher no passado, ou seja, ele justifica "que os problemas que teve com a vítima foram porque ela é mulher macho, tudo ela brigava, tudo ela partia pra cima, sendo que num dia ela quebrou o seu nariz". Percebemos que a intenção argumentativa é minimizar a própria violência perpetrada por ele a partir de uma transferência de responsabilidade que encontra respaldo no passado. Em sua fala, é possível perceber a relação de gênero sustentada pela reafirmação ou afirmação da masculinidade dominante, hegemônica, ainda patriarcal, segundo a qual o lugar do homem é o da masculinidade, virilidade e força física.[3]

Ao voltar ao passado, o argumento do acusado é utilizado para tentar prejudicar a face da mulher, que é reconhecida em seu discurso com características próprias do gênero masculino e não do gênero feminino, ao qual ela cultural e socialmente pertence. O reforço desse argumento está pautado em um conceito de gênero vinculado ao sistema de relações entre os sexos e à dinâmica do poder no Ocidente, que vê a masculinidade como uma construção histórica, cultural e social. O uso da expressão "mulher macho", própria do homem nordestino, reforça a visão de homem macho, viril, violento e corajoso. Essa transferência, então, não remete apenas à transferência de responsabilidade, mas a uma transferência de lugar social, histórico e culturalmente construído.

Ele investe em um discurso de culpabilização da vítima que encontraria respaldo no seu passado agressivo, já que ela, sim, praticou agressão contra ele porque sempre "partia pra cima" até chegar ao ponto de quebrar o nariz do acusado. Essa construção negativa da face da mulher agredida é reforçada pela estratégia de escusa e inversão, que consiste justamente em alegar provocação e culpa da vítima. Além da expressão tipicamente nordestina, a narrativa expõe uma visão de mulher com um comportamento totalmente diferenciado, sendo, pois, a construção de uma imagem que a desqualifica diante de seus supostos papeis, de mulher, de mãe, de esposa, de dona de casa etc.

A sequência das estruturas narrativas revela a tentativa do acusado de reformulação da denúncia, a partir do uso do reformulador, "na verdade", que é utilizado para retomar os fatos no presente mais próximo ao ato e explicá-los sob o seu ponto de vista para preservar sua face positiva ("Que sobre os fatos, o que *na verdade* aconteceu foi que ele deixou a filha (tem visita livre para ver a filha) brincando com os sobrinhos no quintal e foi levar seu pai no trabalho"). Nesse sentido, a negociação de faces, no depoimento, esbarra nas considerações de Goffman (2011: 31) sobre o que denomina "intercâmbios agressivos". Essa agressividade aparece fortemente marcada na narrativa do acusado, ao tentar apresentar fatos positivos para ele e negativos sobre a mulher, (des)enfatizando os aspectos positivos que ela possa ter apresentado. Sua estratégia é se defender da denúncia e conseguir preservar sua própria face pela ênfase na apresentação de seus aspectos positivos. Isso fica visível ao atacar a integridade da mulher em vários níveis, que vão desde o ataque ao gênero até o ataque moral e psicológico, já que ela vive com outro homem, não cuida bem do filho e é usuária de drogas.

No quadro a seguir, procuramos resumir as estratégias utilizadas no depoimento do agressor para a construção e o gerenciamento de faces a partir da visão de polarização discursiva:

Quadro 3 - Polarização discursiva do depoimento do agressor.

Autoapresentação positiva: Eles (agressores)	Outroapresentação negativa: Elas (vítimas)
1. Não é violento e não agrediu a mulher (a denúncia não é verdadeira). 2. Tem visita livre para ver sua filha. 3. Não estava bebendo, apenas conversando com o irmão sobre a compra de um táxi. 4. Tentou apenas buscar a filha de volta para casa, porque a mulher foi busca-la enquanto ele estava ausente. 5. Deixou a criança brincando com os sobrinhos. 6. Apenas empurrou a vítima porque ela partiu para cima dele. 7. Não desferiu soco no peito da vítima. 8. Diz a verdade e a mulher é drogada mesmo. 9. Cumpre a determinação de ficar afastado dela. 10. Tem outra mulher e "acertou sua vida". 11. Não bebe mais.	1. É violenta e tem características de "mulher macho". 2. Gosta de brigar (tudo ela brigava, tudo ela partia para cima). 3. Tem histórico de agressão (quebrou o nariz do ex-marido). 4. Não aceita o fim do relacionamento (não para de ligar para sua casa: fica amolando). 5. É usuária de drogas (cheira pó e vive no beco do cigano). 6. Não cuida bem da filha e deixa a criança sozinha em casa. 7. Não cumpre seu papel de mãe corretamente. 8. Liga constantemente para ele. 9. Não se preocupava com ele enquanto estavam casados (ele bebia muito e caía de modo). 10. É mentirosa.

Esse quadro coloca em evidência as estratégias de polarização discursiva utilizadas pelo agressor para consolidar um conhecimento partilhado entre o grupo social (masculino) sobre o papel desempenhado pela mulher na sociedade e sobre a violência. A consolidação de algumas construções na macroestrutura, nas escolhas lexicais, nos tempos verbais, entre outros, evidencia e ajuda a reforçar a ideologia patriarcal em nossa sociedade, que se fundamenta em crenças avaliativas tais como: a mulher é violenta, é mentirosa, é responsável pela própria violência sofrida, não é boa mãe, é viciada etc.

CONCLUSÕES

Com base em dois depoimentos de uma audiência de instrução e julgamento, procuramos demonstrar a importância da questão de gerenciamento de faces pelo viés da polarização em casos que envolvem violência conjugal. Verificamos que as estratégias de polarização discursiva são utilizadas no depoimento do agressor para fundamentar crenças avaliativas negativas contra a mulher agredida. Assim, o depoimento, por meio da forma como é construído, reforça a imagem da mulher como inferior ao homem e como causadora e responsável pelas agressões de que é vítima.

A retextualização operada na passagem do oral para o escrito constitui, pois, um interessante processo a ser estudado discursivamente, uma vez que nos propõe reflexões de ordem tanto linguística quanto ética, já que um documento pouco fiel aos depoimentos dados pode oferecer problemas às partes envolvidas, como uma condenação ou absolvição equivocada, por exemplo, além de futuros mal-entendidos do juiz de Direito, caso seja feita uma denúncia pelo Ministério Público. E essas sérias implicações, como vimos, não se devem a um mero e ingênuo equívoco de escrita, mas à maneira como, no depoimento ou, mais amplamente, no domínio jurídico, a negociação das imagens identitárias é impactada por ideologias negativas contra a mulher e que estão arraigadas em nossa sociedade.

Notas

[1] Declaração e programa de ação de Viena: Conferência Mundial sobre Direitos Humanos. Viena, 14-25 de junho de 1993.

[2] A vítima dessa agressão, após registrar o Boletim de Ocorrência no DPJ de Vitória, foi encaminhada ao DML para exame de corpo de delito, o que resultou no laudo, onde são comprovadas as agressões. Em seguida, foi orientada a procurar o Núcleo de Enfrentamento à Violência Doméstica e Familiar contra a Mulher vinculada à Promotoria da Mulher de Vitória para atendimento psicológico e social e o CAVVID, e orientada a procurar o Núcleo de Violência Doméstica e Familiar contra a Mulher da Defensoria Pública do Estado do Espírito Santo.

[3] Scott (1986) foi quem, a partir de uma perspectiva histórica, definiu o gênero como um elemento constitutivo das relações sociais fundadas sobre as diferenças percebidas entre os sexos, e um primeiro modo de dar significado às relações de poder.

Bibliografia

BAKHTIN, M/VOLOCHÍNOV, V. N. *Marxismo e filosofia da linguagem*. São Paulo: Hucitec, 1986 [1. ed. 1929].

BAYRAKTAROGLU, A. Politeness and interactional imbalance. *International Journal of the Sociology of Language*. n. 92, 1991, pp. 5-34.

BENVENISTE, E. As relações de tempo no verbo francês. In: BENVENISTE, E. *Problemas de linguística geral*. São Paulo: Edusp, 1976, pp. 260-76.

BRASIL. Lei nº. 11.340, de 07 de agosto de 2006. Cria mecanismos para coibir a violência doméstica e familiar contra a mulher. *Diário Oficial da República Federativa do Brasil*. Brasília: DF, 8 ago. 2006. Disponível em: <http://www.planalto.gov.br/ccivil_03/_ato2004-2006/2006/lei/l11340.htm>. Acesso em: 10 mar. 2014.

BRONCKART, J. P. *Atividade de linguagem textos e discursos*: por um interacionismo sócio-discursivo. São Paulo: Educ, 2007.

BURGER, M. Positions d'interaction: une approche modulaire. *Cahiers de Linguistique Française*, v. 19, pp. 11-46, 1997.

COLARES, V. Direito à imagem e os jogos de linguagem: no limiar entre o discurso oficial e o discurso oficioso. In: *II Colóquio da ALED no Brasil*: intercâmbio de práticas inovadoras. Brasília: Universidade de Brasília, 2008. p. 39-40. Disponível em: <file:///F:/Downloads/direitoImagemJogosLinguagem-VirginiaColares.pdf>. Acesso em: 01 abr. 2015.

FILLIETTAZ, L. Une approche modulaire de l'hétérogénéité compositionnelle du discours: le cas des récits oraux. *Cahiers de Linguistique Française*, v. 21, pp. 261-327, 1999.

_______. *Actions, activités et discours*. Genebra, 2000. Tese (Doutorado em Linguística) – Faculdade de Letras, Universidade de Genebra.

_______. La place du contexte dans une approche praxéologique Du discours. Le cas de l'argumentation dans les interactions scolaires. *Pratiques*, n.129-130, pp. 71-88, 2006.

FREITAS, L.; PINHEIRO, V. *Violência de gênero, linguagem e direito:* análise de discurso crítica em processos na Lei Maria da Penha. Jundiaí: Paco Editorial, 2013.

GOFFMAN, E. *A representação do eu na vida cotidiana*. Petrópolis: Vozes, 2009.

_______. *Ritual de interação*: ensaios sobre o comportamento face a face. Petrópolis: Vozes, 2011.

IZUMINO, W. P. Delegacias de Defesa da Mulher e Juizados Especiais Criminais: mulheres, violência e acesso à justiça. XXVIII Encontro da Associação Nacional de Pós-Graduação em Ciências Sociais – anpocs. Caxambu, Minas Gerais, 26 a 28 de outubro de 2004. Disponível em: <http://www.nevusp.org/downloads/down082.pdf>. Acesso em: 10 ago. 2015.

KERBRAT-ORECCHIONI, C. *Les actes de langage dans le discours*: théorie et functionnement. Paris: Armand Colin, 2008.

KOTSCHI, T. Procédés d'evaluation et de commentaire metadiscursifs comme strategies interactives. *Cahiers de Linguistique Française*, v. 7, pp. 207-230, 1986.

LABOV, W. The transformation of experience in narrative sintax. In: LABOV, W. *Language in the inner city*: studies in the black English vernacular. Philadelphia: University of Pennsylvania Press, 1972.

NATALE, R. *A representação social da violência de gênero contra a mulher no Espírito Santo*. Vitória, 2015. Dissertação (Mestrado em Linguística) – Universidade Federal do Espírito Santo.

OSTERMANN, A. C. Comunidades de prática: gênero, trabalho e face. In: HEBERLE, V.; OSTERMANN, A. C.; FIGUEIREDO, D. C. (Orgs.). *Linguagem e gênero no trabalho, na mídia e em outros contextos*. Florianópolis: Ed. UFSC, 2006, pp. 15-47.

PORTO, M. S. G. *Sociologia da violência*: do conceito às representações sociais. Brasília: Francis, 2010.

ROULET, E.; FILLIETTAZ, L.; GROBET, A. *Un modèle et un instrument d'analyse de l'organisation du discours*. Berne: Lang, 2001.

SACKS, H.; SCHEGLOFF, E.; JEFFERSON, G. Sistemática elementar para a organização da tomada de turnos para a conversa. *Veredas*, v. 7, pp. 9-73, 2003 [1ª ed. 1974].

SCOTT, J. W. Gender: a useful category of historical analysis. *The American Historical Review*. v. 91, n. 5, Dez. 1986, p. 1053-1075. Disponível em: <http://www.jstor.org/stable/1864376?seq=1#page_scan_tab_contents>. Acesso em: 28 abr. 2015.

TOMAZI, M. M.; NATALE, R. [Des]caminhos da violência de gênero no Brasil: discurso, mídia e representação social. In: SILVA, Denise Helena Garcia da; PARDO, María Laura (Orgs.). *Passado, presente e futuro, dos estudos do discurso na América Latina*. Brasília: Universidade de Brasília, 2015, v. 1, pp. 136-155.

VAN DIJK, T. *Ideology*: a multidisciplinary approach. London: Sage, 1998.

_______. *La noticia como discurso*: comprensión, estructura y producción de la información. Barcelona: Paidós, 1990.

_______. *Ideología:* una aproximación multidisciplinaria. Barcelona: Gedisa, 1999.

_______. El estudio del discurso. In: VAN DIJK, T. A. (Org.). *El discurso como estructura y proceso:* estudios sobre el discurso I: una introducción multidisciplinaria. Barcelona: Gedisa, 2000, pp. 21- 65.

_______. La multidisciplinariedade del análisis crítico del discurso: un alegato em favor de la diversidade. In: WODAK, R.; MEYER, M. (Orgs.). *Métodos de análisis crítico del discurso*. Barcelona: Gedisa, 2001.

_______. *Ideology and discourse*: a multidisciplinary introduction. Barcelona: Ariel, 2003.

_______. Discourse, context and cognition. *Discourse Studies*. v. 8, pp. 159-77, 2006.

_______. *Discurso e poder*. São Paulo: Contexto, 2010.

_______. *Sociedad y discurso:* cómo influyen los contextos sociales sobre el texto y la conversación. Barcelona: Gedisa, 2011.

_______. *Discurso e contexto:* uma abordagem sociocognitiva. Trad. Rodolfo Ilari. São Paulo: Contexto, 2012.

_______. *Discourse and knowledge:* a sociocognitive approach. Barcelona: Cambridge University Press, 2014.

VION, R. *La communication verbale*: analyse des interactions. Paris: Hachette, 1992.

WAISELFSZ, J. J. Mapa da violência 2012. Atualização: homicídios de mulheres no Brasil. CEBELA. FLASCO/Brasil, 2012.

_______. J. J. Mapa da violência 2015: homicídios de mulheres no Brasil. Brasil, 2015, Disponível em: <http://www.mapadaviolencia.org.br/pdf2015/mapaViolencia2015.pdf> Acesso em: 12 nov. 2015.

Weinrich, H. *Le temps*. Paris: Éditions du Seuil, 1973.

Referenciação em textos jurídicos: da argumentação da língua à argumentação no gênero

Leonor Werneck dos Santos
Rosalice Pinto
Ana Lúcia Tinoco Cabral

O ambiente litigioso detém um papel importante na prática jurídica em que as partes envolvidas, visando convencer o juiz sobre seus direitos, apresentam diferentes pontos de vista ou versões sobre o mesmo fato, elaborados pelas partes envolvidas. Baseando-se nesse fato e considerando a importância da escrita em ações cíveis, este artigo apresenta uma reflexão sobre as estratégias referenciais de teor argumentativo utilizadas, no discurso jurídico, pelas partes envolvidas, no intuito de apoiar seu próprio discurso ou de refutar o do adversário, com intenção argumentativa. Na verdade, tais recursos linguísticos em conjunto com outros de natureza diversa colaboram para a construção de cenários enunciativos com alternância de graus de proximidade e distanciamento. Com isso, o nosso objetivo é colaborar para o ensino da leitura e da produção de textos, especificamente os de natureza jurídica, de forma que graduandos e futuros profissionais da área possam refletir sobre os textos jurídicos comuns à sua prática. Para isso, analisaremos petições iniciais e sentenças produzidas no Brasil e em Portugal entre 2012 e 2014.

Para atendermos o objetivo proposto, apresentaremos quadros teóricos que trarão subsídios analíticos relevantes para o estudo dessas estratégias argumentativas. Inicialmente, apresentaremos o conceito atual de referenciação, com base na perspectiva sociointeracional da Linguística de Texto, que considera que o processo de referência deve ser uma prática discursiva, exigindo interação entre os sujeitos do discurso responsáveis por escolhas significativas para representar os referentes de acordo com a sua proposta de sentido. Demonstraremos de que maneira, neste específico contexto acadêmico e profissional, é necessário acionar conhecimentos prévios para identificar os objetos de discurso.

Em seguida, discutiremos a argumentação, convocando o quadro teórico da Semântica Argumentativa (Ducrot, 1984), associada a estudos sobre a enunciação linguística (Benveniste, 1966, 1974; Kerbrat-Orecchioni, 1997 [1980]), além dos trabalhos de Rastier (1989, 2001) sobre a Linguística dos Gêneros.

Vale salientar que os textos jurídicos (área cível) escritos por advogados brasileiros e portugueses que analisamos neste artigo fazem parte de um *corpus* em construção. Portanto, esta análise é ainda preliminar e, por questão de espaço, citaremos apenas alguns trechos, em vez dos textos inteiros. Além disso, é importante destacar que há muitas semelhanças entre as sentenças e petições escritas no Brasil e em Portugal: elas se caracterizam por escolhas estilísticas com alto grau de formalidade e por uma organização textual bem rígida, devido às exigências da área do Direito.

Na abordagem que faremos sobre a argumentação para analisar textos empíricos, pretendemos mostrar que os elementos referenciais utilizados no *corpus* revelam como as partes envolvidas na ação utilizam a linguagem para argumentar e destruir o discurso da parte oposta. Assim, pretendemos provar que a necessidade de inferências faz parte da progressão textual, colaborando para a coerência textual e para a arquitetura argumentativa do gênero em tela. Afinal, esses textos apresentam uma dimensão retórica e argumentativa, associada a escolhas linguístico-textuais, e a percepção dessas estratégias pelos alunos de Direito pode levá-los a produzir textos mais proficientes.

REFERENCIAÇÃO: PROCESSO DE (RE)CONSTRUÇÃO DE REFERENTES

Segundo Koch e Elias (2006), a construção de sentido dos textos é um processo dinâmico para o qual convergem nossos conhecimentos prévios (de mundo, da língua, de estruturas textuais etc.). Assim, a escolha por um ou outro termo direciona a leitura e consequente compreensão do texto, podendo ainda colaborar para a configuração argumentativa que se pretende. Vejamos o exemplo (1), extraído do nosso *corpus*:

> (1) *In casu*, o que se verifica é o abuso de confiança pela não restituição do imóvel após a notificação, sendo certo que os réus têm plena consciência de que a sua posse é precária, face à obrigação de restituir o imóvel, que é inerente ao contrato de empréstimo.
> Configurado o esbulho a menos de ano e dia, não resta outra alternativa à autora a não ser pleitear judicialmente a sua reintegração na posse do imóvel, a qual deverá ser determinada liminarmente, ou após justificação prévia. (Petição Inicial, Nova Iguaçu, p. 2)

No trecho "Configurado o esbulho a menos de ano e dia, não resta outra alternativa à autora a não ser pleitear judicialmente a sua reintegração na posse do imóvel", percebemos que a escolha do item lexical grifado configura-se como intencional, por se tratar de jargão jurídico[1] e, dessa forma, caracterizar como ilícita a posse do imóvel por parte do réu. Outras palavras ou expressões poderiam aparecer nessa frase, como "o problema", por exemplo, porém o efeito de sentido não seria o mesmo. Questões como essas levam-nos a pensar como são construídos e reconstruídos os objetos de discurso nos textos, processo conhecido como referenciação.

Para entendermos esse processo, precisamos definir o que entendemos como texto, referenciação e objetos de discurso. Atualmente, consideramos o texto o lugar de interação (Koch, 2003), caracterizado pela coesão e pela coerência interna/externa entre seus elementos. Porém, tal definição ainda não é suficiente ao trabalharmos com textos em práticas sociais, pois precisamos ter em mente de que gênero textual estamos tratando: oral, escrito, multimodal? Cada texto (bilhete, petição inicial, receita, bate-papo, anúncio publicitário em rádio/TV/outdoor) apresenta características próprias, e isso reflete nas estratégias coesivas, nas escolhas linguísticas, na construção de sentidos. Não interpretamos uma notícia, um poema, uma receita de bolo, uma petição da mesma maneira; além disso, textos veiculados em formato impresso diferem de textos veiculados em sites, por exemplo. Tudo isso interfere na leitura, que implica levantamento de hipóteses:

> Na atividade de leitura e produção de sentido, colocamos em ação várias estratégias sociocognitivas. Essas estratégias por meio das quais se realiza o processamento textual mobilizam vários tipos de conhecimento que temos armazenados na memória. (Koch e Elias, 2006: 39)

No processo de referenciação, em especial, precisamos compreender que esse termo é diferente e mais abrangente que "coesão referencial", que usualmente encontramos em livros didáticos e manuais de redação. Este comumente é apresentado como uma simples "retomada" de elementos da superfície textual, num lançar de setas para encontrar a qual termo determinado nome ou pronome remete. Porém, não basta encontrar o alvo da seta; há de se entender o sentido que foi construído no texto por meio do processo, conforme as escolhas feitas.

Referenciação é, portanto, uma atividade discursiva de ativação, desativação e reativação de objetos de discurso, que colabora para a construção de sentido dos textos (Koch e Elias, 2006). Os objetos de discurso são construídos no texto, e estratégias utilizadas em alguns gêneros textuais podem não ser tão úteis em outros. Por isso, é incoerente e inconsistente a postura de alguns manuais didáticos que listam orientações para escrever um bom texto que enfatizam a necessidade de evitar repetições e usar pronomes; visão equivocada, que parte do pressuposto de que repetir palavras causa problemas de coesão nos textos e, para evitá-los, os pronomes usados servem como mecanismo de coesão. Porém, basta olharmos para textos jurídicos, como petições e processos, para observar que neles é essencial repetir termos como *réu*, *contratado*, *contratante* etc. Essa repetição parece ser constitutiva de gêneros textuais da área jurídica, como percebemos no exemplo (2), retirado dos três primeiros parágrafos de uma Petição Inicial brasileira:

> (2) *A autora* é titular do direito e ação sobre o imóvel situado na rua [...]. Na qualidade de legítima possuidora, *a autora*, há cerca de cinco anos, emprestou gratuitamente ao primeiro réu, que é seu filho, e à segunda ré, que é sua nora, o referido imóvel a título de comodato verbal. [...] Ressalte-se que *a autora* é pessoa de poucas posses e aufere um ínfimo rendimento mensal e, além de não auferir frutos com a utilização do imóvel, ainda arca com o pagamento do aluguel do imóvel em que reside [...]. Desta forma, não interessa mais *à autora* manter o contrato de comodato com os réus, eis que necessita do imóvel desocupado [...]. Para tanto, *a autora* notificou judicialmente os réus [...], mas o imóvel, até a presente data, ainda não foi restituído, configurando, assim, o esbulho possessório praticado a menos de ano e dia. (Petição Inicial-Brasil, p. 2. [grifos nossos])

No exemplo (2), o termo "a autora" é reiterado cinco vezes nesse breve trecho. Repetições como essas colaboram para a construção de sentido do texto, da mesma forma que escolher chamar um rapaz de 18 anos que foi preso portando maconha como "traficante" ou "jovem de classe média", ou denominar uma passeata de professores – interrompida pela ação da polícia – de "confronto", "manifestação pacífica" ou "tumulto" aportará ao texto um sentido diferenciado. Por isso, atualmente, ao analisar a apresentação e as retomadas de elementos no texto, usamos o termo *referenciação*, um processo importante para "entender o porquê das escolhas feitas, pois cada uma delas implica abandono de outras, e a seleção depende da intencionalidade do texto" (Santos, Cuba Riche e Teixeira, 2012: 18).

Segundo Mondada (2003), Koch (2004, 2008), Cavalcante (2003, 2011), dentre outros autores, por meio dos processos referenciais, a imagem do referente vai sendo alterada à medida que o texto se desenvolve, marcando tomadas de posição em relação aos referentes, conforme o gênero textual produzido e a situação interacional na qual ele está inserido. Consequentemente, o desconhecimento de alguma informação pode dificultar a reelaboração dos objetos de discurso – entidades construídas no discurso, marcadas pelo projeto de dizer do enunciador. Por isso, é importante verificar como os processos referenciais exigem o acionamento de conhecimentos prévios, compartilhados pelo entorno sociocognitivo e cultural, para reconstruir os objetos de discurso e, assim, construir os sentidos.

Essa "arquitetura textual" (Koch, 2008) demonstra caminhos variados de leitura e pode deixar mais ou menos clara a tomada de posição em relação a determinados referentes. A imparcialidade na linguagem e a objetividade da linguagem não existem, de fato; são mitos, pois não há signo neutro, isento de posicionamento.

Em se tratando de referenciação, também é pertinente destacar que os processos referenciais são classificados de maneiras diferentes. Não é nosso objetivo discutir, neste artigo, nem nomenclatura nem pressupostos teórico-metodológicos em relação a esse tema. Em linhas gerais, reiteramos o que Koch e Marcuschi (1998) defendem desde que os estudos sobre referenciação se desenvolveram no Brasil: a introdução e a retomada, com recategorização e/ou desfocalização dos objetos de discurso, atuam de maneiras diferentes nos textos, acionando uma série de conhecimentos compartilhados, exigindo maior ou menor grau de inferências. Assim, tanto nos casos de anáfora (direta, indireta, encapsuladora) quanto de dêixis, as estratégias de referenciação se constituem como essenciais para a percepção dos efeitos de sentido criados no texto (Cavalcante e Santos, 2012).

Em linhas gerais, podemos chamar de anáforas diretas os processos referenciais em que há correferencialidade (como em menino > ele > Ø > garoto > pivete); já nas indiretas, além de não haver correferencialidade, geralmente há necessidade de fazer inferências para estabelecer a relação entre os termos utilizados no texto (é o caso de trem > vagão, por exemplo); nos casos de encapsulamentos, há um elemento que resume (encapsula) uma porção de texto precedente ou subsequente, são geralmente pronomes demonstrativos (isso, isto...) ou substantivos abstratos, como fato, problema, escândalo, e muitas vezes colaboram para a arquitetura argumentativa do texto. Finalmente, quanto à dêixis, em que pese o fato de haver uma série de subdivisões deste processo referencial, interessam-nos apenas os casos de dêixis de espaço, pessoa e tempo. É mister destacar, porém, que, ainda que geralmente se relacionem as anáforas indiretas à necessidade de inferências, todos os processos referenciais acionam, em maior ou menor grau, conhecimentos prévios e necessitamos inferir informações e relações muitas vezes bastante implícitas para construir o sentido dos textos (Santos e Cavalcante, 2014).

No caso dos textos jurídicos analisados neste artigo, quanto aos processos referenciais, parece haver uma tendência ao uso de anáforas diretas, provavelmente porque os referentes são mais estáveis (Mondada e Dubois, 2003) e, por isso, frequentemente são retomados – inclusive com repetições do mesmo sintagma nominal. Termos como *demandado/demandante*, *réu/ré*, *ação*, *autor(a)* são recorrentes nesses textos. Como essas repetições de anáforas diretas costumam surgir, inclusive, abrindo parágrafos, parece-nos que essa estratégia serve para manutenção do tópico (Jubran, 2006). Além disso, com essa repetição, percebemos que se enfatizam os participantes do processo em pauta, deixando bem claro a quem o autor do documento se refere. É, portanto, uma estratégia de extrema importância na construção desses textos jurídicos.

Além disso, é notória, nesses textos, a presença de elipses (Ø) no lugar de sujeito, em trechos nos quais é feita referência ao réu, provavelmente como recurso coesivo quando o referente é facilmente recuperado no cotexto, como vemos no exemplo (3):

(3)

7º

Igualmente, nunca mais o R. foi visto a depositar o lixo no respectivo contentor do prédio em questão.

8º

Ø Deixou de receber no andar em causa quaisquer visitas.

9º

Nunca mais Ø foi visto a realizar, nos estabelecimentos comerciais da zona, assim como a trazer para o prédio, as compras normais e decorrentes de uma vida centrada no locado em questão, nomeadamente as relacionadas com a alimentação. (Estudo de caso-Portugal, p. 2)

Em se tratando de uso de anáforas indiretas, no exemplo (4), do *corpus* português, observamos dois casos que só podem ser compreendidos se fizermos inferências: "a fracção" (unidade alugada) e "a renda mensal" (aluguel) estão associados a "contrato de arrendamento", o que constitui anáfora indireta.

(4)

Por contrato de arrendamento de .... de .... de.................., os A.A. deram de arrendamento ao Réu, a fracção correspondente ao rés do chão do prédio urbano supra identificado.

3º

A renda mensal é actualmente de .... EUROS. (Estudo de caso-Portugal, p. 1)

Outro processo referencial que encontramos no *corpus* analisado são as anáforas encapsuladoras. Por vezes, os encapsulamentos, embora exijam uma leitura cuidadosa para recuperar as âncoras textuais, são relativamente simples e mais facilmente recuperáveis no cotexto, como no exemplo (5).

(5) <u>Os factos supra referidos</u> integram falta de residência permanente constituindo fundamento de resolução do contrato (...). (Estudo de caso-Portugal, p. 3. Grifos nossos)

Em outros casos, os encapsulamentos são bastante avaliativos, já antecipando, de certa forma, um julgamento negativo da causa em questão, como no exemplo (6):

(6) E como se não bastasse o desrespeito à notificação judicial, os réus vêm ocasionando danos ao imóvel (...). (Petição Inicial- Brasil, p. 2)

Em (6), "o desrespeito à notificação judicial" resume tudo o que fora relatado anteriormente sobre a ocupação indevida do imóvel – assim como ocorrera no exemplo (1), com "O esbulho". Percebemos, portanto, que o encapsulamento, nesses casos, funciona como rótulo avaliativo (cf. Francis, 2003), por enfatizar um posicionamento crítico.

Finalizando esta breve análise, gostaríamos de destacar que, comparando os textos dos dois *corpora*, chama a atenção, na petição brasileira, a presença de dêiticos de tempo e espaço, como "até a presente data", "nesta" e "desta Comarca" (referindo-se, respectivamente, à data, à cidade e à Comarca onde foi aberta a ação). Na ação portuguesa, qualquer referência ao local de ajuizamento do processo é marcada pelo nome da cidade ("em Lisboa", por exemplo), mesmo que seja a mesma cidade de redação da causa.

Tendo observado a relevância dos processos referenciais nos estudos de caso de natureza jurídica, nos dois países, de que forma estes podem vir a ter uma função argumentativa? Essa função pode ter uma variabilidade, de acordo com a perspectiva descritiva adotada para o estudo da argumentação? São essas questões que serão respondidas na seção a seguir.

REFERENCIAÇÃO E SUA FUNÇÃO ARGUMENTATIVA

Nas diversas atividades sociais, agimos e interagimos por meio de gêneros, os quais se manifestam por textos; estes, por sua vez, apresentam uma materialidade linguística. Ao elaborarmos nossos textos, operamos escolhas linguísticas, que, certamente, se organizam na materialidade linear textual, conforme já observamos. Defendemos que essas escolhas são argumentativamente orientadas.

A língua nos coloca à disposição possibilidades para tais escolhas e, igualmente impõem limitações a elas (Anscombre e Ducrot, 1997). O conceito de argumentação na língua tal como a compreendemos reside nesta noção de possibilidade e limitações relativas às escolhas linguísticas argumentativamente orientadas. Assumimos, dessa forma, que "a enunciação é marcada por um querer dizer que se mostra no enunciado de alguma forma" (Cabral, 2014: 57), ou seja, conforme defende Ducrot (1984), a argumentação está na língua. Assim, considerando que o discurso se elabora por meio da linguagem (1984: 2013), é pertinente apoiar-se em elementos da língua para compreender os gêneros e os textos.

Pensar a língua como meio para compreender os gêneros e os textos nos conduz necessariamente aos postulados de Benveniste, para quem enunciação "supõe a conversão individual da língua em discurso" (Benveniste, 1974: 81).[2] Nessa mesma direção, Ducrot (1984) observa que a língua tem como função principal colocar à disposição dos sujeitos um conjunto de modos de ações estereotipadas que lhes permitam representar e se impor papéis mutuamente. Com efeito, operamos escolhas em conformidade com nosso querer dizer, como diz Koch (2004). Essas reflexões nos remetem ao célebre postulado de Benveniste (1966: 259) de que "é na linguagem e pela linguagem que o homem se constitui como sujeito"[3] – sujeito que age no mundo, discursivamente, por meio de gêneros, situados socialmente.

Afirmar que a argumentação está na língua é assumir que "o sentido do enunciado, de acordo com esse ponto de vista teórico, conduz a determinada direção" (Cabral, 2013: 186), ou seja, está argumentativamente orientado. Da mesma forma, Kerbrat-Orecchioni (1997 [1980]) tem se dedicado ao estudo da subjetividade da linguagem, postulando que as palavras trazem em si uma carga de subjetividade gradativa, isto, é, mais ou menos forte. Dessa perspectiva, todo gênero traz uma carga de subjetividade, todo texto é subjetivo, de alguma forma – o que significa que as escolhas lexicais e sintáticas propiciam um discurso marcado mais ou menos subjetivamente e argumentativamente orientado. Assim, por exemplo, em uma petição inicial de Ação de Reintegração de Posse, podemos observar diversas escolhas linguísticas que orientam o sentido do texto em favor da pretensão do autor e, simultaneamente, para uma avaliação negativa do réu, que se opõe à pretensão do autor. Retomemos o exemplo (1), que nos permite observar algumas dessas escolhas:

> (1) *In casu*, o que se verifica é o abuso de confiança pela não restituição do imóvel após a notificação, sendo certo que os réus têm plena consciência de que a sua posse é precária, face à obrigação de restituir o imóvel, que é inerente ao contrato de empréstimo.

> Configurado o esbulho a menos de ano e dia, não resta outra alternativa à autora a não ser pleitear judicialmente a sua reintegração na posse do imóvel, a qual deverá ser determinada liminarmente, ou após justificação prévia. (Petição Inicial-Nova Iguaçu, p. 2)

Relativamente às escolhas lexicais, podemos observar, inicialmente, que nesse texto os réus são acusados pelo autor de "abuso de confiança" –, o que orienta argumentativamente contra os réus, por meio da escolha de um substantivo avaliativo de valor negativo (abuso). Além disso, afirma ainda o autor que os réus têm "plena consciência" a respeito da precariedade de sua posse. Vale observar que o adjetivo "plena" procura excluir as possibilidades de dúvida do autor em relação à afirmação; ele, por meio dessa escolha lexical, atesta sua certeza sobre o conteúdo de sua afirmação – cumpre observar que o emprego do adjetivo "certo" corrobora essa presunção de certeza, refletindo uma tomada de posição do produtor da petição, marcando-a subjetivamente e orientando argumentativamente o discurso nesse sentido.

Com respeito à organização dos enunciados, podemos observar, em primeiro lugar, a opção por tempos verbais que também atestam certeza, como o presente do indicativo e o futuro do presente. Além disso, apenas a título de exemplificação, vale observar o emprego de construção negativa de valor exclusivo – "não resta outra alternativa à autora a não ser pleitear judicialmente" –, por meio da qual o autor exclui qualquer alternativa de atitude diferente de recorrer ao judiciário, processando o opositor. Trata-se, sem dúvida, de uma construção formular na área do contencioso, presente no gênero Petição Inicial, afinal a parte que recorre ao judiciário na busca de atendimento a sua pretensão precisa deixar claro que tentou todas as possibilidades de acordo, sendo o Estado último recurso. Entretanto, não podemos deixar de destacar que esse arranjo do enunciado evidencia exatamente essa intenção de marcar uma tentativa de acordo, cuja frustração motivou a ação.

Essa breve análise do exemplo (1) nos permite verificar a importância das marcas linguísticas na construção da argumentação em um texto e compreender que gênero, texto e língua devem ser considerados em conjunto, no estudo das práticas sociais.

Do ponto de vista da argumentação na língua, algumas escolhas lexicais e verbais conferem aos textos determinada orientação argumentativa. Contudo, essas mesmas estratégias, quando perspectivadas em uma Linguística de Gêneros (Rastier, 1989), podem vir a integrar processos referenciais, com finalidade persuasiva. Dessa forma, ao considerarmos o estudo da argumentação no gênero textual (Pinto, 2015), advogamos aqui a importância da referenciação como estratégia argumentativo-persuasiva, assumindo um importante grau de complexidade. Ressaltamos, ainda, a partir dessa abordagem, que todos os mecanismos linguísticos e não linguísticos utilizados nos processos referenciais são condicionados por questões situacionais/contextuais, de natureza genérica. No caso específico de gêneros textuais com teor persuasivo (como os de natureza jurídica) – que visam à adesão de determinada tese por destinatários/interlocutores da prática jurídica –, as estratégias referenciais utilizadas podem vir a ter uma função argumentativo-persuasiva relevante. Inclusive, salientemos que, no caso específico da prática jurídica, os documentos que nela circulam apresentam elevado grau de institucionalidade, demarcado tanto por uma tradição da própria atividade social quanto por documentos institucionalmente constituídos. Em se tratando da petição inicial (objeto aqui de estudo), existem regras bem definidas pelo Código de Processo Cível para a sua produção (artigos 272º do Brasil e 473º de Portugal). Nessa peça processual, em especial, os advogados devem defender o ponto de vista do seu cliente, selecionando, como anteriormente mencionamos, as unidades lexicais mais "adequadas" à orientação argumentativa pretendida. Inclusive, a recategorização ou reiteração de muitas dessas expressões (com caráter referencial) são constrangimentos da própria prática social e do próprio gênero textual em que os documentos se integram.

No exemplo (2), a reiteração do referente "autora", caso de anáfora direta, como anteriormente descrito, em início de enunciados, neste gênero textual, visa a defender o interesse da própria autora e o ponto de vista do advogado. Este defende que o contrato de comodado deve ser anulado e o imóvel deve lhe ser restituído. Em outros gêneros textuais, como uma dissertação escolar, tal recursividade poderia ser "condenável", e o estudante que dela faz uso seria criticado. Aqui, demonstramos que este processo referencial tão característico do gênero textual Petição Inicial tem uma função argumentativa relevante, apresentando um papel persuasivo. Salientemos que o discurso jurídico, tradicionalmente, era proferido oralmente em espaços públicos e, na oralidade, a reiteração de termos contribui para a "fixação de ideias e conceitos", contribuindo para fazer com que o destinatário/interlocutor adira a determinada ideia/conceito.

No exemplo (3), o uso das elipses no processo referencial é uma estratégia argumentativo-persuasiva relevante neste gênero textual. Lembremos que o advogado, autor do documento de reintegração de posse, a que se refere o excerto, deve atender aos interesses da autora e não aos do Réu. Dessa forma, no articulado 7°, o referente R. (Réu) é mencionado como sujeito em um enunciado na voz passiva e nos articulados 8° e 9° é omitido. Tal elipse, acompanhada de verbos na voz passiva, como *foi visto* (articulados 7° e 9°) e no pretérito perfeito, com valor aspectual de caráter finito, como *deixou* (articulado 8°) ou, ainda, de expressões negativas, como nunca mais (articulado 9°), minimiza o papel acional (Pinto e Teixeira, 2013).

No exemplo (4), o uso da anáfora indireta, como já salientamos, como processo referencial, também constitui uma estratégia argumentativo-persuasiva importante nesta Petição Inicial. No articulado 2°, temos o uso do sintagma nominal (doravante SN) "a fracção" e no 3°, o emprego do SN "a renda mensal". Neste gênero textual, tradicionalmente, existe uma hierarquização dos fatos, na própria narrativa jurídica. A própria utilização de marcadores numéricos, em ordem crescente, demarcando os parágrafos/articulados, constituem organizadores textuais relevantes. Dessa forma, os elementos factuais com maior importância para que o interlocutor, no caso o juiz, acate o pedido são hierarquicamente posicionados. Nessa Petição Inicial, é requerido ao Réu o pagamento das "rendas não pagas", além da "desocupação do imóvel". Com isso, poder-se-ia justificar o posicionamento dos próprios SN, funcionando como anáforas indiretas, no exemplo citado: o SN utilizado em 3° é, neste documento, mais relevante do que o selecionado em 2°.

As anáforas encapsuladoras, como observamos em (5) e (6), características desse gênero textual, também têm um papel argumentivo-persuasivo relevante. Em (5) o emprego do SNs "os fatos supra preferidos", que "encapsula" o conteúdo de todos os parágrafos anteriormente referidos, também orienta argumentativamente e demarca certo posicionamento enunciativo. A partir da seleção de alguns fatos em detrimento de outros, o advogado (responsável legal pela cliente lesada) peticiona, objetivando fazer com que o juiz acate o pedido de resolução do contrato e devolução do imóvel. Ou ainda em (6), como já atestamos, em que a orientação argumentativa, com valor persuasivo com alto teor negativo, é evidenciada.

CONSIDERAÇÕES FINAIS

Embora saibamos que o *corpus* analisado é pequeno e ainda está em construção, observamos algumas diferenças entre as estratégias referenciais utilizadas em Portugal e no Brasil. No estado atual desta pesquisa, não é prudente tecermos generalizações sobre as peculiaridades do processo de redação dos textos jurídicos em Portugal e no Brasil, mas podemos levantar pelo menos quatro hipóteses: (1) o predomínio de anáforas diretas, especialmente com repetições de mesmo sintagma nominal, parece ser constitutivo dos gêneros jurídicos; (2) a ação portuguesa parece exigir maior grau de inferência do leitor, devido ao grande número de anáforas indiretas (em comparação com a petição brasileira); (3) o texto brasileiro demonstrou uma marca dêitica de tempo e espaço acentuada, pressupondo que o leitor reconhece o momento e o local de ajuizamento da causa; (4) a petição brasileira apresenta encapsulamentos de grande teor avaliativo, o que nos leva a considerar a possibilidade de maior subjetividade nesse texto.

Essas hipóteses, se confirmadas, podem auxiliar não apenas na compreensão das peculiaridades dos textos jurídicos nos dois países luso-falantes, mas também pode colaborar no ensino de nível universitário em áreas como Direito e Letras. É necessário observar as peculiaridades na arquitetura argumentativa desses textos, que, devido à esfera social em que circulam, precisam, de fato, marcar um posicionamento diante de um tema. Defender um cliente, configurar alguém como réu, ajuizar e ganhar uma causa são objetivos de qualquer advogado, e as estratégias referenciais podem orientar a leitura e contribuir para criar o efeito de sentido desejado.

Notas

1 "É a retirada forçada do bem de seu legítimo possuidor, que pode se dar violenta ou clandestinamente. Neste caso, o possuidor esbulhado tem o direito de ter a posse de seu bem restituída utilizando-se, para tanto, de sua própria força, desde que os atos de defesa não transcendam o indispensável à restituição. O possuidor também poderá valer-se da ação de reintegração de posse para ter seu bem restituído." (Disponível em: <http://www.direitonet.com.br/dicionario/exibir/562/Esbulho>, acesso em: 23 mar. 2015.)

2 "L' énonciation suppose la conversion individuelle de la langue en discours".

3 "C'est dans et par le langage que l'homme se constitue comme *sujet*".

Bibliografia

Anscombre, Jean-Claude; Ducrot, Oswald. *L'argumentation dans la langue*. Liège: Mardaga, 1997.
Benveniste, Émile. *Problèmes de linguistique générale 1*. Paris: Gallimard, 1966.
______. *Problèmes de linguistique générale 2*. Paris: Éditions Gallimard, 1974.
Cabral, Ana Lúcia Tinoco. Ducrot. In: Oliveira, Luciano Amaral (Org.) *Estudos do discurso perspectivas teóricas*. São Paulo: Parábola, 2013, pp. 183-208.
______. Enunciação e argumentação no discurso jurídico: léxico, significação e sentido. In: Oliveira, Esther Gomes de; Silva, Suzete (Org.) *Semântica e estilística:* dimensões atuais do significado e do estilo. Homenagem a Nilce Santa'anna Martins. Campinas: Pontes Editores, 2014, pp. 57-73.
Cavalcante, Mônica; Santos, Leonor W. dos. Referenciação e marcas de conhecimento partilhado. *Linguagem em (Dis)curso*, v. 12, n. 3, p. 657-681, set./dez. 2012. Disponível em <http://www.portaldeperiodicos.unisul.br/index.php/Linguagem_Discurso/article/view/1218/1019>. Acesso em: 5 mai. 2015.
Ducrot, Oswald. *Le dire et le dit*. Paris: Minuit, 1984.
Francis, G. Rotulação do discurso: um aspecto da coesão lexical de grupos nominais. In: Cavalcante, M. et al. (Org.). *Referenciação*. São Paulo, Contexto, 2003, pp. 191-228.
Jubran, C. Tópico discursivo. In: ______; Koch, I. (Orgs.). *Gramática do português culto falado no Brasil:* construção do texto falado. Campinas: Edunicamp, 2006, pp. 89-132.
Kerbrat-Orecchioni, Catherine. *L'énonciation*. Paris: Armand Colin, 1997 [1. ed. 1980].
Koch, I. *Desvendando os segredos do texto*. São Paulo: Cortez, 2003.
______. *Introdução à linguística textual*. São Paulo: Martins Fontes, 2004.
______. *As tramas do texto*. Rio de Janeiro: Nova Fronteira, 2008.
______; Elias, Vanda. *Ler e compreender:* os sentidos do texto. São Paulo: Contexto, 2006.
Koch; Marcushi, L. A. Processos de referenciação na produção discursiva. *Revista Delta*. v. 14, pp. 169-90, 1998.
Mondada, L.; Dubois, D. Construção dos objetos de discurso e categorização: uma abordagem dos processos de referenciação. In: Cavalcante, M. et al. (Orgs.). *Referenciação*. São Paulo: Contexto, 2003, pp. 17-52.
Pinto, Rosalice. Argumentação e persuasão em gêneros textuais. *EID&A - Revista Eletrônica de Estudos Integrados em Discurso e Argumentação*, Ilhéus, n. 9, pp. 102-14, dez. 2015.
Pinto, R.; Teixeira, C. Força acional em textos indutores de comportamento: uma análise retórico-argumentativa. *Calidoscópio*, v. 11, n. 3, pp. 289-296, 2013. Disponível em: <http://revistas.unisinos.br/index.php/calidoscopio/article/view/cld.2013.113.07.> Acesso em: 5 jan. 2014.
Rastier, F. *Sens et textualité*. Paris: Hachette, 1989.
______. *Arts et sciences du texte*. Paris: puf, 2001.
Santos, Leonor Werneck dos; Cavalcante, M. Referenciação: *continuum* anáfora-dêixis. *Intersecções*, Jundiaí, v. 12, n. 1 pp. 224-46, maio. 2014.
Santos, Leonor Werneck dos; Cuba Riche, Rosa; Teixeira, Claudia de S. *Análise e produção de textos*. São Paulo: Contexto, 2012.

Bastidores da argumentação em textos de opinião do Direito

Juliana Camargo de Souza
Maria Eduarda Giering

É consenso (...ou não?) que saber argumentar é uma condição essencial para o sucesso de nossas demandas e solicitações cotidianas. Ainda mais especial é para quem trabalha com o Direito, já que a linguagem é uma companheira inseparável, sempre em exposição e em jogo explícito nas atividades dessa área. Por isso, familiarizar-se com e ser hábil na linguagem e, especialmente, na argumentação, saber construí-la em contraponto à ideia do outro, quando necessário, é um aspecto relevante da formação dos diferentes operadores do Direito.

Aqui reveremos noções importantes acerca do texto argumentativo bem como estudaremos um texto de opinião, identificando neste as etapas de construção que permitem o entendimento da organização ou esquematização argumentativa. Tal percurso é feito para proporcionar melhor entendimento dessa esquematização nos textos que visam ao argumentar. Temos de ressaltar, porém, a diferença que existe entre o explicar ou demonstrar e o defender uma tese, esta última uma ação argumentativa por excelência. Para isso, algumas etapas de escrita são configuradas como vemos, em síntese, a seguir.

Começamos esclarecendo o que é, afinal, argumentar, a partir de brevíssimas anotações, à luz do que ensina Aristóteles (1978) e do que relembram

Perelman e Olbrechts-Tyteka (2008), os quais ajudam a esclarecer em que aspectos a argumentação é diferente da demonstração e quais as relações entre uma e outra. Vale lembrar que, por muito tempo, discussões sobre a menor importância daquela foram travadas na esteira da valoração desta. Enquanto na argumentação, por exemplo, os raciocínios são dialéticos, na demonstração caracterizam-se por serem matemáticos ou analíticos. No que concerne aos fenômenos ou às proposições, a argumentação escolhe os verossímeis; a demonstração, os necessários. No que tange à busca e à concretização de uma ação argumentativa, o fim visado é a adesão de um auditório a uma ideia proposta; a demonstração, por sua vez, remete à apuração de conhecimentos imutáveis e dotados de certeza científica. E assim por diante, demonstração e argumentação caminham para se encontrarem em alguns momentos, quando uma possa servir à outra, sempre destacando que acontecem em um contexto ou situação de comunicação (Charaudeau, 2008) submetidos às condições de finalidade desta e à especificidade de cada ato de comunicação. Aliás, vale anotar que Charaudeau (2008: 67) representa o ato de comunicação como "um dispositivo cujo centro é ocupado pelo sujeito falante (o locutor, ao falar ou escrever), em relação com um outro parceiro (o interlocutor)". Este outro pode ser um auditório diante do qual aquele quer demonstrar ou/e argumentar algo.

Para compor um quadro de análise e, posteriormente, usar os resultados deste estudo em leituras e até na produção de textos argumentativos durante aulas em turmas de estudo sobre argumentação no Direito, ou até para auxiliar leitores e interessados em argumentação nessa área de estudos, utilizamos os trabalhos de Adam (2011). Estes oferecem crucial e importante contribuição para o entendimento da verdadeira engrenagem argumentativa nos bastidores, neste caso, da elaboração de um artigo de opinião sobre tema jurídico. Os estudos do linguista textual mencionado explicitam as chamadas sequências, as estruturas que sustentam textos, com base na proposição-enunciado. Adam (2011: 204) define a proposição-enunciado como uma macroestrutura, que "é uma espécie de período cuja propriedade principal é a de ser ligada a outras macroproposições, ocupando posições precisas dentro do todo ordenado da sequência". A sequência é a unidade de segmentação textual que permite, pelos seus limites inicial e final, um estudo pontual do texto, entre outros planos possíveis de análise.

A partir dessas linhas teóricas, construímos o percurso deste capítulo. Nossa finalidade é propiciar a compreensão de como funciona essa verdadeira fábrica que produz uma argumentação, já que, por assumir este foco, é/está sustentada por operações sequenciais que podem ser de caráter descritivo, narrativo ou explicativo. Isso significa dizer que o texto argumentativo pode utilizar a matéria-prima das descrições, das narrações e das explicações para desenhar e planejar as cenas nas quais se defendem e se discutem pontos de vista (as teses).

Finalmente, com Fetzner e Paladino (2008: XI), afirmamos:

> O Direito se caracteriza essencialmente por sua atividade argumentativa, o que implica dizer que a prática jurídica opera com recursos linguísticos e discursivos para produzir determinados efeitos de sentido e estes, por sua vez, orientam atos e decisões, o que significa que os efeitos de sentido são também efeitos de poder.

É indispensável, por conseguinte, que o advogado ou operador de qualquer uma das instâncias do Direito domine a técnica de provocar ou intensificar a adesão do seu interlocutor às teses que defende. Ou, pelo menos, que este trabalhador da lei possa saber contrapor ideias daqueles que dele discordam, com consistência e possibilidade de vitória nos veredictos, nas petições e nos pareceres, entre outros textos que visam a respostas de adesão, nos diferentes cenários de trabalho com linguagem na área do Direito.

ARGUMENTAR: DEMONSTRAÇÃO ANALÍTICA OU ARGUMENTAÇÃO DIALÉTICA?

A partir de Aristóteles, conforme enfatiza Coelho (2008: XI), a noção de dialética passou por período de enfraquecimento, perante o modo de raciocínio demonstrativo que, utilizando-se de proposições evidentes, pode levar a uma conclusão verdadeira, "sobre cujo estudo se alicerça toda a lógica formal" (Coelho, 2008: XI). Argumentar, na condição de realizar juízos de valor ou de estabelecer controvérsias, implicava conviver com multiplicidade de premissas possíveis de serem aproveitadas na construção das argumentações. Consoante tendência do pensamento tradicional filosófico e, inclusive, do Cristianismo e do racionalismo, os raciocínios analítico e dialético sofreram com o enfraquecimento deste diante do fortalecimento daquele. Por esse motivo, a dialética foi relegada ao plano dos sofismas, restrita a argumentadores que se dirigiam a auditórios defendendo teses quaisquer. Assim, a Filosofia tratou de dar relevo aos métodos de conhecimento, rigorosos e próximos da verdade, o que nunca acontecera com a dialética.

No universo aristotélico, ou da *techne* de Aristóteles (1978), aquela resposta única e necessária – analítica –, derivada de um raciocínio lógico, consubstancia o conhecimento expresso no saber científico. Tal saber realiza-se por meio da atividade demonstrativa, que transmite a veracidade de premissas. No entanto, quando o filósofo grego se ocupa do raciocínio dialético, apresenta várias soluções possíveis e aceitáveis, verossímeis, com base em topos, ou *topoi*.[1]

Carneiro et al. (2002: 81) evocam uma Lógica Jurídica que não se sustenta apenas com a Lógica Clássica, fato que propicia a busca de outras formas de operar o raciocínio nessa área do conhecimento. Portanto, vale lembrar o que Perelman e Olbrechts-Tyteka (2008) denominam lógica da argumentação. Isso se deve ao fato de que, mesmo dogmático, o Direito, até por estar e ser literalmente encharcado de linguagem, admite, permite e objetiva a discussão. Segundo os autores da Nova Retórica, o raciocínio dialético, já nos *Tópicos*,[2]

> é distinguido com clareza do chamado silogismo erístico, alicerçado em premissas apenas *aparentemente* prováveis. Quer dizer, ao tomar como objeto de sua preocupação filosófica o estudo da maneira específica de raciocinar por argumentos, Aristóteles não pretendeu que qualquer encadeamento entre proposições, que desrespeitasse os postulados da demonstração analítica, pudesse tão somente pela força retórica de quem o sustentava alcançar o estatuto de argumentação dialética. (Perelman e Olbrechts-Tyteka, 2008: XIII)

Para sintetizar o que aqui assumimos, cabe reiterar que "os lógicos devem completar a teoria da demonstração assim obtida com uma teoria da argumentação" (Perelman e Olbrechts-Tyteka, 2008: 11). Mais que isso, é preciso entender que a argumentação pode envolver, na operacionalidade e na composição de sua cena, muitos elementos demonstrativos os quais se tecem das operações de descrever, narrar e até de explicar ou demonstrar. Adentrando nos bastidores desse espetáculo, segue o percurso deste texto.

ARGUMENTAÇÃO E LINGUAGEM: CENÁRIO E BASTIDORES

Os passos desta seção começam quando se buscam os estudos de Adam (2011). Assim, junto com Jean-Marie Schaeffer (1995: 504, apud Adam, 2011: 63), aquele reconhece a proposição-enunciado como a unidade básica elementar do texto e advoga que a Linguística Textual, ao se associar à Análise do Discurso, identifica uma atividade de textualização inscrita em um quadro de um gênero discursivo singular, determinado pragmaticamente. Assim, a proposição-enunciado se produz em um ato de enunciação entre interlocutores específicos (lembrem-se: juiz e advogados; promotor e advogado de defesa; advogado e cliente, articulista e leitor de revista, entre muitos outros). Além disso, tal proposição elementar propicia operações de ligação que se complexificam, no desenvolver de um texto, em períodos e sequências.

Um texto constrói-se na direção de uma ação de linguagem ou visada, em uma determinada interação social. O texto, originado em uma dada formação sociodiscursiva e em uma esfera específica de atividade humana, possibilita a comunicação por meio de um determinado gênero (exemplos: pareceres, comentários, petições, sentenças, acórdãos, entre outros). Paralelamente ao período, que entra diretamente na elaboração das partes de um plano de texto, a sequência "é uma entidade relativamente autônoma, dotada de uma organização interna que lhe é própria, e, portanto, em relação de dependência-interdependência com o conjunto mais amplo do qual faz parte (o texto)" (Adam, 2011: 205).

A partir disso, combinações de proposições podem assumir uma organização sequencial que redunda em descrição, narração, injunção, explicação, argumentação. Adam, em seu livro *A linguística textual*, define *narrar*, *descrever*, *argumentar* e *explicar* como macroações sociodiscursivas não descritas ainda pelas clássicas teorias dos atos de discurso. Por conseguinte, tais macroações oportunizam, aos que estudam uma língua, validá-las "tanto na construção de mundos textuais ficcionais como factuais" (Adam, 2011: 207), o que significa que podem ser reconhecidas tanto nos gêneros de ficção como nos de literatura.

Sustentando que esses quatro atos discursivos são intermediários entre o objetivo ilocucionário[3] de uma asserção (compartilhar uma crença ou um conhecimento) e o objetivo final de um ato assertivo, Adam (2011) elabora a seguinte fórmula:

Figura 1 – Macroato de discurso em microatos - Adam (2011: 207)

Ato de discurso	*Macroato de discurso*	*Objetivo final*
Ato de discurso primário	Reforço e especificação	*Ação sociodiscursiva visada*
Afirmar	Asserção narrativa – *narrar*	
	Asserção descritiva – *descrever*	
	Asserção argumentativa – *argumentar*	
	Asserção explicativa – *explicar*	

Desse modo, em desenho, a articulação de microatos pode dar corpo a uma determinada ação sociodiscursiva. Isso significa dizer que, ao asseverarmos ou ao dizermos/escrevermos algo, miramos uma visada, um objetivo a ser alcançado. Por vezes, isso se reduz a apenas fazer saber algo ao interlocutor. Noutras, faz compreender algo. E em outras situações, faz com que esse interlocutor faça algo, ou seja, é um fazer fazer. Por conseguinte, queremos mostrar que uma argumentação como ação sociodiscursiva ou visada pode ter sustentação em outros microatos, os quais dão conteúdo e formato a diferentes tipos de argumentos.

É necessário ainda entender minimamente como Adam (2011), afinal, esquematiza a argumentação. A sequência argumentativa, por essa razão, merece atenção e breve esclarecimento, pois visualiza mais precisamente a ação argumentativa. Anotemos que o esquema não tem uma ordem linear obrigatória. Uma nova tese pode ser uma tese retomada, ou ser nova de fato, por exemplo, entre outros:

Figura 2 – Sequência argumentativa – Adam (2011: 233)

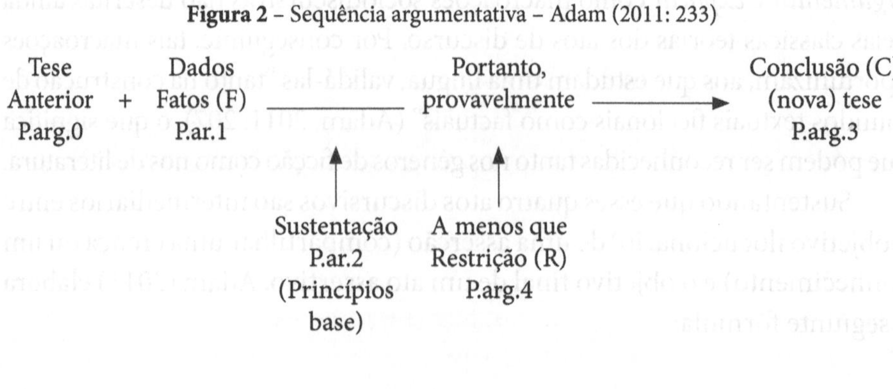

O esquema anterior envolve dois níveis, a saber, o justificativo, constituído pelos conhecimentos colocados em cena (Proposições argumentativas (P.arg.1,2,3); e o dialógico ou contra-argumentativo (P.arg.0 e P.arg.4), em vista de esses serem os pontos de negociação da argumentação. Um auditório real ou potencial, portanto, pode contrapor teses, estabelecendo o caráter de controvérsia e polêmica peculiares e necessários à argumentatividade.

De uma proposição argumentativa inicial (P.arg.0), por exemplo, com uma tese vigente, segue uma P.arg.1 que pode ser nova, consubstanciada por dados/fatos; após, uma P.arg.2 traz a sustentação mediante vários tipos de argumentos, podendo esbarrar na P.arg.4, em que cabe uma restrição, mas sempre culminando na P.arg.3, cuja função é instaurar ou ratificar uma (nova) tese. Ressaltamos que tal estruturação cede lugar importante para a controvérsia, ou, como diz o linguista textual, para a contra-argumentação, já que estamos circulando no campo da dialética.

Assim vista, a estratégia argumentativa sempre está voltada para uma transformação de conhecimentos. E, para argumentar, é preciso – sempre – valorizar a adesão do interlocutor, mediante seu consentimento e sua participação mental.

Costumam-se encontrar, em diversos livros, tipologias de argumentos, por isso é válido que se dê aprofundamento aos macroatos que subjazem às classificações e às categorizações estabelecidas por autores, juntamente à visualização dessa estruturação sequencial que se pode configurar no texto. Fazemos isso a partir do artigo de opinião escrito por Grisard Filho (2013), que a seguir transcrevemos, devidamente autorizado:

> *A GUARDA COMPARTILHADA NO NOVO CÓDIGO CIVIL*[4]
>
> Waldyr Grisard Filho[5]
>
> (1)[6] Tenho me manifestado, seguidamente, sobre a possibilidade jurídica do compartilhamento da guarda de filhos menores depois da ruptura conjugal ou da união estável, como um modelo de guarda capaz de minorar os efeitos negativos que vivenciam os chamados filhos do divórcio em situação de conflito entre os genitores. (2) Vale lembrar aqui sua noção: é uma modalidade de guarda na qual ambos os genitores têm a responsabilidade legal sobre os filhos menores e compartilham, ao mesmo tempo e na mesma intensidade, todas as decisões importantes relativas a eles, embora vivam em lares separados.

(3) Minha convicção está ancorada no texto do art. 229, da Constituição Federal, que impõe aos pais o dever de assistir, criar e educar os filhos menores, independentemente de conviverem ou não no mesmo lar. (4) O Estatuto da Criança e do Adolescente confirma o preceito maior ao incumbir aos pais o dever de sustento, guarda e educação de seus filhos, sem discriminar ou condicionar o exercício da guarda à convivência dos genitores. (5) Estas disposições convergem aos postulados da Convenção sobre os Direitos da Criança, que lhe proclama uma proteção especial e o pleno direito de ser cuidada por seus pais.

(6) A doutrina brasileira sempre proclamou que o que realmente importa na decisão sobre guarda de filhos menores é o superior interesse destes, preponderantemente sobre eventuais direitos que se arroguem os pais, proclamação esta que encontra eco em vetusta jurisprudência. (7) Das poucas regras concernentes à guarda de filhos menores, Sérgio Gischkow Pereira, já nos idos de 1986, dissertando sobre o tema e reconhecendo a tendência prevalente no Direito moderno, que impõe se verifique, antes de tudo, o interesse do menor, identificava no sistema dispositivo de grande expressividade a respeito, o art. 13, da antiga Lei do Divórcio:

(8) "Se houver motivos graves, poderá o juiz, a bem dos filhos, regular por maneira diferente da estabelecida nos artigos anteriores a situação deles com os pais." (9) Esta regra conferia ao juiz ampla liberdade para resolver sobre a guarda de filhos menores e por tal prerrogativa podia o juiz determinar a guarda compartilhada, mais proveitosa ao desenvolvimento da personalidade do menor. (10) Estas ponderações são suficientes para identificar no plano técnico-jurídico nacional a existência de dispositivos que autorizam a aplicação do modelo compartilhado quando se cogita de determinar sobre a guarda de filhos menores.

(11) Ao disciplinar o poder familiar, o novo Código Civil manteve o mesmo conteúdo do anterior, com pequenas modificações na redação de alguns dispositivos. (12) A alteração mais significativa ficou por conta da separação tópica entre a disciplina do exercício do poder familiar quanto à pessoa dos filhos menores (Seção II do Capítulo V, do Título I – Do Direito Pessoal; art. 1.634) e a do exercício do poder familiar quanto aos bens de filhos menores (Subtítulo II, do Título II – Do Direito Patrimonial; arts. 1.689 a 1.693), que ao tempo do Código de 1916 constituíam seções (II e III) de um mesmo capítulo, o relativo ao Pátrio Poder.

(13) Embora topograficamente em territórios distintos – Direito Pessoal de família e Direito Patrimonial de Família –, a matéria continua

sendo relativa ao exercício do poder familiar, ônus que ao pai e a mãe incumbem em virtude da parentalidade, no interesse dos filhos, como afirma Paulo Luiz NETTO LÔBO, pois a inclusão de artigo neste último capítulo "prevendo a representação dos filhos menores de 16 anos e a assistência aos filhos entre 16 e 18 anos é de natureza pessoal, não se atendo apenas às questões de cunho patrimonial."
(14) Outra lição não se extrai do parágrafo único do art. 1.690, que atribui aos pais decidirem em comum as questões relativas aos filhos e as questões relativas a seus bens, como efeito da conjunção aditiva que une as duas orações. (15) Assim, compete aos pais decidirem em comum as questões relativas a pessoa dos filhos (criação, educação, companhia e guarda, autorização para casar, representação e assistência) e também decidirem em comum as questões relativas aos bens de filhos (usufruto e administração).
(16) É, pois, dever jurídico comum dos pais, encargo que a lei lhes atribui, decidirem sobre a vida e o patrimônio de seus filhos, tanto durante como depois da separação, cabendo ao juiz cobrar-lhes o exercício do múnus desta forma, compartilhadamente. (17) Eis aí o fundamento normativo da guarda compartilhada no novo Código Civil. (Grizard Filho, 2003)

Primeiro, o autor, no título, contextualiza tematicamente o que vai focalizar no artigo de opinião. Essa contextualização segue no parágrafo um, em (1) e (2), quando o produtor do texto: (i) diz que tem defendido o compartilhamento da guarda dos filhos após ruptura conjugal (P.arg.1), diante da P.arg.0, que não é citada, mas é possível reconhecer que remete, e até deve remeter, à situação anterior, e comum, de a criança ficar com um dos cônjuges. Notemos que o período (2) traz uma descrição por definição – o produtor faz uma asserção descritiva –, uma vez que define que modalidade de guarda é a compartilhada. Tal esclarecimento, de pronto, situa o leitor que, desavisado, não se lembre do que se trata, ou, sendo o leitor do Direito, lembra-o do que se fala. Enfatiza-se que a revista na qual esse texto se insere é a *Jus Navigandi* virtual – voltada para um auditório de conhecedores ou interessados pelo Direito. Em síntese, é desenhada uma situação inicial, mediante argumento por definição (Fetzner e Paladino, 2008: 196); enfim, há uma contextualização concisa do que vai ser tratado no texto.

O segundo parágrafo, com os períodos (3), (4), (5), começa com o sinal explícito de engajamento do produtor que anuncia: "Minha convicção [...]"

e já apresenta as provas dessa certeza: artigo 229 da Constituição Federal (CF), o Estatuto da Criança e do Adolescente (ECA) e a Convenção sobre os Direitos da Criança, os quais convergem no posicionamento, pela preocupação e pelas prescrições legais, para a responsabilidade de ambos os pais para com as crianças que o casamento lhes trouxe. As asserções postas no texto, de dever dos pais de cuidar de seus filhos, ou do pleno direito da criança de ser cuidada por seus pais, constituem argumentos de autoridade (Carneiro et al., 2002: 162), pois a doutrina baliza o posicionamento do autor. Temos aqui, também, um processo descritivo que enumera cada uma das leis ou instituições legais e define a norma geral que cada uma estabelece sobre o tema. Adam (2011: 218) fala da descrição, concretizada pelas operações de *tematização* (guarda compartilhada), *aspectualização* (posicionamento da CF, do ECA e da Convenção) e *relação* (as disposições de cada uma dessas leis sobre o tema e as afinidades que apresentam em função de sempre privilegiar a criança). Tal descrição constitui a P.arg.2, a qual elenca os princípios-bases da tese já explicitada pelo produtor do artigo de opinião.

Essa declaração de princípios-base (P.arg.2) continua no parágrafo integrado pelos segmentos (6) e (7), o qual conta o que a doutrina brasileira fez valer, no passado, sobre o tema. Para isso, traz outro um argumento de autoridade, citando Sérgio G. Pereira e mencionando a antiga Lei do Divórcio, o que imprime conteúdo e feição a um argumento histórico. Este argumento constrói um fato no tempo e no espaço, generalizando resultados que ocorreram em uma dada temporalidade e espacialidade, a fim de que seja considerado seu valor na defesa em questão. Fatos passados também comprovam a defesa em andamento, portanto (Carneiro et al., 2002: 161).

A estratégia da citação é empregada no parágrafo seguinte, que contém os segmentos (8), (9) e (10). No (8), o produtor traz a voz da lei (artigo 13, Lei do Divórcio); no (9), explica que o juiz agia sob a égide desse artigo, definindo a guarda compartilhada, caso fosse mais proveitosa para a criança. Assim conclui o parágrafo: (10) "Estas ponderações são suficientes para identificar no plano técnico-jurídico nacional a existência de dispositivos que autorizam a aplicação do modelo compartilhado quando se cogita de determinar sobre a guarda de filhos menores" (Grisard Filho, 2003: s.p.). Por isso é possível que afirmemos que aqui se concretiza, também, uma sustentação com base em valores (portanto, axiológica), segundo categorizam Carneiro et al. (2002: 160).

No parágrafo seguinte, composto por (11) e (12), o autor utiliza a estratégia de comparação entre o Código Civil (CC) antigo e o novo. Indica a alteração mais significativa (12), citando a letra da lei quanto "à separação tópica entre a disciplina do exercício do poder familiar quanto à pessoa dos filhos menores" (Grisard Filho, 2003: s.p.). A aspectualização descritiva novamente se processa e há continuidade da sustentação, ou da P.arg.2.

A seguir, em (13), o produtor do texto revela que a matéria em questão segue relacionada ao exercício do poder familiar, citando outra voz de autoridade, o que acentua e reforça a tese da guarda compartilhada como a melhor a ser adotada, nos casos de separação, já que, segundo é possível vislumbrar, é capaz de minorar efeitos negativos para os filhos. Leiamos o antepenúltimo parágrafo:

> (14) *Outra lição não se extrai do* parágrafo único do art. 1.690, que atribui aos pais decidirem em comum as questões relativas aos filhos e as questões relativas a seus bens, como efeito da conjunção aditiva que une as duas orações. (15) *Assim*, compete aos pais decidirem em comum as questões relativas a (*sic*) pessoa dos filhos (criação, educação, companhia e guarda, autorização para casar, representação e assistência) e também decidirem em comum as questões relativas aos bens de filhos (usufruto e administração). (Grisard Filho, 2003: s.p.)

O autor do artigo de opinião em foco usa um argumento por raciocínio lógico, pois cita, como podemos ler no trecho acima, nas palavras marcadas em itálico, uma ideia reforço da tese, retirada de um parágrafo único do art. 1.690 do Código Civil (CC). Segue uma conclusão parcial, iniciada pelo articulador "Assim", depois do qual são enumeradas questões atinentes ao papel dos pais, nesse caso de separação e guarda dos filhos. Consoante Adam (2011: 234), tal sustentação, nesse parágrafo, ainda se faz descritivamente, pois enumera as questões ligadas aos pais em situação de separação, com filhos ainda a serem criados e educados. A argumentação por exemplificação (exemplos de tarefas que competem aos pais, mesmo em caso de separação) opera-se, então, de modo descritivo. Isso ocorre porque, tematizada, a descrição aspectualiza e relaciona tais questões quando relata que estas são decisões comuns aos pais separados (segmento (15)), tendo em vista remeterem à pessoa dos filhos.

Nos segmentos (16) e (17), o argumentador evoca o dever jurídico dos pais de cuidar compartilhadamente dos filhos, mesmo após separação, fundado nas leis citadas. E anuncia que este é o fundamento normativo da guarda compartilhada no novo Código Civil. Se, lá no início do texto, dizia que defende há muito essa possibilidade jurídica como forma de reduzir problemas para os filhos de pais separados, aqui costura o raciocínio, e arremata a tese, inclusive, usando um "pois": "É, pois, dever jurídico comum dos pais, encargo que a lei lhes atribui, decidirem sobre a vida..." (Grisard Filho, 2003: s.p.), conector substituível sem mudança de sentido original no texto pelo "portanto".

Aqui, toma lugar a P.arg.3 que parece não inovar, mas, de fato, é nova. Por quê? Em frase reescrita, a tese assim seria: é dever jurídico comum dos pais, encargo que a lei lhes atribui, decidirem sobre a vida e o patrimônio de seus filhos, tanto durante como depois da separação, cabendo ao juiz cobrar-lhes o exercício do múnus desta forma, compartilhadamente. Diferentemente do fato de, no início do texto, dizer estar defendendo há tempos a guarda compartilhada, o produtor do texto de opinião expressa uma conclusão que evoca a demonstração construída no decorrer do texto quando diz: "(17) *Eis* aí o fundamento normativo da guarda compartilhada no novo Código Civil" (Grisard Filho, 2003: s.p.). E não podemos pensar em que a face demonstrativa aqui simplesmente se fecha. É possível constatar toda a construção desses bastidores argumentativos, fundamentados na demonstração. O produtor relata, inicialmente, que há tempos defende tal solução para o problema e encerra a opinião no artigo, corroborando, com a explicação ou ação demonstrativa, a tese de que a guarda compartilhada é mesmo a melhor solução para o problema de casais que se separam e têm filhos a serem criados e educados.

Assim, é cabível esquematizar a argumentação desse texto, sequencialmente, na Figura 3, a seguir, elaborada pelas autoras a partir do esquema da argumentação no texto de Grizard (2013)

Figura 3 – Elaboração própria das autoras a partir de Grizard (2013)

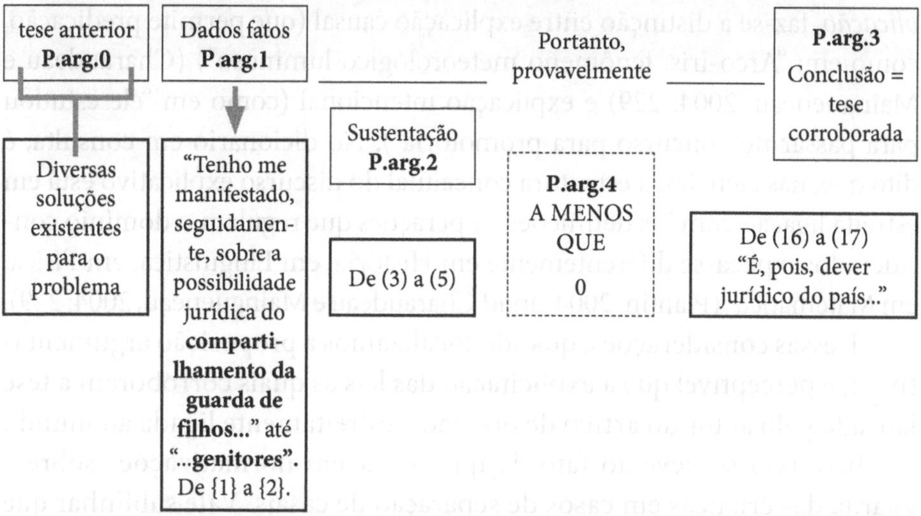

Como visto, não identificamos a restrição ou a proposição argumentativa 4 neste texto, uma vez que o autor segue para a conclusão, corroborando a veracidade e a adequação de estar há tempos defendendo a solução apontada. Talvez um argumento desse tipo pudesse ser uma observação como "A menos que um dos cônjuges tenha problemas sérios de saúde, de conduta comprovadamente inadequada para educar ou [...]", frase que indicaria, em face da sustentação que se desenrola no texto em estudo, uma restrição ou ressalva que pudesse pôr em risco a alta qualidade e justiça da guarda compartilhada. E que tal você, leitor deste capítulo, pensar e elencar outras Prop.Arg.4 que possam ser cabíveis neste texto, na sequencialidade desta argumentação em estudo?

Ainda faltam dados que confirmem a explicação inserida em uma das etapas dessa argumentação. O explicar se apresenta no interior da proposição argumentativa 2, quando o autor enumera as diversas leis sob patrocínio de diversos tipos de argumentos. Estes se consubstanciam pela descrição ou pelo relato, aspectualizando e subtematizando, mediante procedimento descritivo, o que já foi evidenciado neste texto. Por conseguinte, devemos esclarecer como a argumentação usa a explicação na substância dos argumentos que utiliza.

No *Dicionário de análise do discurso*, mais precisamente, no verbete *explicação*, faz-se a distinção entre explicação causal (que permite predicação, como em: "Arco-íris: fenômeno meteorológico luminoso") (Charaudeau e Maingueneau, 2004: 229) e explicação intencional (como em "ele estudou para passar no concurso para promotoria"). No dicionário em consulta, é dito que, nas ciências, a estrutura conceitual do discurso explicativo está em estreita ligação com "as definições e operações que regulam o domínio considerado: explica-se diferentemente em História, em Linguística, em Física, em Matemática" (Plantin, 2004, apud Charaudeau e Maingueneau, 2004: 229).

Dessas considerações, quando focalizamos a proposição argumentativa 2, é perceptível que a explicitação das leis as quais corroboram a tese lançada pelo autor do artigo de opinião é estreitamente ligada ao mundo jurídico. Isso se deve ao fato de que traduzem normatizações sobre a guarda das crianças em casos de separação de casais. Vale sublinhar que são citadas normas do Código Civil, do Direito de Família, do Direito Patrimonial, entre outros, esclarecedoras do tema. E ainda: tal descrição enumerativa e definitória faz parte da explicação que dá substância ao argumento de autoridade de que lança mão o autor do texto. Aqui, em primeiro plano, explica para ser compreendido; e após, para que essa compreensão seja, ela mesma, a força sustentadora da tese ou da opinião emitida (intencionalidade explicativa).

Diz Plantin (2004, apud Charaudeau e Maingueneau, 2004: 231) que a situação de explicação para argumentação pode envolver, na interação, tanto um jogo argumentativo com um aprendiz *versus* um especialista quanto um proponente *versus* um oponente. O que constatamos nesta investigação do texto de Grizard (2013) é o segundo caso, pois há uma justificativa: a justificativa de escolha da melhor opção de guarda de crianças no caso em exame.

A esse respeito, a justificativa Perelman (2004: 160), denominada pelo autor de *justificação*, "pressupõe a existência, ou a eventualidade, de uma apreciação desfavorável referente ao que a pessoa se empenha em justificar. Por isso, a justificação relaciona-se intimamente com a ideia de valorização ou desvalorização".

A justificativa/justificação, segue o autor em tela, pode relacionar-se "à legalidade, à moralidade, à regularidade, à utilidade ou à oportunidade" (Perelman, 2004: 169). Isso se verifica, indubitavelmente, na Prop. arg.2 do texto de Grisard (2013), quando elenca os argumentos que dão fundamento a sua escolha.

Perelman (2004: 168) corrobora a explicação que se faz justificativa, quando defende que um agente, ao justificar-se, estabelece razões para uma conduta ou escolha, portanto "ao justificar uma proposição ou uma regra, justifica-se o fato de aderir a ela ou de enunciá-la; é sempre um raciocínio referente ao comportamento de um agente; não se deve confundi-lo com uma demonstração ou uma verificação". Adiante, Perelman (2004: 168), com Feigl, sustenta que este distinguiu "mui oportunamente duas técnicas [...] chamadas de *validatio cognitionis* e *vindicatio actionis*". E explica: mesmo que se possa pensar que *validatio cognitionis* possa ser apenas uma forma de demonstração, ela passa a ser uma justificação de uma adesão, tal como lemos no artigo de opinião em estudo, quando o produtor assume que a guarda compartilhada é a melhor opção para casais que se separam e têm filhos. Quando diz, no texto, que está convicto (segmento (3)) e arrola os diversos argumentos dispostos pelas leis (segmentos de (4) a (15)), isso aparece com ênfase para o leitor atento do artigo de opinião.

Por seu turno, Moirand (1999: 141-42) assevera que, no domínio dos discursos de transmissão de conhecimentos, a explicação é uma categoria analítica que envolve "as dimensões cognitivas e comunicativas do modo discursivo prototípico de certos gêneros discursivos que aí são mobilizados". A autora interroga-se sobre a natureza dessa categoria e assim questiona: (i) seria a explicação um modo discursivo que se opõe aos modos descritivo, narrativo, argumentativo ou prescritivo? (ii) Seria essa um ato de linguagem, em uma categoria pragmática de ordem ilocutória? (iii) Ou consistiria a explicação em um procedimento cognitivo-discursivo em que se diferenciam, de um lado, procedimentos definicionais ou exemplificativos (de ordem didática), e, de outro, justificativas e persuasões (de ordem polêmica)?

Disso tudo, torna-se possível comprovar o caráter evidentemente argumentativo que assume a explicação no texto de Grizard (2013). A figura a seguir pode, a partir do que antes estudamos, ser desenhada:

Figura 4 – Elaborada pelas autoras a partir de Grizard (2013)

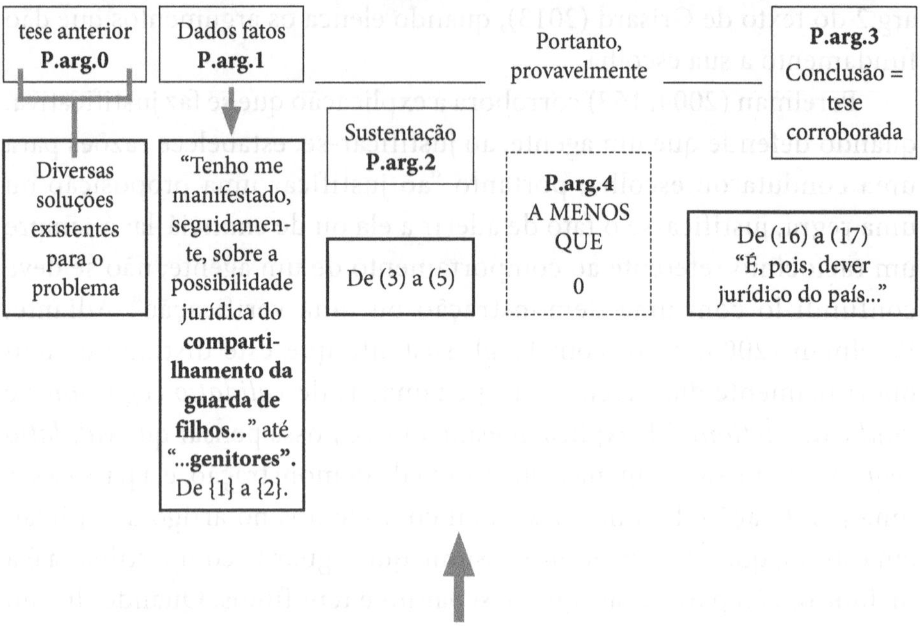

a– "texto do art. 229, da Constituição Federal...";
b– "O Estatuto da Criança e do Adolescente confirma o preceito maior ao incumbir aos pais o dever de sustento...";
c– "convergem aos postulados da Convenção sobre os Direitos da Criança, que lhe proclama uma proteção especial...";
d– "A doutrina brasileira sempre proclamou que o que realmente importa na decisão sobre a guarda de filhos menores é o superior interesse destes...";
e– "... o art. 13, da antiga Lei do Divórcio"... decisão com base no bem do menor...;
f – "Ao disciplinar o poder familiar, o novo Código Civil manteve...";
g– "Outra lição não se extrai do parágrafo único do art. 1.960, que atribui aos pais decidirem em comum...";
h– ____

De toda esta análise, temos claro que a leitura dos textos argumentativos de diferentes gêneros é imperiosa nas atividades de linguagem nos cursos de Direito. Sublinhamos que tais textos sejam, quem sabe, fundamentados em posicionamentos orientados para a possibilidade de contraposição na argumentação que, via de regra, instaura-se nas situações de comunicação orais ou escritas vividas pelo operador do Direito. Assim, conhecer com critério e atenção os meandros da descrição e da narração faz-se também necessário e sempre urgente. Deve o agente do Direito entender que a demonstração/explicação deva ser cuidadosa. Além do mais, esse agente precisa saber utilizá-las tanto nos momentos de comunicação de fatos que são incontestáveis, mas também, e sobretudo, nos momentos recorrentes dessa atividade com as leis, quanto na resolução de problemas que se apresentam cotidianamente nas querelas que o Judiciário abriga.

Vale enfatizar que este texto decorre de uma investigação que teve origem nas dúvidas que aulas sobre argumentação oportunizaram surgir, quando foram confundidos, por alguns leitores, textos de características somente demonstrativas, com os que mostravam feições e esquematização nitidamente argumentativas. Primeiramente, estudamos tópicos em livros de Direito e criamos roteiros de análise de textos, a fim de possibilitar entendimento por parte dos alunos de uma estrutura por trás das palavras e do discurso. Em segundo lugar, buscamos avaliar quais mecanismos da Linguística poderiam corroborar esse pano de fundo esquemático que se encontra em textos argumentativos. Assim, a Linguística Textual de Adam veio responder às perguntas mais urgentes e trouxe uma visualidade didática que, em muito, tem auxiliado a compreensão dos textos trabalhados em aula, de um modo essencial e primeiro.

Com isso, e com a análise que demonstra como explicação e argumentação se relacionam, foi possível estabelecer uma diferença entre esses dois aspectos da cognição pela linguagem. Também se oportunizou uma base sobre a qual o aluno pudesse construir seu entendimento dos textos, por exemplo, de opinião, acerca de diversos temas sobre os quais o Direito fala.

Corroboraram-se etapas dessa esquematização e dessa atuação explicativo-argumentativa nos bastidores da elaboração de diversos textos de feição argumentativa. Isso oportunizou compreensão sobre outros aspectos como a modalização e as tipologias de argumentos consoante diversos autores. No que concerne ao artigo de opinião ou a segmentos de textos eminentemente jurídicos em jogo no cenário do mundo do Direito, essa forma de analisar os textos redundou em um proveitoso percurso metodológico ou método de estudos.

Notas

[1] *Topoi* são lugares comuns de que se vale o produtor do texto, como ponto de partida para a argumentação. Segundo Aristóteles (1978), que primeiro focalizou esse conceito, os *topoi* situam-se no campo da lógica dialética, pois esse raciocínio assim se caracteriza por ter base em opiniões comumente aceitas. São opiniões admitidas por muitos, ou por uma maioria, ou por filósofos, ou pelos mais notáveis.

[2] *Tópicos* é o nome da obra de Aristóteles (1978: 5) na qual apresenta as provas chamadas de dialéticas. Essa teoria é utilizada pelo filósofo grego na *Retórica*. Perelman e Tyteka revisitam os estudos do sábio grego e aproximam a dialética da retórica, recorrendo à noção de auditório, que "imediatamente é evocada assim que se pensa num discurso" (Perelman e Olbrechts-Tyteka, 2008: 7).

[3] Um objetivo ilocucionário decorre da força ilocucionária de um enunciado, a saber, do fato de um locutor realizar uma ação, que pode ser uma asserção, uma ordem, uma promessa, entre outras. Uma força ilocucionária identifica-se em diversos níveis: ao nível da frase, do enunciado ou do contexto.

[4] Disponível em: <http://jus.com.br/artigos/4285/a-guarda-compartilhada-no-novo-codigo-civil.>. Acesso em: 29 jan. 2015.

[5] Mestre e doutor em Direito das Relações Sociais pela Universidade Federal do Paraná e professor de Direito Civil da Faculdade de Curitiba.

[6] Para tornar mais fluente e precisa a análise proposta de sequências e tipologias de argumentos, numeraram-se os períodos do texto.

Bibliografia

Adam, J. M. *A linguística textual*: introdução à análise textual dos discursos. 2. ed. Trad. Maria das Graças Soares Rodrigues et al. São Paulo: Cortez, 2011.

Aristóteles. Tópicos. *Os pensadores*. Trad. Leonel Vallandro e Gerd Bornheim. São Paulo: Editora Abril S. A. Cultural, 1978.

Carneiro, Maria Francisca; Severo, Fabiana Galera; Éler, Karen. *Teoria e prática da argumentação jurídica*. 2. ed. Curitiba: Juruá, 2002.

Charaudeau, P. *Linguagem e discurso:* modos de organização. Coord. equipe tradução Ângela M. S. Corrêa, Ida Lúcia Machado. São Paulo: Contexto, 2008.

______; Maingueneau, D. *Dicionário de análise do discurso*. Coord. trad. Fabiana Komesu. São Paulo: Contexto, 2004.

Coelho, F. U. Prefácio à edição brasileira. In: Perelman, C.; Olbrechts-Tyteca, L. *Tratado da argumentação*. Trad. Maria Ermantina Galvão. São Paulo: Martins Fontes, 2008.

Fetzner, N. L. C.; Paladino, V. C. *Argumentação jurídica teoria e prática*. Rio de Janeiro: Freitas Bastos, 2008.

Grisard Filho, W. A Guarda Compartilhada No Novo Código Civil, 2003. Disponível em: <http://jus.com.br/artigos/4285/a-guarda-compartilhada-no-novo-codigo-civil>. Acesso em: 29 jan. 2015.

Moirand, S. L' explication. In: Beacco, J. C. (ed.). *L'astronomie dans les médias. Analyses linguistiques de discours de vulgarisation*. Paris: Presses de La Sorbonne Nouvelle, 1999, pp. 141-66.

Perelman, C. *Retóricas*. Trad. Maria Ermantina de Almeida Prado Galvão. São Paulo: Martins Fontes, 2004.

______; Olbrechts-Tyteca, L. *Tratado da argumentação*. Trad. Maria Ermantina Galvão. São Paulo: Martins Fontes, 2008.

Plantin, C. Explicação e argumentação. In: Charaudeau, P.; Maingueneau, D. (Orgs.). *Dicionário de análise do discurso*. Coord. trad. Fabiana Komesu. São Paulo: Contexto, 2004.

PARTE IV

A LINGUAGEM NO ENSINO DA PRÁTICA JURÍDICA

História jurídica e argumentação: a construção de argumentos jurídico-dogmáticos

Flavia Portella Püschel
Ana Elvira L. Gebara

Existem muitas concepções do que seja a argumentação. Entre tantas, destacamos duas que sintetizam essas diversas correntes: a primeira identifica a argumentação na Retórica, cuja tradição começa na Grécia antiga e envolve raciocínios e argumentos utilizados primeiramente em textos orais, passando depois a ocupar também a estruturação de textos escritos; a segunda concebe a argumentação como uma ação cujos resultados são medidos ou avaliados pelo sucesso alcançado, ou seja, alinha-se à persuasão (Meyer, 2008). Ambas as concepções são relevantes para a reflexão desenvolvida neste capítulo. A primeira porque a argumentação recebeu durante séculos até os nossos dias muitos adjuntos adnominais (argumentação jurídica, argumentação política, entre outras) sendo estudada com bastante atenção dentro dos domínios que a identificam. A segunda porque, afastada da perspectiva da Retórica, a argumentação pode ser considerada uma característica da língua, a comunicação, sujeitos que significam pelas escolhas realizadas na interação verbal. A argumentação, nessa concepção, é uma dimensão da língua, marcada nas escolhas linguísticas[1] (Cabral, 2011).

Nessa perspectiva, é importante apontar que essa dimensão não se apresenta com a mesma intensidade e propósitos em todos os usos da língua, uma vez que, em certos domínios, é essencial que se busque a persuasão, tal como esclarece Amossy (2006):

> Para evitar confusões, é preciso, nessa ótica, diferenciar a *dimensão argumentativa* inerente a numerosos discursos da *intenção argumentativa* que caracteriza apenas alguns entre eles. Em outros termos, a simples transmissão de um ponto de vista sobre as coisas, que não pretende expressamente modificar as posições do alocutário, não se confunde com a operação de persuasão sustentada por uma intenção consciente e oferecendo estratégias programadas para esse efeito. Uma defesa judiciária tem uma nítida intenção argumentativa: ela se atribui como objetivo primeiro fazer admitir a inocência do acusado que o advogado tem por tarefa defender, ou apresentar circunstâncias atenuantes que diminuirão a sua pena. (Amossy, 2006: 15 [destaques nossos])[2]

Como Amossy exemplifica, os gêneros do domínio jurídico se caracterizam pela intenção argumentativa. Tanto na modalidade oral como na escrita, esses gêneros exigem, para que sejam bem-sucedidas suas funções, uma orientação de como significar pelas escolhas linguísticas e pela estruturação textual. Assim, optamos por apresentar os elementos norteadores de acordo com as expectativas do domínio jurídico, desde a posição do enunciador até a construção da história jurídica tendo como objeto central a construção de argumentos jurídico-dogmáticos.

As escolhas linguísticas marcam posicionamentos e indicam orientações de sentido que podem ser retomadas no processo da leitura pela identificação da estrutura, que, segundo Van Dijk, como afirma Cabral, é entendida

> como um elemento que tem efeitos sobre o conhecimento, as opiniões, as atitudes e as atuações de indivíduos, grupos ou instituições. Van Dijk observa ainda que os indivíduos se valem das estruturas textuais para elaborar seus propósitos recorrendo a *operações retóricas* e a formas estilísticas concretas e determinado *tipo de texto*. Essas estruturas textuais auxiliam os falantes a ler e a ouvir manifestações linguísticas tão complexas como os textos, a *entendê-los, extrair certas informações, armazenar (ao menos parcialmente) essas informações no cérebro e voltar a reproduzi-las segundo tarefas, intenções ou problemas concretos que se apresentem.* (Cabral, 2013: 243-44 [destaques nossos])

As estruturas textuais orientadas pelos propósitos do texto não somente permitem a leitura (e posterior produção) de um texto concreto, possibilitam ainda que se interpretem as condições de produção, as situações do entorno da produção, que passam a ser "lidas" segundo as expectativas do domínio jurídico para a elaboração da história jurídica tal como a conceitua Bruner (2014) e que avaliamos como central para a construção do argumento jurídico-dogmático.

Embora a argumentação esteja no núcleo de todos os gêneros do campo jurídico, apresentando-se como intenção argumentativa, é possível observar que essa presença se reflete como uma atitude que o enunciador assume tanto na leitura quanto na produção em relação ao texto. Além dessa intenção, na estrutura desses gêneros, a heterogeneidade tipológica[3] responde à função persuasiva, como se vê em relatórios, boletins de ocorrência, petição, processo, parecer, entre inúmeros outros. Dos tipos textuais que compõem a estrutura composicional dos gêneros do campo jurídico, destacamos o uso do tipo narrativo e do argumentativo. O tipo textual narrativo é nuclear, porque como afirma Sparano et al.:

> Todos os falantes de uma língua conseguem narrar e compreender histórias, acontecimentos, experiências pessoais, todos possuem uma competência narrativa. [...] A narrativa reúne conceitos como intenções, objetivos, ação, causa, consequências, intrigas, resolução de problemas; tudo isso inserido em uma sequência temporal em que os fatos são apresentados como relacionados entre si. [...] (Sparano et al., 2012: 50)

Além disso, quando se trata da narrativa, "é importante que o leitor perceba o conflito para que atribua sentido para as ações, por meio do estabelecimento de relações entre elas, de diversas ordens, não apenas casuais, e construa a unidade do texto, no eixo da temporalidade (Sparano et al., 2012: 50-51). Essa percepção é central para a elaboração da narrativa evidentemente, mas como reconhecimento de estrutura permite de forma mais eficaz a seleção de dados e fatos para a construção do argumento, fazendo parte, nesse domínio, das estratégias argumentativas.

O tipo textual argumentativo, por sua vez, está no cerne do argumento jurídico-dogmático por realizar dois movimentos: "demonstrar e/ou justificar uma tese e refutar outras teses ou argumentos adversos, partindo, nos dois casos, de dados ou fatos que, com base em princípios que dão sustentação, conduzem a admitir determinada conclusão ou afirmação" (Sparano et al., 2012: 63). Dessa forma, pode aparecer tanto na apresentação do conflito quanto na resolução dos problemas, estando estreitamente relacionado com o tipo textual narrativo nas narrativas do campo jurídico.

Em nossa experiência, ao tomarmos essas questões como objeto em sala de aula, percebemos que o professor de língua vê nessa situação a possibilidade de ensinar uma forma de ler os gêneros e compreender como os discursos circulam e se organizam no domínio jurídico; o professor de disciplinas dogmáticas, por sua vez, avalia de forma semelhante o trabalho a ser desenvolvido em sala de aula tomando esses elementos como constitutivos do pensamento do operador do Direito, apresentando-os como estratégias para a construção do argumento. Em virtude de objetivos e objetos comuns, trazemos, para esse capítulo, um percurso – o do argumento jurídico-dogmático pela história jurídica – que tomamos como uma das formas de se desenvolver a leitura dos textos, do domínio e das situações com as quais os alunos do Direito precisam lidar em seu cotidiano, primeiro, o acadêmico e, depois, o de trabalho para a elaboração dos argumentos jurídico-dogmáticos.

PERCURSOS NARRATIVOS: EXAME DAS CONDIÇÕES DE PRODUÇÃO DOS ARGUMENTOS

Um dos desafios para o aluno do curso de Direito é se deslocar do senso comum para um novo lugar retórico. No campo jurídico, isso se inicia pela avaliação dos papéis que assumimos no processo de leitura e elaboração de textos orais e escritos. A posição de advogado, a de juiz, a de promotor, dentre outras, determina tipos de estratégia, inserção e impacto do texto no entorno e, dessa forma, a ação que esse ator do Direito imprimirá.

Se tomarmos o domínio jurídico como se nos preparássemos para escrever uma narrativa, designaríamos para o aluno a posição de narrador. Nessa posição, cabe a ele analisar os elementos do domínio jurídico para então estruturar sua aproximação com a realidade apresentada (dos casos, das leis, das relações regulamentadas e afins). Nessa perspectiva, como narrador, o aluno verifica, em cada uma das situações, como se dão os valores para os envolvidos na história em que deve agir, como se avaliam as normas jurídicas, centrais para a compreensão do Direito como forma de regular as relações sociais.[4] É preciso, então, mapear o cenário em que se encontra e escolher um ponto de vista para narrar: primeira pessoa ou terceira pessoa. Comecemos pelas condições que estruturam o cenário geral.

Em nossa tradição, as normas jurídicas apresentam-se na forma de comandos gerais e abstratos. Por sua vez, a produção da doutrina apresenta-se como a construção mais ou menos sistemática de conceitos igualmente gerais e abstratos. Como exemplo desse caráter geral e abstrato tanto da lei quanta da doutrina, podemos citar a norma do art. 186 do Código Civil (1) e um trecho de um texto doutrinário a respeito do instituto jurídico correspondente a essa norma (2):

> Art. 186. Aquele que, por ação ou omissão voluntária, negligência ou imprudência, violar direito e causar dano a outrem, ainda que exclusivamente moral, comete ato ilícito.

Nesse artigo, é possível observar o uso de: a) pronome demonstrativo "aquele" e do pronome indefinido "outrem", que se refere à 3ª pessoa, isto é, a qualquer um dos leitores; b) substantivos abstratos – omissão, negligência, imprudência – que conferem esse caráter geral, pois são ações concretas que indicam o que pode ser omissão, negligência e imprudência; e, também, a designação do ato como ilícito, que será dado a partir do cruzamento das ações que forem avaliadas como transgressoras. Esse caráter geral deve ser interpretado diante dos fatos concretos. Caráter semelhante pode ser observado na doutrina:

> (2) A violação de um dever jurídico configura o *ilícito*, que, quase sempre, acarreta dano para outrem, gerando um novo dever jurídico, qual seja, o de reparar um dano. Há assim, um *dever jurídico originário*, chamado por alguns de primário, cuja violação gera um *dever jurídico sucessivo*, também chamado de secundário, que é o de indenizar o prejuízo. (Cavalieri Filho, 2003: 25-6 [grifos no original])

Embora, em (2), exista o desdobramento do que é estabelecido no artigo, o caráter geral e abstrato se mantém pelo uso dos grupos nominais, "dever jurídico originário" e "dever jurídico sucessivo", que denominam ações que serão concretizadas à medida que forem aplicadas a casos concretos; e pela remissão a categorias (violação, dever jurídico, ilícito), uma vez que, mesmo que correspondam a eventos sucessivos, não há um referente concreto que remeta a um fato particular.

No entanto, as normas jurídicas gerais e abstratas são feitas para regular condutas determinadas e concretas da vida. A dogmática jurídica volta-se, portanto, à solução de problemas concretos em situações determinadas. Diante disso, fica claro que, para saber Direito, não basta "conhecer a lei" ou os institutos jurídicos em abstrato. A aplicação das normas jurídicas gerais e abstratas a casos concretos, que se faz por meio da construção de argumentos jurídico-dogmáticos concretos, constitui uma habilidade essencial do profissional da área jurídica.

Naturalmente, o trabalho de um juiz, de um advogado, promotor etc. envolve muito mais do que a aplicação de normas gerais e abstratas a situações concretas por meio da construção de argumentos jurídico-dogmáticos. E assim voltamos à elaboração da história jurídica, nesse exemplo, em primeira pessoa.

DETERMINANDO A SUA NARRATIVA: QUAL É O CASO?

Para ilustrar como a narrativa pode ser trabalhada com os alunos, apresentamos uma proposta pensada para ser utilizada na disciplina introdutória ao Direito Civil, com alunos de primeiro semestre do curso de graduação em Direito,[5] para promover reflexão que permita identificar os elementos essenciais para definir o que é relevante para a elaboração dos argumentos. A narrativa, como anunciamos, aparece na forma de um caso, uma história jurídica. O trabalho com o narrar tem tradição nos cursos de Direito, podendo ser aplicado ao longo de um semestre como abordagem principal ou em atividades pontuais, podendo ser identificado, em qualquer uma das formas, com o Método do Caso e com o *Role Play* dependendo das combinações que possam ser feitas a partir da narrativa de base.[6] O caso:

Imagine que você, advogado, é procurado por uma senhora elegante, de cinquenta e poucos anos, loira, usando perfume francês com um pouco de exagero. Ela está muito nervosa e, ao se apresentar, conta que é tia da sua vizinha Maria, do apartamento 41. Ela se senta, aceita um café, e diz que na semana anterior, na quarta-feira à noite, voltando de sua sessão de análise - chovia -, um carro prateado (ela não sabe bem que modelo, pois não entende nada de carros) deu-lhe uma "fechada" pela direita em plena rua Oscar Freire e bateu no seu automóvel, provocando grande prejuízo. Não bastasse isso - e agora a voz da mulher começa a tremer - o motorista a destratou e a ameaçou. Ela anotou a chapa do veículo "culpado" e foi embora. Agora não sabe o que fazer. Ela tem seguro, mas a franquia é alta e, além disso, acha um desaforo que um sujeito possa bater em seu carro e ainda por cima xingá-la e ameaçá-la impunemente. Nesse momento, ela pede um copo de água e você aproveita a pausa para começar a pensar. Antes de mais nada, é preciso definir qual é o caso. O que deseja a sua cliente? Ela quer simplesmente reparação pelo valor da franquia do seguro? Ou será que, na verdade, o que lhe importa é uma satisfação pelo fato de ter sido maltratada e ameaçada pelo outro motorista?

Além disso, será que o fato de que ela estava voltando de uma sessão de análise é relevante? E o fato de ela ser loira e tia da sua vizinha? E, por falar nisso, será que você conhece todos os fatos relevantes? Por exemplo, será que o seu contrato de seguro realmente cobre o tipo de dano sofrido? Qual o valor exato da tal franquia?

Em outras palavras, você precisará compreender qual o interesse do seu cliente; precisará selecionar dentre os fatos ocorridos na realidade aqueles que têm relevância jurídica; precisará qualificar juridicamente tais fatos, isto é, precisará determinar qual o instituto jurídico em questão e, consequentemente, quais as normas jurídicas aplicáveis ao caso (Será um caso de responsabilidade civil extracontratual? Ou será apenas uma questão contratual, visto que há um contrato de seguro?).

Com esses questionamentos, o aluno, na posição de narrador, tem a oportunidade de selecionar qual foco adotar para a história, de modo a atribuir sentido aos fatos que surgem com diversas orientações: as explícitas - da cliente; as implícitas - a do envolvido no acidente, a do seguro, a dele, como advogado. E, a partir desses elementos, tomar decisões. Continuemos:

> *Depois disso você precisará ainda traçar estratégias para lidar com o problema da sua cliente, bem como ajudá-la a avaliar os riscos envolvidos na adoção de cada uma delas (será o caso de propor uma ação judicial? Nesse caso, qual seria o custo? Quanto tempo demoraria? Quais provas poderiam ser produzidas? É possível saber quais as chances de sucesso? Seria o caso de procurar um acordo extrajudicial?).*
>
> *Se depois de tudo isso você chegar a propor uma ação judicial, precisará, em sua petição inicial, construir um argumento jurídico-dogmático demonstrando que, de acordo com o ordenamento jurídico brasileiro, sua cliente tem realmente o direito que alega ter.*

Nessa etapa, o aluno chega à pesquisa que traz verossimilhança à narrativa, e que, no Direito, traz fundamentação para os argumentos. Trata-se da busca de legislação, doutrina e jurisprudência, orientadas para o sentido que o aluno fixou como sendo central para o caso. Em seguida, começa a redação da petição inicial e, nesse caso, transforma a narrativa geral em um elemento da argumentação. Como descreve Bruner:

> Ao oferecer uma interpretação, o narrador de uma história jurídica apela principalmente para a semelhança entre a sua interpretação dos fatos relevantes para a ação presente e as interpretações das ações passadas que ele alega ser similares a esta. Estabelecer essas linhas de precedentes é uma tarefa comparável a localizar uma história dentro de um gênero literário, e os advogados (assim como os críticos literários) muitas vezes exercitam certa engenhosidade erudita na escolha de seus precedentes. [...] Os advogados sabem muito bem que mesmo as questões de fato, filtradas pela malha fina das regras para as provas, encontram-se frequentemente abertas a interpretação. (Bruner, 2014: 49)

Podemos, seguindo essa linha de formação de raciocínio, deslocar o aluno para outras posições, ainda em primeira pessoa, como advogado da outra parte, que, por sua vez, desenvolverá um argumento jurídico-dogmático com o objetivo de demonstrar ao juiz que a sua cliente não tem direito algum, orientando aqueles fatos e dados em outra direção.

Por fim, com o mesmo caso, é possível solicitar ao aluno que assuma uma outra posição, trocando o ponto de vista para a terceira pessoa, buscando, a princípio, a imparcialidade em relação aos lados envolvidos para poder estabelecer-se como juiz, que, com base nas provas que constarem nos autos, tomará sua decisão, a qual deverá ser fundamentada - mais uma vez - em um argumento jurídico-dogmático.

Apesar de não ser, portanto, a única habilidade que deve ter um bom advogado (ou juiz, promotor etc.), a construção de argumentos jurídico-dogmáticos é uma das habilidades *fundamentais* para o exercício das profissões jurídicas.

Assim, mesmo com a impossibilidade de se reproduzir fielmente a realidade na sala de aula e mesmo que a disciplina que utilizamos como base tenha como foco a construção de argumentos jurídico-dogmáticos, e não as demais habilidades igualmente importantes para a formação do profissional do Direito (cujo desenvolvimento fica a cargo das oficinas de prática jurídica ou de igual função conforme a estrutura de cada curso), e ainda tendo em mente que o caso apresentado - e os casos selecionados e mesmo que baseados em eventos reais - já tenha passado pela etapa de "construção" (o que significa que já foi feita uma seleção dos fatos relevantes), a convocação dos alunos para assumirem diferentes posições, propondo *suas* narrativas derivadas do caso, é um dos caminhos produtivos para o desenvolvimento dos argumentos jurídico-dogmáticos de aplicação de normas gerais e abstratas a um caso concreto, cujos passos apresentaremos a seguir.

OS PASSOS DO ARGUMENTO JURÍDICO-DOGMÁTICO

Para a elaboração do argumento jurídico-dogmático para solução de um problema jurídico concreto, os passos se assemelham à construção da narrativa, nesse caso, da história jurídica, por exigirem que levemos em conta qual o tema central (a pretensão); quais as personagens e as relações entre elas (a posição do cliente e da outra parte); a sequência dos eventos (pré e pós-conflito) desde sua seleção até sua organização temporal e de implicação; e as possíveis soluções de acordo com cada uma das posições das personagens (advogado, juiz e parecerista).

A posição de quem argumenta: qual o ponto de vista?

Um dado importante para determinar o modo como deve ser construído o argumento jurídico-dogmático é o ponto de vista a partir do qual se argumenta. O modo de argumentar é o mesmo, mas o objetivo da argumentação muda conforme nos coloquemos em uma posição parcial ou imparcial, ou conforme nosso objetivo seja defender um argumento específico ou testar todos os argumentos possíveis para a solução de determinado caso. São essas diferentes posições que representamos a seguir, com referência a três figuras típicas: o juiz, o advogado e o parecerista.

O juiz

A figura do juiz representa aqui o ponto de vista *imparcial*. Nesse caso, o argumento jurídico-dogmático não pretende defender os interesses de nenhum dos envolvidos em particular, mas oferecer a solução correta[7] para o caso.

Por outro lado, o juiz em sua sentença não é obrigado a apresentar todas as soluções alternativamente possíveis para o caso, mas apenas a fundamentar a sua decisão.

O advogado

A figura do advogado, por sua vez, representa o ponto de vista *parcial*. Nesse caso, o argumento jurídico-dogmático está, de saída, comprometido com os interesses de um dos envolvidos no caso. O objetivo do argumento, portanto, não é oferecer a solução correta do caso, mas oferecer o argumento que melhor *sustente os interesses de uma das partes*.

O parecerista

O parecerista representa aqui o ponto de vista simultaneamente imparcial e investigativo.[8] Nesse caso, o argumento não está comprometido de saída com os interesses de nenhuma das partes e, além disso, seu objetivo é testar todas as soluções jurídico-dogmáticas possíveis, para *chegar à solução correta*. Portanto, assim como o juiz, o parecerista busca a solução correta para o caso. No entanto, ao contrário do juiz, o parecerista não se preocupa com fundamentar uma decisão, mas com a investigação sobre as soluções possíveis. O ponto de vista do parecerista implica, portanto, o desenvolvimento dos vários argumentos alternativos possíveis, antes da defesa de um deles como sendo a solução correta.

Na verdade, o parecerista representa um momento preparatório do trabalho tanto do juiz quanto do advogado. Para tomar a sua decisão, isto é, para formar sua convicção de que determinada solução para um caso é a correta, o juiz precisa testar tal decisão contra possíveis objeções (que eventualmente o fariam mudar de ideia). O advogado, por outro lado, além de precisar decidir sobre qual é o argumento jurídico-dogmático que melhor atende aos interesses de seu cliente, precisa preparar-se para as objeções que serão possivelmente levantadas pela outra parte. Para isso, precisa igualmente testar todas as possibilidades (a diferença está no modo como posteriormente escolhe o argumento que irá defender, pois nesse caso não se trata de defender necessariamente o argumento que pessoalmente lhe parece o correto, mas o argumento que melhor sustenta os interesses da parte que defende).

A questão proposta: qual conflito?

Em um caso verdadeiro, a questão será dada pelos interesses em jogo, que se transformam nos pedidos feitos ao juiz e sobre o qual este tem que decidir. Nos casos didáticos, a questão é proposta pelo professor, que pode fazê-lo de vários modos.

A questão pode ser mais geral ou bem específica. Exemplo de uma questão específica em relação ao caso do exemplo anterior seria: defenda o direito de sua cliente a uma reparação *por danos morais* em relação ao causador do acidente. Uma questão mais genérica poderia ser: defenda os direitos de sua cliente em relação ao causador do acidente.

No primeiro caso, só o direito a reparação por danos morais precisa ser objeto do argumento, ainda que eventualmente haja outros direitos da cliente em relação ao causador do acidente. No segundo caso, por outro lado, todos os direitos da cliente precisam ser defendidos.

É importante notar que a questão sempre se relaciona com a posição que se espera que o aluno adote ao argumentar. Se o papel fosse de juiz ou parecerista, em vez de advogado, as questões seriam formuladas de modo diverso, por exemplo: a mulher tem direito a reparação por danos morais em relação ao causador do dano? Ou: quais os direitos da mulher em relação ao causador do dano?

OS PASSOS PARA A SOLUÇÃO (DA HISTÓRIA E DO CASO)

A primeira coisa a fazer é ler o caso, do começo ao fim e com atenção.

Ao fazer isso, além de apreender os fatos do caso, é preciso estabelecer qual é a questão, bem como a posição que deverá ser assumida quando da redação do argumento.

Há uma unidade fundamental para o argumento, que deve ser repetida para cada pretensão, objeto da questão.

Começa-se com a *determinação da pretensão* de que se vai tratar. A partir daí, enunciam-se os *requisitos* para que tal pretensão exista e se tais requisitos *estão presentes no caso*. Por fim, verifica-se quais as circunstâncias que poderiam tornar a pretensão inexigível e se tais circunstâncias ocorreram no caso.

Antes da redação final, é recomendável traçar um *esquema* das pretensões, requisitos etc., à guisa de rascunho. Isso permite visualizar o argumento geral e facilita a sua posterior redação.

Note-se que, dependendo da posição assumida, o procedimento anterior recebe um matiz peculiar. Ao assumir o papel de advogado, por exemplo, soluções alternativas precisam limitar-se ao rascunho, momento em que se está pensando sobre o melhor argumento para defender os interesses da parte. O texto final deve ser uma defesa da posição escolhida. Em se tratando de questão proposta do ponto de vista do parecerista, por outro lado, dúvidas farão parte do texto final, na forma de objeções levantadas e eventualmente respondidas para cada argumento possível apresentado.

ALGUMAS QUESTÕES PRÁTICAS

Quando o argumento é apresentado na forma escrita, o texto adquire uma importância fundamental. É por meio do texto que outros terão acesso ao raciocínio de quem o escreveu. Portanto, o texto precisa ser capaz de falar por si. Ele precisa ser completo e compreensível. É muito importante notar que o argumento jurídico-dogmático não é simplesmente um amontoado de informações, mas antes de tudo uma *articulação* de informações. Sem essa articulação não se tem propriamente um argumento.

Ao escrever, o aluno deve imaginar o seu leitor não como sendo o professor, que preparou e, portanto, conhece o caso. Deve-se imaginar o leitor como alguém que não tem nenhum conhecimento prévio, a quem é preciso explicar tudo. Com isso, evita-se o risco de saltar passagens do argumento.

Um erro muito frequente entre estudantes é esquecer que se trata da solução de um caso e não da redação de um texto doutrinário. É preciso lembrar que o conhecimento teórico acerca dos institutos jurídicos é apenas um pressuposto do exercício. O exercício em si é estabelecer a relação entre esses conhecimentos teóricos e a solução de um caso. Portanto, o texto não pode ser teórico.

Por fim, é preciso estar muito atento ao uso do vocabulário técnico, para empregá-lo com precisão. O uso de palavras que têm um sentido técnico em seu sentido vulgar deve ser evitado. Sendo inevitável, é preciso que o texto deixe claro o uso que se está fazendo do termo em questão.

Como última recomendação, não se deve esquecer de reler sempre os textos, a fim de verificar se o resultado final é completo, claro, coerente, se as passagens do argumento estão todas indicadas, se o vocabulário está adequado etc. Essa recomendação é a mesma para os autores de narrativas – cortam-se as informações desnecessárias, enxertam-se e organizam-se hierarquicamente de acordo com sua força argumentativa fatos e dados (diríamos até provas) para que a história alcance seu objetivo, sua pretensão.

No processo de reflexão sobre as abordagens das disciplinas do professor de Língua Portuguesa para fins específicos e das disciplinas nucleares do Direito, encontramos um ponto comum: promover no estudante a reflexão sobre as condições dos fatos que chegam até ele para que possa transformar a sucessão de elementos colhidos de cada um dos envolvidos em uma história jurídica, que avaliamos como necessária para o desenvolvimento desse estudante nas diferentes funções que exercerá na esfera jurídica.

As histórias jurídicas e sua relação com o desenvolvimento do argumento jurídico-dogmático são complexas. Constituem a junção dos tipos textuais (narrativa, adversativo-argumentativo; retóricas-injuntivo) e de funções persuasivas ao lado das informativas, permitindo por suas características que o estudante construa pouco a pouco a "ponte" entre o conhecimento baseado no senso comum para o conhecimento qualificado do operador do Direito. Assim, as estratégias aqui apresentadas entram não somente em uma sala de aula, mas, como mencionamos, podem entrar como estratégia, como abordagem, como método ou como projeto interdisciplinar, permitindo que o diálogo entre as disciplinas amplie o desenvolvimento das habilidades dos estudantes.

Notas

1 Trata-se da *Teoria da Argumentação na Língua* (ADL), desenvolvida por Anscombre e Ducrot (Cabral, 2011).

2 Tradução para circulação no grupo de pesquisa "Texto, discurso e ensino: processos de leitura e de produção do texto escrito e falado", do mestrado em Linguística da Universidade Cruzeiro do Sul, realizada pela Profa. Dra. Ana Lúcia Tinoco Cabral.

3 A heterogeneidade tipológica se refere aos tipos textuais: argumentativo, narrativo, descritivo, injuntivo e expositivo (Koch e Elias, 2006, 2011). Em todos os gêneros orais e escritos, eles fazem parte da estrutura textual e são caracterizados por estruturas linguísticas.

4 Poderíamos fazer um paralelo entre essa posição de narrador (ao tomar toda a situação com que o aluno se depara) com a do lugar retórico que os usuários da língua devem assumir ao se envolver com os gêneros, assumidos como "formas de vida", "modos de ser", "frames para a ação social" – a agência que ocorre nos gêneros (Bazerman, 2006).

5 Do modo como apresentada aqui, esta proposta ainda não foi aplicada a nenhuma turma. Mas foi pensada a partir da experiência com as dificuldades de alunos iniciantes de compreender o caráter argumentativo do Direito e de redigir textos argumentativos. A dificuldade de redação pode ser percebida também em alunos mais avançados, de modo que uma reflexão como a proposta poderia ser interessante como parte de disciplinas dogmáticas também para essas turmas.

6 Sobre o Método do caso, cf. J. G. Ghirardi, *Métodos de ensino em direito: conceitos para um debate*, São Paulo, Saraiva, 2009. Série Metodologia e Ensino: Direito, Desenvolvimento, Justiça.

7 A existência de uma solução correta para os conflitos jurídicos e no que consistiria ou como se chegaria a tal solução é objeto de grande polêmica entre os teóricos do Direito na atualidade. Trata-se de questão diretamente ligada à discussão sobre argumentação na teoria do Direito contemporânea. É verdade que há aqui uma tomada de posição neste debate a favor da tese da resposta correta. No entanto, a proposta didática apresentada não depende, a rigor, dessa tomada de posição. O juiz pode ser entendido simplesmente como modelo de posição imparcial, ainda que se acredite, por exemplo, que tal posição seja por natureza arbitrária. Para um panorama do debate contemporâneo sobre esta questão, v. a síntese de Muñoz (2008: 159-248).

[8] A referência ao parecerista como modelo aqui é imprecisa. Na verdade, embora faça uma análise investigativa do problema, testando diversas soluções jurídico-dogmáticas possíveis, o parecerista não é imparcial, uma vez que é normalmente contratado por uma das partes para produzir um documento a ser usado no processo judicial em seu favor. Marcos Nobre (2005: 30-32) já advertiu sobre os perigos de se esquecer desse aspecto da atuação do parecerista. Uma alternativa seria referirmo-nos ao acadêmico como modelo de ponto de vista investigativo e imparcial. O problema, nesse caso, é que o acadêmico, em seu trabalho dogmático, não necessariamente (e, aliás, muito raramente) dedica-se a solucionar casos concretos. O trabalho doutrinário, como se mencionou anteriormente, tende a ser abstrato, ainda que tenha em vista a possibilidade de solução de casos concretos. Diante disso, optamos por manter a referência ao parecerista.

Bibliografia

Amossy, R. *L'argumentation dans le discours*. Paris: Armand Colin, 2006.

Bazerman, C. A vida do gênero, a vida na sala de aula. Trad. Ana Regina Vieira e de Judith Chambliss Hoffnagel. In: Dionísio, A. P.; Hoffnagel, J. C. (Orgs.). *Gênero, agência e escrita*. São Paulo: Cortez, 2006, pp. 23-34.

Bruner, J. *Fabricando histórias:* direito, literatura, vida. Trad. Fernando Cássio. São Paulo: Letra e Voz, 2014. Coleção Ideias.

Cabral, A. L. T. *A força das palavras*: dizer e argumentar. São Paulo: Contexto, 2011.

______. O conceito de plano de texto: contribuições para o planejamento da produção escrita. *Linha d'Água*, v. 26, n. 2, 2013, pp. 241-259.

Cavalieri Filho, S. *Programa de responsabilidade civil*. 4. ed. São Paulo: Malheiros, 2003.

Koch, I. V.; Elias, V. M. *Ler e compreender*: os sentidos do texto. São Paulo: Contexto, 2006.

______. *Ler e escrever*: estratégias de produção textual. 2. ed. São Paulo: Contexto, 2011.

Meyer, B. *A arte de argumentar:* com exercícios corrigidos. Trad. Ivone C. Benedetti. São Paulo: Martins Fontes, 2008.

Muñoz, Alberto Alonso. *Transformações na teoria geral do direito:* argumentação e interpretação do jusnaturalismo ao pós-positivismo. São Paulo: Quartier Latin, 2008.

Nobre, Marcos. O que é pesquisa em direito? In: ______. *O que é pesquisa em direito?* São Paulo: Quartier Latin, 2005, pp. 23-38.

Sparano, M. E.; Gebara, A. E. L.; Cabral, A. L. T.; Carvalho, H.; Cury, B. *Gêneros textuais:* construindo sentidos e planejando a escrita. São Paulo: Terracota, 2012.

Direito e Literatura: um exercício de argumentação jurídica a partir da leitura de *Os irmãos Karamazov*

Ana M. M. da Silva
Janaína de Azevedo Baladão

O encontro do Direito e da Literatura é antigo, mas somente nas últimas décadas vem tomando fôlego e angariando estudos que não apenas ampliam o exercício do saber jurídico, mas também proporcionam uma experiência significativa no que diz respeito à própria prática de leitura do acadêmico de Direito. Pensando na intersecção dessas áreas, professores têm usado como ferramenta de trabalho a obra literária em si para promover um exercício de argumentação jurídica entre os discentes, abrindo um espaço de reflexão e crítica que os ajuda a pensar a realidade e buscar soluções para conflitos de sua área de atuação. Nas palavras de Baran (2013): "A argumentação não só mostra como a literatura ajuda a fundamentar a realidade, mas como o próprio Direito se utiliza dessa ferramenta para interpretar a sociedade".

De fato, a leitura de literatura (ou ficção) pode fornecer subsídios para a formação de qualquer profissional, que não apenas o das Letras, porque encontrará casos que, embora sejam fictícios, representam simulações de nossa vida em sociedade. Assim, um físico pode encontrar ligação entre as teorias que estuda e "O mistério de Marie Rogêt",[1] de Edgar Allan Poe; ou um matemático pode buscar em *Eneida*, de Virgílio, a estratégia adotada pela rainha Dido (Elisa), transformando um couro de touro em um longo fio para cercar Cartago.[2] E é exatamente essa verossimilhança que atrai leitores para uma determinada obra.

Em relação ao Direito, diversos são os autores que retratam questões legais, processos judiciários e/ou julgamentos em seus livros, brindando-nos com impressionantes aulas de argumentação jurídica. Os temas literariamente relacionados com a área do Direito podem desenvolver-se de maneira distinta ou até mesmo repetir-se, de acordo com a época e o escritor (até porque a humanidade segue repensando dilemas transcendentais), mas, sem dúvida, representam um forte aliado para o professor na hora de formular o programa de sua disciplina. Nesse sentido, podemos pensar no dilema do poder e no embate entre o Direito natural e o Direito positivo em *Antígona*, de Sófocles; na percepção social da loucura e na incapacidade social em *Rei Lear*, de William Shakespeare; no discurso jurídico do julgamento de Meursault em *O estrangeiro*, de Albert Camus; no Direito como instrumento de repressão social em *O processo*, de Franz Kafka; no Direito de família em *Niketche, uma história de poligamia*, de Paulina Chiziane; na concepção de liberdade em "Pai contra mãe", de Machado de Assis; entre tantos outros. Contudo, para fins de delimitação e exemplificação, neste trabalho propomos um exercício de argumentação jurídica a partir da leitura de *Os irmãos Karamazov*, de Fiódor Dostoievski, autor central da disciplina que será descrita a seguir. Nessa obra, Dostoievski faz um retrato magistral de uma época conflitante e das consequências de uma tragédia familiar a partir do julgamento de um parricídio.

A DISCIPLINA DE OFICINA DE ARGUMENTAÇÃO ORAL PARA O DIREITO

A Oficina de Argumentação Oral está inserida na *Certificação Instrumental em Linguagem e Argumentação para a Prática Jurídica Oral*, oferecida aos graduandos da Faculdade de Direito (Fadir) da Pontifícia Universidade Católica do Rio Grande do Sul (PUCRS). Está descrita da seguinte maneira:

> A certificação instrumental em Linguagem e Comunicação para a Área Jurídica – Língua Portuguesa oferece aos graduandos da Fadir a oportunidade de aperfeiçoarem sua competência comunicativa, desenvolvendo a fluência verbal oral e escrita, o raciocínio lógico e a capacidade de argumentação. Além de preparar o aluno para as disciplinas mais avançadas do curso de Direito – especificamente para o TCC –, atende, também, ao crescente interesse da sociedade e do mercado de trabalho por profissionais com ampla formação cultural e humanista, associada ao domínio da Língua Portuguesa.[3]

Seguindo esses propósitos, a ementa descreve a disciplina como *prática da argumentação jurídica com ênfase no desempenho comunicativo oral.* Tal prática pressupõe um trabalho anterior com as características da linguagem falada e a expressividade na fala, além de orientação sobre técnicas de argumentação oral, postura vocal e corporal, conteúdos que compõem a parte teórica do programa, que conta com carga horária de 30 horas, distribuídas em dois períodos semanais.

Tendo como seus principais objetivos propiciar situações que permitam ao aluno treinamento para um adequado desempenho comunicativo oral e desenvolver competências de leitura e produção de discursos orais a partir do estudo de técnicas de argumentação oral, esta cadeira oportuniza atividades como improvisação de discurso, sarau literário e debate controlado. Estes dois últimos envolvem a leitura de uma obra literária a fim de estimular o trabalho com a interface Direito e Literatura e de atender, também, ao crescente interesse da sociedade e do mercado de trabalho por profissionais com ampla formação cultural e humanista, associada ao domínio da Língua Portuguesa.

DIREITO E LITERATURA EM *OS IRMÃOS KARAMAZOV*

> Reconheço-me culpado de embriaguez, de devassidão e de preguiça – disse ele com exaltação. – Queria corrigir-me definitivamente, na hora mesma em que a sorte me feriu. Mas estou inocente da morte do velho, meu pai e meu inimigo. Não o roubei tampouco, não, não sou capaz disso. Dimítri Karamazov é um canalha, mas não um ladrão. (Dostoievski, 2004: 649-50)[4]

Os irmãos Karamazov é o último romance de Dostoievski. A narrativa, publicada em 1880, gira em torno da família Karamazov. Fiódor Pavlovitch Karamazov, "um boêmio, bêbado e debochado" (Dostoievski, 2004: 10), é um rico patriarca, que ascende socialmente a partir dos dotes de suas duas esposas, mortas de forma precoce. Do primeiro casamento, nasce Dimítri Fiodorovitch Karamazov, que ficará aos cuidados de Gregório, o criado da casa, primeiramente, e depois de um parente de sua falecida mãe. Do segundo casamento, nascem mais dois filhos: Ivan Fiódorovitch Karamazov e Alieksiéi Fiódorovitch Karamazov. Em uma Rússia problemática, convivem o pai e os três filhos, muito diferentes entre si: em linhas gerais, Dimítri, ou Mítia, como o chamam, é pura emoção, com uma personalidade colérica; Ivan busca compreender o ser humano por meio da racionalidade e da intelectualidade; enquanto Alieksiéi, o Aliócha, aspira a um mundo espiritual e a uma vida mais simples. Somando-se a essa equação desproporcional, temos a figura de Smerdiakóv, filho bastardo e enjeitado de Fiódor com a perambulante Lizavieta. O conflito se estabelece entre o pai e o primogênito: além da contenda por dinheiro – a partilha da herança da mãe de Dimítri entre os dois causa discordâncias insolúveis entre os dois –, ao se apaixonarem pela mesma mulher, Fiódor e Dimítri estabelecem a disputa central da obra, culminando no assassinato do patriarca.

A escolha dessa obra mostra-se adequada aos propósitos da disciplina porque o julgamento de Dimítri Karamazov, acusado de ter matado o próprio pai em função da relação conflituosa que viviam, é um exercício de argumentação jurídica, no qual se trava uma batalha de palavras entre a acusação e a defesa, em que se constroem tanto argumentos verdadeiros quanto falaciosos. Essa "luta renhida" entre acusação e defesa permite aos alunos contato, via obra de ficção, com o mundo de um julgamento, além de proporcionar a oportunidade de analisar o Direito a partir de uma ótica universal. Nas palavras de Godoy (2003: 134):

> A tradição literária ocidental permite abordagem do Direito a partir da arte, em que pese a utilização de prisma não normativo. Ao exprimir visão do mundo, a Literatura traduz o que a sociedade pensa sobre o Direito. A literatura de ficção fornece subsídios para compreensão da Justiça e de seus operadores.

Nessa "tradução" do que "a sociedade pensa sobre o Direito", encontra-se o dialogismo, tão caro a Bakhtin, ele próprio um estudioso de Dostoievski, e aos seguidores da ideia de que um texto só existe em função de outros tantos. Se analisar a viabilidade de aplicação do princípio da presunção da inocência em uma Rússia do século XIX levar os alunos à pesquisa nos textos do Direito, da História e da Literatura, restará clara a relação dialógica entre a obra literária e o conhecimento acadêmico. Para Bakhtin (2003: 319):

> O texto é o dado primário (a realidade) e o ponto de partida de todas as disciplinas nas ciências humanas. Um conglomerado de conhecimentos e de métodos heterogêneos chamados Filologia, Linguística, Estudos Literários, Metaciência etc. Partindo do texto, eles perambulam diferentes direções, agarram pedaços heterogêneos da natureza, da vida social, do psiquismo, da história, e os unificam por vínculos ora de causais, ora de sentido, misturam constatações com juízos de valor. [...] A ação física do homem deve ser interpretada como uma atitude mas não se pode interpretar fora da sua eventual (criada por nós) expressão semiótica (motivos, objetivos, estímulos, graus de assimilação etc.). É como se obrigássemos o homem falar (nós construímos os seus importantes depoimentos, explicações confissões, desenvolvemos integralmente o seu discurso interior real ou eventual etc.). Por toda parte há o texto real ou eventual e a sua compreensão. A investigação se torna interrogação e conversa, ou seja, diálogo. Nós não perguntamos à natureza e ela não nos responde. Colocamos as perguntas para nós mesmos e de certo modo organizamos a observação ou a experiência para obtermos uma resposta. Quando estudamos o homem, procuramos e encontramos signos em toda parte e nos empenhamos em interpretar o seu significado.

No trabalho docente, estamos constantemente interrogando a nós mesmos na busca de uma forma eficiente para trabalhar as disciplinas acadêmicas que nos são designadas. Nesse processo, enredamo-nos em nossas experiências de vida particular e profissional. Foi assim que, ao concluir a leitura de *Os irmãos Karamazov*, desejamos levá-lo também a nossos alunos e escolhemos a Oficina de Argumentação Oral[5] porque ela permitiria a análise, por meio do debate controlado, do julgamento de Dimítri Karamazov. Como afirma Rêgo (2012: 81):

> Nesse sentido, uma análise da obra *Os Irmãos Karamázov*, do escritor russo Fiódor Dostoiévski, é muito bem-vinda, pois proporciona ao jurista uma reflexão não apenas sobre temas jurídicos específicos, tais como o parricídio, o tribunal do júri ou o encarceramento, mas também uma visão sobre o Direito em si, enquanto instância de poder que se desenvolve quotidianamente no interior da sociedade e que acaba direcionando, de um modo ou de outro, os juízos, as opiniões e as condutas humanas.

Como o tempo de um semestre apenas é pouco para uma obra tão profunda, na medida em que é capaz de promover muitos significados e analogias, o debate leva em consideração somente a leitura do "Livro XII – Um erro judiciário", em que Dostoievski traz à cena o julgamento de Dimítri. Não são raros os alunos, no entanto, que comparecem à aula com os dois volumes da obra, formulando comentários de outros trechos que não apenas os designados para a atividade, o que nos faz acreditar que tomamos o rumo certo ao escolhermos a relação Direito e Literatura.

DIÁLOGOS DO "LIVRO XII" EM SARAU LITERÁRIO

A apresentação do sarau é organizada em duplas ou trios, os quais escolhem o trecho a ser lido/dramatizado à turma. Em data pré-agendada, pode-se observar os grupos treinando pelos corredores antes de iniciar a aula. Mesmo tendo o peso de uma atividade avaliativa, o que poderia acarretar tão somente uma preocupação com a nota, há neles um claro entusiasmo em ler/representar o trecho escolhido. Materializa-se aí um dos objetivos do trabalho, que é estimular a leitura do texto literário também como fruição. E, quanto a isso, encontramos ressonância em Bedê (2008: 30), que, ao relatar sua experiência com leitura e dramatização em uma disciplina do curso de Direito, ressalta a importância de atividades como essas no ambiente universitário; para ela, tanto a universidade como o ensino superior como um todo "não podem se render à dinâmica do mercado e deixar tudo como está; é preciso que o homem retome sua identidade e sua humanidade, e isto se faz pela leitura, pela arte, pelo diálogo e pela qualidade que se busca oferecer [...] nos bancos universitários".

REGRAS E CRITÉRIOS DE AVALIAÇÃO DO SARAU LITERÁRIO

Para que se possa fazer uma avaliação o mais justa possível, a turma toda recebe as mesmas orientações, quais sejam: 1. Previamente, em casa, você deverá selecionar um diálogo do Livro XII (da p. 645 à p. 735), de *Os irmãos Karamazov* (Dostoievski); 2. Em aula, você deverá, em parceria com um(a) colega, lê-lo (ou dizê-lo de memória, se preferir) expressivamente; 3. Sua apresentação deverá durar, no máximo, 2 minutos. Quanto aos critérios de avaliação, consideram-se (a) tempo de apresentação (1,0); (b) postura (1,5); e expressividade (2,5).

Com o sarau, procuramos atingir três objetivos específicos: (1) estimular a leitura do texto original, e não do resumo disponível na internet; (2) promover a familiarização com o vocabulário empregado por Dostoievski, bem como com os nomes russos; e (3) proporcionar ao aluno uma atividade oral de integração com a obra estudada e com os colegas. Entre tantos depoimentos, selecionamos o de um aluno que cursou a disciplina no primeiro semestre de 2014. Diz ele: "A disciplina é muito importante e acredito que o balanço no final será positivo. Para os próximos semestres, poderia ter três saraus literários, pois, como é uma escolha pessoal e uma apresentação menos tensa, liberta a criatividade e a oralidade da maioria dos alunos".[6]

O JULGAMENTO DE DIMÍTRI KARAMAZOV NO DEBATE CONTROLADO

O debate controlado é a atividade de encerramento da disciplina, à qual são dedicadas as três últimas aulas do semestre, uma vez que são também três os temas a serem debatidos nos grupos: (1) "O princípio da presunção da inocência x condenação de Mítia: poderia ter sido diferente dadas as circunstâncias e o período em que aconteceu o crime?"; (2) "Defesa x acusação: do ponto de vista argumentativo, a acusação venceu?"; e (3) "Durante o julgamento, Mítia produziu provas contra si mesmo?". Além de toda a preparação feita durante o semestre, uma semana antes do início do debate, são repassadas aos alunos todas as instruções necessárias para o adequado desenvolvimento dos trabalhos, e cada grupo sorteia o seu tema. Depois, assistem ao programa Direito e Literatura, apresentado por Lênio Streck, dedicado à análise de *Os irmãos Karamazov*.

A esta altura do semestre, os alunos discutem, além dos conteúdos de Direito, os temas dados. Percebe-se que a maioria dos componentes dos grupos realmente leu a obra e relaciona os ensinamentos recebidos nas disciplinas de seu curso, assim como se vale da experiência na prática do estágio com os fatos relatados por Dostoievski.

Primeiro tema: "O princípio da presunção da inocência x condenação de Mítia: poderia ter sido diferente dadas as circunstâncias e o período em que aconteceu o crime?"

Como nossa formação é na área de Letras, fomos buscar apoio em estudos que tratassem do tema Direito e Literatura. O livro *Dostoiévski e a filosofia do direito: o discurso jurídico dos Irmãos Karamazov*, organizado por Luis Carlos Cancellier de Olivo (2012), tornou-se nosso guia na condução do trabalho em sala de aula. A partir da leitura dos textos ali presentes, pudemos elaborar os temas que conduziriam o debate entre os alunos. No capítulo "O princípio da presunção da inocência na acusação de Dimítri Karamazov", de Fernanda de Mello Goss, definimos o primeiro tema a ser debatido por um dos grupos: "O princípio da presunção da inocência x condenação de Mítia: poderia ter sido diferente dadas as circunstâncias e o período em que aconteceu o crime?". Como explica Goss (2012: 176-177):

> [...] o princípio da presunção da inocência pode ser assim enunciado: "ninguém poderá ser considerado culpado até o trânsito em julgado de ação penal condenatória". Não obstante, Dimítri já era culpado juridicamente, desde o momento em que foi capturado em Mokroie. Não houve qualquer prova de sua culpa, apenas preocupação sua e de seu advogado em provar sua inocência. Neste ponto, o processo enfrentado por Dimítri assemelha-se àqueles da Inquisição em que o princípio da presunção da inocência foi totalmente invertido. Para as "suspeitas" de bruxaria, na Idade Média, o tratamento era o seguinte: interrogatório sob tortura. Caso a suspeita confessasse, provava-se sua

culpa, se aguentasse os suplícios calada, isso também era prova de sua culpa, pois estava possuída pelo demônio e, portanto, não sentia dor. Ou seja, como no julgamento de Dimítri Fiódorovich, havia a presunção de culpa, decorrente de aspectos da personalidade do acusado.

Para responder à pergunta do tema, o grupo tinha a indicação do texto de Goss (2012), mas não apenas esta leitura ajudaria: em sua análise, a autora discute as razões pelas quais o princípio da presunção da inocência não foi utilizado, mas nossa pergunta é se, sendo usado, teria funcionado. A busca pela história da Rússia no século XIX e pelo estágio em que estava o Direito russo é necessária para a defesa do ponto de vista de ambos os lados, mas imprescindível para aqueles que tinham de argumentar sobre a diferença que seria provocada no julgamento e/ou na sentença se se tivesse levado em consideração que "ninguém poderá ser considerado culpado até o trânsito em julgado de ação penal condenatória".

Ora, a defesa do ponto de vista nesta fase do debate ficou mais complicada para aqueles que tinham de convencer a plateia de que o princípio da presunção da inocência funcionaria naquele julgamento, especialmente por duas razões: (1) a sociedade já condenara Dimítri, e os jurados faziam parte desta comunidade; e (2) a defesa não tinha evidências/provas de que ele não cometera o parricídio, apenas a palavra dele negava o crime. No entanto, ao analisarmos uma amostra de vinte respostas de uma das turmas do segundo semestre de 2014, observamos que, tanto de um lado quanto do outro, apenas dois respondentes mudaram seu ponto de vista a partir da atuação dos colegas no debate. Vejamos alguns depoimentos:

a. Conquanto fosse, de certa forma, possível mudar o julgamento se ocorresse a adequação dos princípios, a sociedade à época não aceitaria, pois foi caso de repercussão geral. Levando em consideração o período do fato e a inexistência de ligação entre processo penal e fundamentos principiológicos, o princípio da presunção da inocência era ainda abstrato à época.
b. O argumento que me fez mudar de posição e achar que faria, sim, diferença se houvesse a aplicação do princípio é o fato de o princípio já ter sido positivado antes, na época da Revolução Francesa, e

> de ter relação com a dignidade da pessoa humana. Então, se fosse observado o princípio da presunção da inocência, faria diferença, sim, pela falta de comprovação, pois se partiria do pressuposto de que ele seria inocente. Então, não seria o comportamento anterior dele que seria levado em conta no julgamento e, sim, a falta de provas suficientes para comprovar que ele teria cometido o CRIME, pois existiria, consequentemente, a observação da imparcialidade, destacando-se que houve dúvidas dos jurados quando o advogado de defesa fez sua defesa.

Nessas e noutras respostas, encontramos a reflexão instaurada a partir da leitura de obra, da atuação dos debatedores e do conhecimento adquirido no curso de Direito. Nossos alunos estão, então, aplicando seus conhecimentos técnicos e desenvolvendo a capacidade de argumentação, que lhes será fundamental durante o exercício da profissão, e o estão fazendo de forma apaixonada, como se estivessem em um tribunal.

Segundo tema: "Defesa x acusação: do ponto de vista argumentativo, a acusação venceu?"

Com o segundo tema, resolvemos analisar a linguagem argumentativa em si, ou seja, resolvemos propor a discussão sobre a linguagem utilizada por defesa e acusação: "Defesa x acusação: do ponto de vista argumentativo, a acusação venceu?". Esse tema foi propositalmente escolhido para que os alunos pudessem valer-se também dos conceitos sobre argumentação vistos em outra das disciplinas da certificação instrumental, Linguagem e Argumentação.[7]

O que torna instigante o debate gerado a partir da questão do tema é o fato de já sabermos a sentença, parecendo muito fácil, portanto, dizer que a acusação venceu também do ponto de vista argumentativo; no entanto, também sabemos que Dimítri já entrou condenado no julgamento. É preciso, então, analisar minuciosamente os argumentos utilizados por defesa e acusação a partir da lente linguística, verificando o caráter persuasivo de cada um. Citelli (2002: 32) apresenta-nos o discurso persuasivo como discurso dominante:

> [...] ele se dota de signos marcados pela superposição. São signos que, colocados como expressões de "uma verdade", querem fazer-se passar por sinônimos de "toda a verdade". Nessa medida, não é difícil depreender que o discurso persuasivo se dota de recursos retóricos objetivando o fim último de convencer ou alterar atitudes e comportamentos já estabelecidos. Isso nos leva a deduzir que o discurso persuasivo é sempre expressão de um discurso institucional. As instituições falam através dos signos fechados, monossêmicos, dos discursos de convencimento. Tanto as instituições maiores - o judiciário, a igreja, a escola, as forças militares, o Executivo etc. - quanto às microinstituições - a unidade familiar, a sala de aula, a sociedade amigos de bairro etc.

Ora, se a acusação representava o discurso dominante, definitivamente foi ela a vencedora do embate? Não temos essa resposta; deverão os debatedores encontrá-la; deverão eles envidar esforços para nos convencer (professores e colegas) de que estão certos a respeito de seu ponto de vista. Terá sucesso no debate o grupo que estiver mais bem preparado em relação ao emprego adequado da linguagem, o que passa pelo conhecimento de estratégias de argumentação, de funções e de figuras da linguagem, de gêneros discursivos, assim como pelo reconhecimento das falácias do discurso e a forma de desconstruí-las.

Quando falamos em análise da linguagem, inevitavelmente voltamos a Bakhtin (2003: 261-2) e a sua definição de gêneros discursivos:

> O emprego da língua efetua-se em forma de enunciados (orais e escritos) concretos e únicos, proferidos pelos integrantes desse ou daquele campo da atividade humana. Esses enunciados refletem as condições específicas e as finalidades de cada referido campo não só por seu conteúdo (temático) e pelo estilo da linguagem, ou seja, pela seleção dos recursos lexicais, fraseológicos e gramaticais da língua mas, acima de tudo, por sua construção composicional. Todos esses três elementos - o conteúdo temático, o estilo, a construção composicional - estão indissoluvelmente ligados no todo do enunciado e são igualmente determinados pela especificidade de um determinado campo da comunicação. Evidentemente, cada enunciado particular é individual, mas cada campo de utilização da língua elabora *seus tipos relativamente estáveis de enunciados*, os quais denominamos *gêneros do discurso*.

Vale ainda dizer que, na defesa de sua "causa", não poderão os debatedores perder de vista o fato de que estão analisando o discurso jurídico inserido na obra literária, que vem prenhe do ponto de vista do autor. Não será possível, portanto, aterem-se única e exclusivamente a frases isoladas de contexto, realizando apenas "um inventário e definição puramente linguística" (Bakhtin, 2003: 317). Nesse momento, estabelece-se a relação dialógica entre linguagem literária e linguagem jurídica, entre ficção e realidade. A seguir, podemos observar como se deu essa relação a partir da análise de um integrante do grupo para desconstruir um trecho da argumentação da defesa:

> DISTORÇÃO DE FATOS / GENERALIZAÇÃO APRESSADA
>
> Um parricida, longe de se aproximar da vítima por compaixão, só teria pensado em salvar a pele. Pelo contrário, repito-o, em lugar de ir atendê-la, teria acabado de rebentar-lhe o crânio. A piedade e os bons sentimentos supõem, previamente, uma consciência pura.
>
> Como pode o defensor sustentar que um parricida somente pensaria em salvar a própria pele? Ele generaliza dizendo que TODOS OS PARRICIDAS PENSAM EM SALVAR A PRÓPRIA PELE E POR ISSO FOGEM DO LOCAL DO CRIME. E se Mítia quisesse se entregar ao deleite de ver a vítima inerte? Ou se simplesmente estivesse surpreendido com seu ataque de fúria e quisesse observar o resultado? Além do mais, piedade e bons sentimentos não necessariamente supõem uma consciência pura. Mítia se compadeceu de Catarina Ivânovna, emprestando-lhe dinheiro, entretanto, não hesitou mais tarde em entregar-se aos seus sentimentos por Grúchenhka.[8]

Podemos observar que o debatedor cita um trecho do discurso da defesa, identifica a falácia presente e busca, no texto literário, o exemplo para desconstruí-la. Aqui houve, como havíamos referido antes, a utilização dos conhecimentos adquiridos em Linguagem e Argumentação, em que se trabalham as falácias do discurso a partir de artigos de opinião publicados na mídia (impressa e digital) e do filme *Questão de honra* (1992).[9] Após a "sessão de cinema", os alunos são convidados a analisar as falácias presentes especialmente no julgamento que figura na obra. Verifica-se, portanto, que há uma sintonia entre as disciplinas, o que dá suporte para a discussão dos temas propostos no debate.

Mais do que apenas chegar à conclusão sobre quem foi "melhor" na argumentação, temos a intenção de que nossos alunos reconheçam a importância das funções da linguagem na interlocução, primeiro conteúdo teórico do semestre, e das emoções envolvidas em cada discurso de cada situação comunicativa. Chauí (2003: 148), ao discorrer sobre a importância da linguagem, recorre à ideia de *phármakon* (poção), designação dada à linguagem por Platão, em *Fedro*, e explica que a "poção" tem três sentidos principais: remédio, veneno e cosmético, como podemos ver a seguir:

> Ou seja, Platão considerava que a linguagem pode ser um medicamento ou um remédio para o conhecimento, pois, pelo diálogo e pela comunicação, conseguimos descobrir nossa ignorância e aprender com os outros. Pode, porém, ser um veneno quando, pela sedução das palavras, nos faz aceitar, fascinados, o que vimos ou lemos, sem que indaguemos se tais palavras são verdadeiras ou falsas. Enfim, a linguagem pode ser cosmético, maquiagem ou máscara para dissimular ou ocultar a verdade sob as palavras. *A linguagem pode ser conhecimento-comunicação, mas também pode ser encantamento-sedução.*[10]

Durante o debate realizado no primeiro semestre de 2015, um aluno lançou uma pergunta decisiva, que fez a todos, debatedores e plateia, questionarem aquilo que vinham defendendo até ali. Referindo-se ao que aprendera na cadeira de Latim, em semestre anterior, disse que "argumentar" significa "fazer brilhar" e perguntou, então, aos debatedores qual discurso "brilhara" mais. Ora, isso levou, fatalmente, a discussão para o lado do *encantamento-sedução* da linguagem e das estratégias utilizadas para alcançá-los. E mais: mostrou-nos que o exercício da argumentação fora além dos temas dados.

Terceiro tema: "Durante o julgamento, Mítia produziu provas contra si mesmo?"

O terceiro tema volta a tratar do universo jurídico, o que, mais uma vez, leva os grupos a buscar em seus compêndios de Direito a base para sua argumentação. É preciso, antes de tudo, apresentar a definição de "provas", sem a qual não é possível defender qualquer uma das teses. Vencerá o que melhor definir "prova" no âmbito jurídico, adequando-a ao contexto da obra de Dostoievski, o que não será tarefa fácil. Greco (2003-2004: 218-19.) apresenta-nos, em artigo publicado na *Revista da Faculdade de Direito de Campos*, longa discussão sobre esse conceito:

> Prova é uma palavra utilizada na linguagem jurídica em vários sentidos. Os principais, reiteradamente citados pela doutrina, são três, embora cada um deles, por sua vez, seja utilizado em mais de um sentido: prova como meio, prova como atividade e prova como resultado [...]. Mas, na medida em que a própria doutrina jurídica reconhece que a prova não é um fenômeno exclusivamente do mundo do Direito, mas do cotidiano humano, é forçoso observar que sobrepaira como um dos mais importantes significados de prova a sua compreensão como raciocínio, como processo mental através do qual se estabelecem as conclusões que decorrem de determinadas premissas, porque a prova é o meio lógico através do qual se constrói o julgamento.

Claro está que são muitas, dentro do próprio Direito, as concepções a serem consideradas, mas o fundamental será encontrar aquela que possa identificar se as atitudes de Dimítri no tribunal constituíram-se, ou não, em provas contra si mesmo. A argumentação favorável à produção de provas contra si mesmo tomou como tópico principal o fato de Dimítri ter admitido que escrevera a carta premeditando a morte do pai e a força que teve isso perante o júri. Então, para o júri, ter o réu escrito a carta tornava-o assassino de seu pai? Teria tal prova fundamentação jurídica? Que o digam os acadêmicos de Direito envolvidos no debate, ao responder à pergunta sobre qual argumento os convenceu a manter sua opinião (Dimítri [não] produziu provas contra si mesmo) ou a mudá-la. Verifiquem-se depoimentos:

a. A carta escrita por Mítia premeditando o crime e as manifestações infelizes do réu durante o julgamento. Inegavelmente o júri é um teatro e Mítia atuou mal. (Depoimento sobre mudança de opinião)
b. O júri não analisa prova técnica e, sim, julga de acordo com sua sensibilidade. Portanto, tudo que Dimítri falasse na frente do júri valeria como prova. Logo, as falas de sentimento de culpa dele, perante o júri, podem ser consideradas como prova contra si mesmo. (Depoimento sobre mudança de opinião)

c. Mítia confessou a autoria da carta e sua intenção de matar o pai e, em se tratando de Tribunal do júri, é nítido que isso influencia os jurados. (Depoimento sobre manutenção de opinião)
d. O grupo que acredita na produção de provas contra si (no caso, Mítia) utiliza apenas o comportamento do réu como produção de prova, argumento que não condiz com a concepção de prova em si. (Depoimento sobre manutenção de opinião)

Apresentamos aqui apenas uma amostra das respostas do público dessa fase do debate, mas podemos observar que, das quatro opiniões, apenas uma não considerou o comportamento de Mítia durante o julgamento e o fato de admitir ter escrito a carta como produção de provas contra si mesmo. Nessa etapa, geralmente surgem discussões sobre a constituição do júri popular por pessoas leigas no Direito, o que, mais uma vez, permite a interação com as demais disciplinas do curso.

REGRAS E CRITÉRIOS DE AVALIAÇÃO DO DEBATE CONTROLADO

Como no sarau, também há regras e tempos a serem cumpridos durante o debate, e a participação de todos – público e debatedores – é avaliada. O objetivo é prepará-los para os possíveis embates que enfrentarão em sua vida profissional, capacitando-os para agirem adequadamente tanto como público quanto como agentes da lei.

Dinâmica do debate

A turma é dividida em três grupos, e cada um sorteia um dos temas previamente divulgados. No debate, o grupo divide-se em dois, ficando cada uma das partes encarregada da defesa de um ponto de vista, já que em todos os temas há a possibilidade de posição favorável ou contrária à questão proposta. A decisão sobre qual posição cada parte vai defender fica a cargo do grupo.

Durante a apresentação, são cinco as etapas a serem seguidas (todas com tempo determinado e cronometrado pelo docente), a saber: exposição individual do ponto de vista (5 min); enfraquecimento do ponto de vista contrário (10 min); perguntas e respostas entre os oponentes (10 min); perguntas do público (15 min); e respostas da plateia (10 min). Para esta última etapa, os alunos que não estão protagonizando o debate recebem, ao entrarem na aula, uma ficha com as seguintes perguntas: (1) Seu posicionamento inicial era SIM ou NÃO para a questão do tema? (2) Sua resposta inicial mudou depois do debate? (3) Que argumento o (a) convenceu de que estava errado (a) ou confirmou sua posição?

Quanto à avaliação, nas três primeiras etapas os critérios e valores são os mesmos, a saber: estrutura/organização da apresentação (1,0); clareza de expressão (2,0); introdução/motivação (1,0); domínio do assunto (3,0); conclusão/análise crítica (2,0); tempo de apresentação (1,0). Já, na quarta etapa, que envolve respostas às perguntas do público e participação no debate (o que inclui assistir ao debate de todos os grupos), os critérios e respectivos valores são os seguintes: *Respostas às perguntas do público:* clareza de expressão (2,0) domínio do assunto (3,0); *Participação no debate* (ausência na apresentação de outros grupos implica zero no item 2.): Interesse e participação (1,0); respostas às questões escritas (4,0).

CONSIDERAÇÕES FINAIS

Em carta a Ivan Sergueivitch Aksakov, datada em 28 de agosto de 1880, Dostoievski (2014: 226) diz ter "um enorme apego" à obra *Os irmãos Karamazov*, tendo colocado nela o mais íntimo de seu ser. Pois também nosso ser envolve-se com esse "ser-autor" na busca da compreensão da obra, o que significa, no dizer de Bakhtin (2003: 316), "ver e compreender outra consciência, a consciência do outro e seu mundo", instaurando-se, então, o dialogismo. Associar a prática da argumentação, na Oficina de Argumentação Oral, à leitura de "Um erro judiciário", de *Os irmãos Karamazov*, teve como objetivo resgatar essa relação dialógica entre mundos – o do aluno, o do autor e o da obra.

Os resultados obtidos em cinco semestres de aplicação do sarau literário e do debate controlado têm demonstrado que é possível fazer de uma disciplina acadêmica uma sala de leitura, em que a "conversa" entre os saberes se estabelece por intermédio de uma obra literária. Nossos alunos, ao final de cada curso, revelam o prazer que tiveram em participar dessa disciplina e das atividades que ela proporciona.

Notas

1 Para mais informações, consultar: J. Zanetic, *Física e literatura:* construindo uma ponte entre as duas culturas, História, Ciências, Saúde - Manguinhos, v. 13 (suplemento), out. 2006, pp. 55-70.

2 Cf. João Batista do Nascimento, *Algumas mulheres da história da matemática*. Disponível em: <http://www.supremaciafeminina.com.br/mulheresmatematica.pdf>. Acesso em: 31 mar. 2015.

3 A grade curricular da Certificação Instrumental em Linguagem e Comunicação para a Área Jurídica está disponível no Portal da PUCRS: <http://www3.pucrs.br/portal/page/portal/direitouni/direitouniCapa/direitouniGraduacao/direitouniGraduacaoDireito/direitouniGraduacaoDireitoCertificacao/direitouniGraduacaoDireitoCertificacaoLP>. Acesso em: 9 mar. 2015.

4 Entre as diversas opções de traduções da obra de Dostoievski, escolhemos a de maior disponibilidade aos alunos.

5 Desde o segundo semestre de 2012, quando a disciplina passou a ser oferecida aos alunos, o debate controlado, atividade avaliativa de final semestre, foi baseado em leitura de uma predeterminada obra literária. Até o segundo semestre de 2013, a obra analisada era *Romance no Rio Grande* (1950), do escritor gaúcho Reynaldo Moura.

6 Os depoimentos foram autorizados, mas não serão nominalmente identificados neste trabalho a fim de manter a privacidade dos alunos. Houve revisão linguística apenas de problemas que violam as regras do sistema.

7 A ementa da disciplina prevê: estudo da noção de relação como construtora de sentido; operadores argumentativos; as diferentes vozes no discurso; a construção do ponto de vista do locutor; discurso citado e criação de efeitos de sentido; argumentação em diferentes gêneros; análises de textos.

8 Debate realizado no primeiro semestre de 2014.

9 O filme *Questão de honra* conta a seguinte história: um fuzileiro morre em uma base naval americana em Guantánamo, Cuba, depois de ser agredido por dois colegas. A advogada especial de Assuntos Internos da Marinha desconfia que os agressores, seguindo ordens, aplicavam um "código vermelho" no colega, o que o levou à morte. O trabalho da defesa é, portanto, provar essa tese, o que passa pela convocação para depor do poderoso Coronel Nathan Jessep, comandante da base.

10 Destaques nossos.

Bibliografia

Bakhtin, Mikhail. *Estética da criação verbal*. Trad. Paulo Bezerra. São Paulo: Martins Fontes, 2003.

Baran, Katna. Onde o direito e a literatura se encontram. *Gazeta do Povo*. Especial para a Gazeta do Povo. Curitiba, 22 mar. 2013, capa.

Bedê, J.A.S. Estratégias de leitura e estudo no curso de direito. Iniciação Científica, *Cesumar*, v. 10, n. 1, pp. 27-34, jan./jun. 2008.

Chauí, Marilena. *Convite à filosofia*. São Paulo: Ática, 2003.

Citelli, Adilson. *Linguagem e persuasão*. São Paulo: Ática, 1985.

Dostoiévski, Fiódor. *Os irmãos Karamázov*. Trad. Boris Solomov. São Paulo: Martin Claret, 2004.

______. *Dostoiévski*: correspondências 1838-1880. Trad. Roberto Frizero. Porto Alegre: 8inverso, 2014.

GODOY, Arnaldo Moraes. Direito e literatura. In: CEJ, Brasília, n. 22, pp. 133-136, jul./set. 2003.

GOSS, Fernanda de Mello. O princípio da presunção da inocência na acusação de Dimítri Karamazov. In: OLIVO, Luis Carlos Cancelier de (Org.). *Dostoiévski e a filosofia do direito:* o discurso jurídico dos irmãos Karamázov. Florianópolis: UFSC, Fundação Boiteux, 2012.

GRECO, Leonardo. O conceito de prova. In: *Revista da Faculdade de Direito de Campos*, ano IV-V, n. 4-5, 2003-2004.

OLIVO, Luis Carlos Cancelier de (Org.). *Dostoiévski e a filosofia do direito:* o discurso jurídico dos irmãos Karamázov. Florianópolis: UFSC, Fundação Boiteux, 2012.

QUESTÃO DE HONRA. Direção de Rob Reiner. Roteiro de Aaron Sorkin. Produção de David Brown, Rob Reiner e Andrew Scheinman, 1992.

RÊGO, Eduardo de Carvalho. Culpa e punição dos irmãos parricidas: o romance de Dostoiévski sob a perspectiva da pesquisa em direito e literatura. In: OLIVO, Luis Carlos Cancelier de (Org.). *Dostoiévski e a filosofia do direito:* o discurso jurídico dos irmãos Karamázov. Florianópolis: UFSC, Fundação Boiteux, 2012.

STRECK, Lenio (Apres.). *Programa Direito e Literatura:* Os irmãos Karamazov. São Leopoldo: TV Unisinos, 2012.

As organizadoras

Rosalice Pinto é pesquisadora do Centro de Investigação & Desenvolvimento sobre Direito e Sociedade da Faculdade de Direito da Universidade Nova de Lisboa (Cedis); do Centro de Linguística da Universidade Nova de Lisboa (CLUNL). É docente convidada de instituições nacionais e internacionais na área do Português para Fins Específicos. É doutora em Linguística, especialidade em Teoria do Texto, na Faculdade de Ciências Sociais e Humanas da Universidade Nova de Lisboa. Fez pós-doutoramento na Universidade de Genebra e na Universidade Nova de Lisboa. É autora de publicações internacionais e nacionais no âmbito dos estudos de Linguística Textual, Análise do Discurso, Argumentação, Retórica e Persuasão em contextos jurídicos, midiáticos e políticos.

Ana Lúcia Tinoco Cabral é doutora em Língua Portuguesa pela Pontifícia Universidade de São Paulo (2005). Realizou pesquisa de pós-doutoramento na EHESS (Paris-França). Atualmente é professora titular da Universidade Cruzeiro do Sul, atuando no mestrado em Linguística. Tem experiência na área de Linguística, com ênfase em leitura e escrita, suas pesquisas focalizam principalmente os seguintes temas: linguagem argumentativa, interação verbal escrita, linguagem jurídica, polidez linguística e uso da linguagem em práticas educativas a distância. É autora do livro *A força das palavras: dizer e argumentar* (Editora Contexto).

Maria das Graças Soares Rodrigues é professora associada III do Departamento de Letras da Universidade Federal do Rio Grande do Norte (UFRN), atua na Linha de Pesquisa Estudos Linguísticos do Texto, da área de concentração Linguística Teórica e Descritiva, do Programa de Pós-graduação em Estudos da Linguagem; é, também, docente do mestrado profissional em Letras em Rede Nacional (Profletras), na UFRN. É líder do Grupo de Pesquisa Análise Textual dos Discursos. É tradutora do francês para o português. Coordena a equipe da IES Associada 1 (UFRN), no Procad 2013 (USP/UFRN/Unisinos). É membro de conselhos editoriais de revistas e de editoras. É membro titular do Conselho da Anpoll (2014-2018) e coordena o GT Linguística do Texto e Análise da Conversação (2012-2016), da Anpoll.

Os autores

Amitza Torres Vieira possui graduação em Letras pela Faculdade de Filosofia, Ciências e Letras de Carangola/Universidade Estadual de Minas Gerais (1997), mestrado em Letras/Linguística pela Universidade Federal de Juiz de Fora (2002) e doutorado em Letras/Estudos da Linguagem pela Pontifícia Universidade Católica do Rio de Janeiro (2007). É professora adjunta da Universidade Federal de Juiz de Fora, atuando na graduação na Faculdade de Letras e na pós-graduação em Linguística. Desenvolve pesquisas em Sociolinguística Interacional, com ênfase em argumentação e avaliação em dois contextos institucionais: Procon e audiências do Juizado Especial Criminal.

Ana Elvira L. Gebara possui graduação em Letras, Italiano-Português (USP,1992), Licenciatura em Letras (USP, 1993), mestrado (1999) e doutorado (2010) pela FFLCH/USP. Atualmente é professora da Universidade Cruzeiro do Sul e da FGV Direito SP. Tem experiência na área de Linguística, atuando principalmente nos seguintes temas: estudos sobre gênero, ensino de poesia, ensino de língua materna para fins específicos na educação superior, com ênfase no curso do Direito. Suas publicações abrangem as duas áreas de pesquisa: *A poesia na escola: leitura e análise de poesias para crianças* (2012); *Gêneros textuais: construindo sentidos, planejando a escrita (2012)*, em coautoria.

Ana Márcia Martins da Silva é doutora em Letras pela Pontifícia Universidade Católica do Rio Grande do Sul (PUCRS), professora da PUCRS, elaboradora de provas para concursos e coordenadora/corretora de redações de concursos, atuando principalmente nas seguintes áreas: sintaxe, leitura e escrita, aprendizagem, literatura brasileira, ferramentas interativas.

Conceição Carapinha é professora auxiliar da Faculdade de Letras da Universidade de Coimbra. Exerce a sua atividade docente e de investigação na área da Linguística Portuguesa. É investigadora do CELGA-ILTEC (Centro de Estudos de Linguística Geral e Aplicada), sendo as suas principais áreas de pesquisa a Pragmática, a Análise do Discurso e a Tradução. Em conjunto com Ana Cristina Macário Lopes, é autora do livro *Texto, coesão e coerência*, editado pela Almedina, em 2013. Tem muitos trabalhos publicados no seu domínio de especialização: a Linguística Jurídica.

Flavia Portella Püschel é doutora em Direito Civil pela Faculdade de Direito da Universidade de São Paulo – USP (2004). Foi *Visiting Scholar* e *Fellow do* Cluster of Excellence Normative Orders, da Goethe Universität, em Frankfurt/Main, Alemanha (2011). É professora da FGV Direito SP desde 2004. Tem experiência na área de Direito Civil, atuando principalmente nos seguintes temas: responsabilidade civil, teoria da responsabilidade, teoria e ensino da dogmática jurídica. É autora da obra *A responsabilidade por fato do produto no CDC: acidentes de consumo* (2006) e coautora da obra *Dogmática é conflito: uma visão crítica da racionalidade jurídica*(2012), entre outras.

Gustavo Ximenes Cunha é mestre e doutor em Linguística pela Universidade Federal de Minas Gerais (UFMG), onde realizou pesquisa de pós-doutorado. É professor adjunto do Instituto de Ciências Sociais Aplicadas e do Programa de Pós-graduação em Gestão Pública e Sociedade da Universidade Federal de Alfenas (UNIFAL-MG). Seus trabalhos mais recentes investigam o impacto do contexto sobre diferentes planos da organização dos discursos midiático e organizacional.

Janaína de Azevedo Baladão é tradutora e professora da graduação e da especialização da Pontifícia Universidade Católica do Rio Grande do

Sul. É doutora em Letras pela Universidade Federal do Rio Grande do Sul e bacharel em Letras Espanhol/Português pela mesma instituição de ensino. Também é especialista em Tradução de Espanhol pela Universidade Gama Filho do Rio de Janeiro, bem como especialista em Estudos Avançados em Língua Espanhola pela PUC-RS. Tem experiência na área de Letras, com ênfase em Línguas Estrangeiras Modernas e Literaturas de Língua Espanhola.

João Pedro Pádua formou-se em Direito na PUC-Rio em 2004. Também na PUC fez o seu mestrado em Direito Constitucional e Teoria do Estado (2008) e seu doutorado em Estudos da Linguagem (2013). Atualmente é professor adjunto da Faculdade de Direito da Universidade Federal Fluminense (UFF), onde leciona Direito Processual Penal na graduação e Sociologia e Direito no mestrado e doutorado. Sua pesquisa atual centra-se na análise de dados de ocorrência natural de linguagem, que revelam as múltiplas maneiras de construir moralidade em contextos jurídicos, bem como os resultados disso para institutos jurídicos. Além do trabalho acadêmico, Pádua é advogado, especializado nas áreas Criminal e Administrativa e consultor na área de Linguística Forense, produzindo perícias sobre materiais linguísticos.

Juliana Camargo de Souza é doutora e mestre em Linguística Aplicada - Unisinos; especialista em Redação em Língua Portuguesa - Unisinos. Licenciada em Letras -Português; professora na graduação - Unisinos; coordenadora executiva do Projeto LER (Grupo Sinos, Unisinos e Faccat); professora na pós-graduação (Faccat); revisora de textos em Língua Portuguesa.

Leonor Werneck dos Santos tem graduação, mestrado e doutorado em Letras Vernáculas (Língua Portuguesa), pela UFRJ. Ex-professora de ensino fundamental e médio, desde 1995 atua como docente de Língua Portuguesa da UFRJ (Faculdade de Letras) e atualmente é professor associado III. Presidente da Assel-Rio (2008-2009), integra o GT Linguística de Texto e Análise da Conversação (Anpoll) e é membro do júri do Prêmio Anual da FNLIJ. Publicou vários artigos e livros, como *Análise e produção de textos* (Editora Contexto, 2012). Estágio de pós-doutoramento sob a supervisão da professora doutora Mônica Cavalcante/UFC (abril-dezembro/2013), com bolsa pós-doutorado sênior do CNPq.

Maria Eduarda Giering possui graduação em Letras –Português e em Comunicação pela Unisinos, mestrado em Teoria da Literatura e doutorado em Linguística, ambos pela PUC-RS. Realizou pesquisa de pós-doutoramento na Université Paris-Sorbonne, Paris IV, França. É professora-pesquisadora no Programa de Pós-graduação em Linguística Aplicada e no Curso de Letras da Unisinos.

Micheline Mattedi Tomazi é doutora em Letras pelo Programa de Pós-graduação em Estudos de Linguagem da Universidade Federal Fluminense, com pós-doutorado em Linguística pelo Programa de Pós-Graduação em Estudos Linguísticos da Universidade Federal de Minas Gerais. É professora do Departamento de Línguas e Letras e do Programa de Pós-Graduação em Linguística da Universidade Federal do Espírito Santo. Dedica-se ao ensino e à pesquisa na graduação e na pós-graduação e lidera o Grupo de Pesquisa sobre Discurso Midiático (Gedim).

Paulo Barros Carvalho é doutor em Direito Tributário pela PUC-SP (1973) e livre-docente em Direito Tributário pela PUC-SP (1981), é também pós-graduado em Administração de Empresas pela FGV (1968). Especialista em Direito Comercial pela USP (1969); titular em Direito Tributário pela PUC-SP (1985); titular em Direito Tributário pela USP (1997). É professor de Direito Tributário e Lógica Jurídica nos cursos de mestrado e doutorado da PUC-SP desde 1971; é professor de Filosofia nos cursos de mestrado e doutorado da PUC-SP e da USP; é professor de Direito Tributário nos cursos de graduação, mestrado e doutorado da USP desde 1997. É coordenador da *Revista de Direito Tributário* da Editora Malheiros; presidente de honra do Idepe - Instituto Geraldo Ataliba; presidente do IBET – Instituto Brasileiro de Estudos Tributários; e membro titular da cadeira 14 da Academia Brasileira de Filosofia. Atua também como advogado e é autor de vários livros na área de Direito.

Paulo Cortes Gago é professor associado da Universidade Federal do Rio de Janeiro (UFRJ), do Departamento de Letras Anglo-Germânicas, e pesquisador do Programa Interdisciplinar de Pós-graduação em Linguística Aplicada, desenvolvendo pesquisa na área de Linguagem e

Interação, com foco em práticas profissionais em contextos institucionais, destacando-se pesquisas no campo jurídico, como a conciliação no Procon e a mediação familiar judicial, além de orientações em diversos contextos (policial, psiquiátrico, televisivo etc.). Participa como parecerista em comissões editoriais de revistas especializadas e atua como bolsista produtividade de pesquisa do CNPq.

Rubens Damasceno-Morais é professor e pesquisador com formação no domínio de Ciências da Linguagem, especificamente no domínio de argumentação, retórica e estudo de interações verbais. Após conclusão de tese na Université Lumière Lyon 2, em 2013, quando elaborou tese acerca da gestão de desacordo entre magistrados brasileiros, ingressou como professor em dedicação exclusiva (DE) na Universidade Federal de Goiás/UFG (Goiânia), onde atualmente ministra disciplinas como Pragmática e Produção Crítica do Texto Acadêmico. Seu atual foco de pesquisa, sempre no domínio do discurso, da argumentação e da persuasão, centra-se na análise de textos escritos, em contexto midiático.

Sueli Cristina Marquesi é doutora em Linguística Aplicada pela PUC-SP. É Professora Titular de Língua Portuguesa da PUC-SP e da Universidade Cruzeiro do Sul. Realizou estudos de pós-doutorado na Universidade do Porto e participou de projeto de pesquisa (Capes-COFECUB) na Universidade Sorbonne – Paris V. É membro do GT Linguística do Texto e Análise da Conversação. Desenvolve pesquisas no campo da Linguística Textual e da Análise Textual dos Discursos. Seus principais temas de interesse são: a leitura, a escrita, o uso da linguagem verbal em ambientes virtuais de aprendizagem, linguagem jurídica e tipologia e gêneros textuais. É reitora da Universidade Cruzeiro do Sul e avaliadora institucional do Ministério da Educação.